はじめに

　世界史探究は，世界の歴史における諸地域の交流・再編，結合  展開
について考察し，現在の地球世界の課題を探究する科目です。く　　　　　　　　　　　史上
の諸事象の年代，背景などにおける類似点と相違点を意識し，そ　　　　　　　　　　　響を
及ぼしているのかを学び，これからの「未来」を考える一助になる　　　　　　　　　　　す

本書の特色としくみ

①各単元は STEP 1，2の2段階で構成されています。STEP 1 では基礎的な問題で知識の確認を，
　STEP 2 では標準的なレベルの問題で定期テストや共通テストに向けた力が養えます。

②章の途中や章末には STEP 3 として，入試に勝ち抜く実力を養うよりレベルの高い問題を掲載していま
　す。また，巻末にも入試対策として「総合問題」を設けています。

③解答・解説は詳しくわかりやすい説明となるようにしています。

アイコンの説明

得点UP 重要な用語や事象など得点 UP につながる内容を解説しています。	**参考** 発展的な内容を含む，参考となる事項を掲載しています。	**注意** 注意すべき間違えやすい事項を掲載しています。
☑ **サクッとCHECK** 試験によく出る用語やミスしやすいことがらを簡単にチェックできる問題を用意しています。	_Hints_ 問題の解き方や着眼点を掲載しています。こちらを参考に問題にとり組みましょう。	

目次

写真提供（敬称略）

アムステルダム国立美術館　アメリカ議会図書館　国立国会図書館　提供：Bridgeman Images/ アフロ　ユネスコ (CC BY-SA 3.0 IGO)
写真：New Picture Library/ アフロ　写真：Press Association/ アフロ　提供：Mondadori/ アフロ　提供：アフロ
日本銀行金融研究所貨幣博物館　Colbase(https://colbase.nich.go.jp/)　David Stanley(CC BY 2.0)　Jeremy Reding(CC BY-SA 2.0)
John McLinden(CC BY-ND 2.0)　Konstantin Malanchev(CC BY 2.0)　Pixabay　PIXTA　xiquinhosilva(CC BY 2.0)

本書に関する最新情報は，小社ホームページにある**本書の「サポート情報」**をご覧ください。（開設していない場合もございます。）
なお，この本の内容についての責任は小社にあり，内容に関するご質問は直接小社におよせください。

1 古代文明の成立とその特質

1 ［メソポタミア］次の文章中の空欄に入る適語を答えなさい。

A 古代文明の出現…ナイル川沿いの（①　　　　　）文明，ティグリス川・ユーフラテス川流域の（②　　　　　　）文明，インド西北部の（③　　　　　　）文明，中国（黄河・長江）文明などである。とくに（②）では農耕社会が早くから発達し，ウル・ウルクなどの都市国家の成立や青銅器の使用，（④　　　　　　）と呼ばれる文字の発明も早かった。

B メソポタミアの統一…シュメール人による都市国家は，前24世紀ころ（⑤　　　　　　）人に征服され，その後まもなくアムル人が（⑥　　　　　　）王朝（古バビロニア王国）をおこし，（⑦　　　　　　）王のときに全メソポタミアを支配するに至った。

2 ［古代エジプト］下の地図を見て，次の問いに答えなさい。

(1) 古王国時代に地図中の **a** の場所に建築された巨石建造物は何か。（　　　　　　）

(2) 中王国時代の末期にシリア方面から進出してきた民族は何か。（　　　　　　）

(3) 地図中の **d** で発見された，神聖文字が刻まれた石板を何というか。
（　　　　　　）

(4) 新王国時代に，一時 **b → c** への遷都がおこなわれた。それぞれの都市はどこか。
b（　　　　　）　c（　　　　　　）

3 ［中国の古典文明］次の文章中の空欄に入る適語を答えなさい。

A 黄河文明は，彩文土器を特徴とする（①　　　　　）文化と，後期の黒陶土器を特徴とする（②　　　　　）文化に分けられる。前1600年ごろに殷王朝が誕生し，殷墟では（③　　　　　）文字が発見された。続いて，渭水流域からおこった周は，一族・功臣を各地に封じて貢納と軍役の義務を課す（④　　　　　）制を実施し，周王を中心とする諸侯の結束を強化した。

Guide

 猿人・原人・旧人・新人の特徴

①**猿人**…直立二足歩行と簡単な打製石器（礫石器）の使用。

②**原人**…ハンドアックス，**火と言語**の使用。

③**旧人**…剥片石器の使用，死者の埋葬。

④**新人**…骨角器の使用，洞穴絵画（ラスコー，アルタミラ）。

 文字の使用

①**メソポタミア**…シュメール人の楔形文字

②**エジプト**…神聖文字（ヒエログリフ），民用文字（デモティック）。

③**フェニキア文字**…最初の完全な表音文字。アルファベットの起源。

 ヒッタイト人

鉄製の武器を使用し，小アジアに国家を建設した。

▲古代オリエント世界

B　犬戎に鎬京を奪われた周は（⑤　　　　　）に遷都し，諸侯が争う春秋時代となり，続いて「戦国の七雄」が抗争を繰り返す戦国時代となった。春秋・戦国時代には，新しい制度や思想が必要となり，儒家などの（⑥　　　　　　　）が活躍した。

4　[インドの古典文明] 次の文章中の空欄に入る適語を，あとのア～クから選びなさい。

　インダス文明は，右の写真にあるインダス川下流シンド地方の（①　　　　）やパンジャーブ地方のハラッパーが代表的な遺跡である。前1500年ごろ，インド＝ヨーロッパ語系の（②　　　　）人が西北インドに進入し，先住民と交わる過程で，（③　　　　　　）を最上位に置く（④　　　　　）制が生まれ，ヴェーダを聖典として（③）教が形成された。前6世紀ごろ，コーサラ国，マガダ国のような都市国家が生まれ，その中で，新しい宗教である（⑤　　　　　）の開いた仏教，（⑥　　　　　）の開いたジャイナ教が生まれた。

ア　アーリヤ　　イ　ヴァルナ　　ウ　バラモン　　エ　ヴァルダマーナ
オ　モエンジョ＝ダーロ　　カ　チャンドラグプタ王
キ　クシャーナ　　ク　ガウタマ＝シッダールタ

▶**中国の王朝**
①**夏**…伝説の最初の王朝
②**殷**(前16世紀～前11世紀)…都市国家(邑)の連合体。王の占いの記録。
③**周**(前11世紀～前3世紀)前8世紀までは**封建制**。
④**春秋時代**(前770年～前403年)…覇者が活躍。
⑤**戦国時代**(前403年～前221年)…戦国の七雄の争い(斉・楚・秦・燕・韓・魏・趙)。鉄製農具の普及。青銅貨幣の流通。

▶**4つのヴァルナ**
①バラモン…司祭
②クシャトリア…武士
③ヴァイシャ…農民・牧畜民・商人
④シュードラ…隷属民

ヴァルナとジャーティ
　ヴァルナは，人間を大きく4つの基本的身分に分けたもの。一方，職業・特定の信仰により内婚と共食の単位を形成するのが**ジャーティ**。ジャーティの数は2000～3000にも及ぶ。

☑ サクッとCHECK

● 次の文が正しければ○，誤っていれば×を書きなさい。
❶ クロマニョン人，周口店上洞人は，いずれも新人である。　　　　　　　　　　（　　　）
❷ シュメール人がつくった象形文字が多くの民族に使用され，粘土板に刻まれるようになった。（　　　）
❸ 黄河流域では，黒陶の仰韶文化からカラフルな彩陶の竜山文化へと変化した。（　　　）
❹ 前1500年ころ，アーリヤ人はカイバル峠からパンジャーブ地方に進入し始めた。（　　　）
❺ アステカ王国は，マチュ＝ピチュ遺跡が示すように，石造建築技術に優れていた。（　　　）
● 次の各問いに答えなさい。
❻ 前27世紀ごろ，最大のピラミッドをつくらせたエジプトのファラオはだれか。（　　　　　　）
❼ 前18世紀にメソポタミアを統一し，法典を定めたバビロン第1王朝の王はだれか。（　　　　）
❽ 神々への賛歌を集めた，ヴェーダを何と呼ぶか。　　　　　　　　（　　　　　　）
❾ 斉の桓公，晋の文公など，春秋時代の主導権を握る有力諸侯を何と呼ぶか。（　　　　　）
❿ 春秋・戦国時代のさまざまな思想家・学派のうち，法による支配を主張したのは何家か。（　　　）

重要 **1** ［古代オリエント］次の文章を読み，あとの問いに答えなさい。　　　　　［東京経済大一改］

　人類の文明は大河流域で成立した。ティグリス・ユーフラテス両川流域のメソポタミア文明，ナイル川流域のエジプト文明，インダス川流域の_aインダス文明，そして黄河・長江流域の_b中国文明が主な古代文明として知られる。ティグリス・ユーフラテス両川流域の_cメソポタミアで人類最古の文明はおこった。灌漑農業の発達により人口が増加し，前 3500 年ごろから大規模な村落が成立した。前 3000 年ごろからは（ ① ）人により多くの都市国家が形成された。その後，アッカド人による国家，次いでアムル人によるバビロン第 1 王朝がおこる。その後も_d他民族の侵入が続き，オリエントでは覇権争いが続くことになった。前 2000 年紀にメソポタミア北部におこった（ ② ）王国により，前 7 世紀ごろ全オリエントは征服された。

(1) ①，②に入る適語を，それぞれ答えよ。　　　①（　　　　　　　）②（　　　　　　　）

(2) 下線部 **a** に関連して，インダス文明についての説明として正しいものを，次の**ア**〜**エ**から選べ。　　　　　　　　　　　　　　　　　　　　　　　　　　　　（　　　）

　ア インダス文字は，シャンポリオンによって解読された。

　イ ドラヴィダ系の人々は，インダス川からガンジス川へと活動範囲を広げていった。

　ウ 『リグ゠ヴェーダ』にさまざまな神への賛歌がまとめられた。

　エ モエンジョ゠ダーロやハラッパーには，石造りを特徴とする遺跡が残された。

(3) 下線部 **b** に関連して，次の問いに答えよ。

　① 殷墟で発見された右図の獣骨に刻まれており，漢字のもととなった文字を何というか。　　　　　　　　　　　　　（　　　　　　）

　② 春秋末にあらわれた，仁義の徳による王道政治を主張した儒家の祖はだれか。　　　　　　　　　　　　　　　　　（　　　　　　）

(4) 下線部 **c** に関連して，古代メソポタミアについての説明として正しいものを，次の**ア**〜**エ**から選べ。　　　　　　　　　　　　　　　（　　　）

　ア 太陽神ラーを中心とする多神教が信仰された。

　イ ハンムラビ法典は，被害者の身分に関わりなく一律の刑罰が適用された。

　ウ 象形文字の神聖文字（ヒエログリフ）が用いられた。

　エ 六十進法や太陰暦が用いられた。

(5) 下線部 **d** に関連して，ヘブライ人についての説明として正しいものを，次の**ア**〜**エ**から選べ。　　　　　　　　　　　　　　　　　　　　　　　　　　　　（　　　）

　ア ヘブライ人は，アルファベットの原型となったヘブライ文字をつくった。

　イ エジプトへ移住したヘブライ人は，モーセに導かれてパレスチナに脱出した。

　ウ ヘブライ人の諸部族が連合して王国を建て，ソロモン王は都をダマスクスに定めた。

　エ ヘブライ人は，苦難を被るなかで唯一の神アトンへの信仰を深めた。

2 ［エジプト］次の文章中の空欄に入る適語を，あとの**ア〜セ**から選びなさい。 ［関西大一改］

　エジプトは，かつてヘロドトスが「エジプトは（ ① ）のたまもの」と述べたように，（①）川がもたらす沃土（よくど）によって繁栄していた。前3000年ごろに統一され，（ ② ）時代にギザなどで（ ③ ）が建設されたことは，（ ④ ）と呼ばれる当時の王の絶大な権威を表している。

　やがて（ ⑤ ）と呼ばれる異民族が侵入したことによってエジプト国内は混乱した。しかし，前16世紀（⑤）を追放すると，前14世紀（ ⑥ ）が首都テーベの神官団を抑え，新たに（ ⑦ ）（神）のみを奉じる信仰改革を行った。この改革は失敗し，王の死によって終わった。

　前7世紀にはエジプトは（ ⑧ ）王国の支配を受け，（⑧）王国が滅びると独立を回復するが，前6世紀には（ ⑨ ）に征服された。

①（　　　）②（　　　）③（　　　）④（　　　）⑤（　　　）⑥（　　　）
⑦（　　　）⑧（　　　）⑨（　　　）

ア 古王国　　　**イ** 新王国　　　**ウ** ラー　　　**エ** ツタンカーメン　　　**オ** ユーフラテス
カ ピラミッド　**キ** アモン　　　**ク** ヒクソス　**ケ** アメンホテプ4世（イクナートン）
コ アッシリア　**サ** ナイル　　　**シ** アトン　　**ス** ファラオ　　　**セ** アケメネス朝

3 ［エーゲ文明］次の文章中の空欄に適語を答えなさい。また，あとの問いに答えなさい。

　東地中海沿岸では，前3000年ごろからオリエントの影響を受けたヨーロッパ最初の青銅器文明が生まれた。これをエーゲ文明と呼ぶ。最初にその中心となったのが，前2000年ごろに始まる（① 　　　　　）文明である。中心地の（② 　　　　　）には壮大で複雑な構造をもつ宮殿があり，強力な王が交易を独占して繁栄していたことがうかがえる。

　前2000年ごろから（③ 　　　　）人が，バルカン半島やエーゲ海沿岸部に移住し始め，前1600年ごろから③本土に（④ 　　　　）文明を築いた。

(1) 資料1は，①文明の遺跡である。これを発掘したイギリスの考古学者はだれか。　（　　　　　　　）

資料1

(2) ④文明の遺跡を発掘し，その実在を証明したドイツ人はだれか。　（　　　　　　　）

記述 (3) 資料2は，④文明で建設された城塞の門を示している。この遺跡から，④文明の特徴としてどのようなことが考えられるか，簡潔に説明せよ。

（　　　　　　　　　　　　　　　　　　　　　　）

資料2

> **Hints**
> **1** (2)インダス文字は，現在も解読されていない。
> 　　(5)アルファベットの起源はフェニキア文字である。
> **2** ⑥この王の信仰改革の影響で，古い伝統にとらわれない，写実的なアマルナ芸術が生みだされた。
> **3** (2)④の文明の特徴は，イギリスのヴェントリスらによって解読された線文字Bより判明した。

重要 1 ［古代中国文明］次の文章中の空欄に入る適語を答えなさい。また，あとの問いに答えなさい。

［大阪経済大一改］

A 中国で現在確認できる最古の王朝は，伝説的な夏王朝に続いておこったとされる a殷である。b殷墟からは c甲骨文字や宮殿跡などが発見され，その存在が証明された。殷では，王が宗教的儀礼を通じた（①　　　　　　）政治によって多数の邑（城郭都市）を統率し，祭祀用の酒器として複雑な文様をもつ（②　　　　　　）が用いられた。その後，（③　　　　　　）流域におこった周は殷を滅ぼし，（④　　　　　　）に都をおいて華北を支配した。周王は一族・功臣などに封土（領地）を与えて（⑤　　　　　　）とし，d「封建」と呼ばれる統治制度のもと，天子と称して全体を統合した。

B 中国では，e春秋時代に農業生産力が高まり，戦国時代には，その後の f中国貨幣の形式となる貨幣が用いられた。また，春秋・戦国時代は，多様な思想が生まれた時代でもある。その中で，後世に大きな影響を与えたのは，春秋時代末期の孔子を祖とする儒家の思想である。この思想は，戦国時代の儒家である孟子や荀子らによって受け継がれた。そのほかにも，道家や g法家などがあり，いずれも中国社会思想の源となっている。

(1) 下線部 a の時代として正しいものを，次のア〜エから選べ。　　　（　　　）

　ア 前 16 世紀ごろ〜前 11 世紀ごろ　　イ 前 8 世紀ごろ〜前 5 世紀ごろ

　ウ 前 4 世紀ごろ〜前 3 世紀ごろ　　ウ 前 3 世紀ごろ〜3 世紀ごろ

(2) 下線部 b がある場所として正しいものを，次のア〜エから選べ。　　　（　　　）

　ア 湖北省　　イ 河南省　　ウ 雲南省　　エ 河北省

(3) 下線部 c に関する説明として誤っているものを，次のア〜エから選べ。　　　（　　　）

　ア 占いの記録に使われた。　　イ トルコ民族の影響を受けた。

　ウ 亀甲や獣骨に刻まれた。　　エ 漢字の原型となった。

(4) 下線部 d に関する説明として正しいものを，次のア〜エから選べ。　　　（　　　）

　ア 国家が耕作者の集団を導入して官有地を耕作させた。

　イ 郡の下に県を置いた。

　ウ 世襲とした諸侯に国を建てさせた。

　エ 土地を均等に支給して税や力役を課した。

(5) 下線部 e に関する説明として正しいものを，次のア〜エから選べ。　　　（　　　）

　ア 占城稲が導入された。　　イ 『本草綱目』が編纂された。

　ウ 牛耕が始まった。　　エ 『農政全書』が編纂された。

(6) 下線部 f の貨幣のうち，東北地方で用いられたものとして正しいものを，次のア〜エから選べ。

　ア 半両銭　　イ 蟻鼻銭　　ウ 布銭　　エ 刀銭　　　（　　　）

(7) 下線部 g に該当する人物として誤っているものを，次のア〜エから選べ。　　　（　　　）

　ア 李斯　　イ 商鞅　　ウ 孫子　　エ 韓非

2 ［古代アメリカ文明］次の文章を読み，あとの問いに答えなさい。　　　　　　　　［大阪学院大一改］

　　メキシコ高原から中央アメリカにかけては，古くは前1200年ごろまでにメキシコ湾岸に a オルメカ文明という文明が成立しており，前500年ごろに衰退するまで周辺地域に大きな影響を与えた。その後，メキシコ周辺ではそれを受け継いだ文化が広がり，前1世紀ごろには太陽のピラミッドで有名な（①　　　　　　　　　　）文明がおこった。14世紀になると，北方から南下してきたアステカ人がテノチティトランを首都とするアステカ王国をつくり，b 16世紀にスペインによって征服されるまで存在した。一方，ユカタン半島では，前1000年ごろに c マヤ文明が成立していた。南米のアンデス地帯では，15世紀半ばから16世紀にかけて，（②　　　　　　　）を中心としたインカ帝国が繁栄したがスペイン人によって滅ぼされた。

(1) 下線部 a についての説明として誤っているものを，次のア～エから選べ。　　　（　　　）

　　ア 遺跡から巨石人頭像が発見された。　　　**イ** 馬や鉄器は使用されなかった。
　　ウ ピラミッド状の神殿が特徴の1つである。　　**エ** ゾウを神聖視した。

(2) 下線部 b について，アステカ王国を滅ぼした人物を，次のア～エから選べ。　　（　　　）

　　ア ピサロ　　**イ** バルボア　　**ウ** カブラル　　**エ** コルテス

(3) 下線部 c についての説明として正しいものを，次のア～エから選べ。　　　　　（　　　）

　　ア 16世紀にオランダ人によって征服された。
　　イ マニ教が信仰されていた。
　　ウ 中心部にアクロポリスがあった。
　　エ 二十進法による数の表記やマヤ文字が使用された。

3 ［古代オリエント文化］次の文章中の空欄に入る適語を答えなさい。

　　現在，日本で使われている（①　　　　　　）暦の起源は，定期的に増水するナイル川沿いで栄えた古代の（②　　　　　　　）でつくられた。（②）では，王（ファラオ）は太陽神（③　　　　　　）の化身とされ，霊魂の不滅を信じた人々はミイラを残し「死者の書」を添えた。1時間＝60分といった（④　　　　　　）は，古代（⑤　　　　　　　）でつくられた。（⑤）では，シュメール人の時代から粘土板などに刻む（⑥　　　　　　　）文字が使われ続けた。古代の（②）の象形文字の一種である（⑦　　　　　　　）（ヒエログリフ）は，ナポレオンの（②）遠征の際に発見されたロゼッタ＝ストーンを用いて，シャンポリオンが解読に成功した。アルファベットの起源は，地中海交易で活躍した（⑧　　　　　　　）人の表音文字である。また，中継貿易で活躍した（⑨　　　　　　）人の文字と言語はオリエントに広まった。

> **Hints**
>
> **1** (2) 殷墟(いんきょ)は黄河(こうが)南部の下流域に位置している。
> 　(5) 占城稲(せんじょうとう)が導入されたのは宋王朝時代。『本草綱目(ほんぞうこうもく)』『農政全書(のうせいぜんしょ)』は明(みん)王朝時代に編纂された書物である。
> **2** (3) マヤ文明では，二十進法で数を表記していた。
> **3** シュメール時代の⑤で用いられたのは太陰暦である。

7

2 中央ユーラシアと東アジア世界の形成

STEP ① 基本問題

解答⊙ 別冊2ページ

1 ［遊牧国家］次の文章中の空欄に入る適語を，下の**ア〜ケ**から選びなさい。

遊牧国家には，前6世紀ごろ南ロシアの草原地帯を支配したイラン系の（①　　　）がいる。（①）の騎馬技術や短弓を用い，前4世紀ごろから，陰山山脈北方のモンゴル高原を拠点とした（②　　　）や甘粛・タリム盆地東部の（③　　　）などが活躍し，とくに前3世紀末に即位した（②）の冒頓単于は漢を圧迫した。4世紀はユーラシアの東西で遊牧民が活動し，西方ではフン人が西進してゲルマン人の移動のきっかけをつくり，東方では（②）・鮮卑などのいわゆる（④　　　）が華北に諸王朝を建てた。5世紀には，モンゴル高原でモンゴル系の（⑤　　　），ササン朝を苦しめグプタ朝を脅かした（⑥　　　）が栄えた。ササン朝と結んで（⑥）を滅ぼしたトルコ系の（⑦　　　）が6世紀中ごろ遊牧国家を建てたが，東西に分裂した。（⑧　　　）は（⑦）に服属していたが，8世紀には（⑦）を滅ぼした。唐への影響力を強めたが，9世紀には同じトルコ系の（⑨　　　）の攻撃を受け衰退した。

ア 月氏　　**イ** エフタル　　**ウ** 匈奴　　**エ** キルギス　　**オ** 五胡
カ 柔然　　**キ** スキタイ　　**ク** 突厥　　**ケ** ウイグル

2 ［秦の中国統一］次の文章中の空欄に入る適語を答えなさい。また，あとの問いに答えなさい。

前221年に中国統一に成功した秦王の政は（①　　　）と称し，数々の政策を実施した。（②　　　）と呼ばれる地方統治制度を全国に実施し，ₐ度量衡や貨幣，文字の統一，ᵦ思想統制を行い，中央集権化を進展させた。しかし，急激な政策は人々の反抗を招き（①）の死後ᵪ各地で反乱が発生し，前206年に秦は滅亡した。

(1) 下線部**a**について，秦が統一後に鋳造させた右の写真の貨幣を何というか。（　　　　）

(2) 下線部**b**について，書物を焼き，儒家を弾圧した思想統制を何というか。（　　　　）

(3) 下線部**c**について，「王侯将相いずくんぞ種あらんや」のことばで知られる農民反乱を何というか。（　　　　）

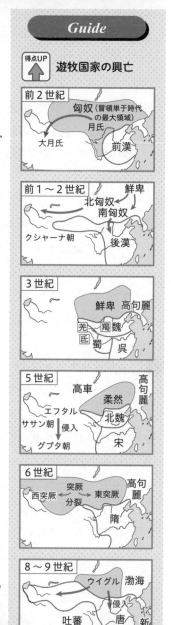

Guide

得点UP

遊牧国家の興亡

前2世紀
匈奴（冒頓単于時代の最大領域）
月氏
大月氏　　前漢

前1〜2世紀
鮮卑
北匈奴
南匈奴
クシャーナ朝　　後漢

3世紀
鮮卑　高句麗
羌　羯　魏
氐　蜀　呉

5世紀
高句麗
高車　柔然
エフタル　北魏
ササン朝　侵入
グプタ朝　宋

6世紀
突厥　高句麗
西突厥　東突厥
分裂　隋

8〜9世紀
ウイグル　渤海
侵入
吐蕃　唐　新羅
南詔

3 ［漢代の政治］次の文章中の空欄に入る適語を答えなさい。

前202年，（①　　　　　　）が高祖として漢（前漢）を建国し，郡県制に封建制を併用した（②　　　　　　）制を採用した。その後の第7代（③　　　　　　）は，人事や経済など集権的な政策を行った。後8年に外戚の（④　　　　　　）が皇帝の位を奪って新を建てたが，25年に（⑤　　　　　　）が漢（後漢）を復興した。しかし，（⑥　　　　　　）の乱とその後の群雄割拠の中，漢は倒れた。

4 ［魏晋南北朝時代］次の図中の空欄に入る国名を答えなさい。また，あとの問いに答えなさい。

①（　　　　　　）
②（　　　　　　）
③（　　　　　　）
④（　　　　　　）
⑤（　　　　　　）
⑥（　　　　　　）

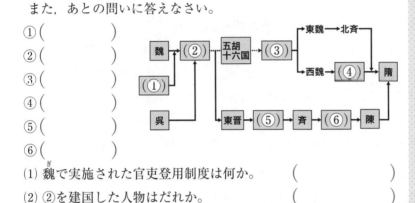

(1) 魏で実施された官吏登用制度は何か。　（　　　　　　　　）
(2) ②を建国した人物はだれか。　（　　　　　　　　）

5 ［隋・唐時代］次の各文章中の空欄に適語を答えなさい。

(1) 隋代には，儒学の試験によって広く人材を求める（　　　　　　）の制度がつくられた。
(2) 隋・唐時代の土地制度は，一定の面積の土地を農民に耕させる北魏で始められた（　　　　　　）が受け継がれた。
(3) 唐では，財政再建のため租・調・庸の税制にかわり（　　　　　　）を採用した。

☑ サクッとCHECK

● 次の文が正しければ○，誤っていれば×を書きなさい。
❶ 匈奴や鮮卑は可汗（カガン）と呼ばれる統率者のもとで強力な遊牧国家をつくった。　（　　　）
❷ 『大唐西域記』を著した玄奘は陸路で，義浄は海路でインドまで往復した。　（　　　）
❸ 東晋は，魏の将軍の司馬遷によって建国された。　（　　　）
❹ 隋を建てた楊堅は北周出身の鮮卑系だが，唐を建てた李淵は漢人だった。　（　　　）
❺ 751年タラス河畔で唐軍がアッバース朝イスラーム軍に敗れ，製紙法が西方へ伝わった。　（　　　）

● 次の各問いに答えなさい。
❻ 前3世紀ごろに即位した，匈奴の最盛期のころの王はだれか。　（　　　　　　　）
❼ 後漢の時代，宦官・外戚が反対派を弾圧したでき事を何というか。　（　　　　　　　）
❽ 新が滅亡するきっかけとなった農民反乱は何か。　（　　　　　　　）
❾ 唐代に辺境の守備をゆだねられた，傭兵軍団の指揮官を何というか。　（　　　　　　　）
❿ 907年に唐を滅ぼした人物はだれか。　（　　　　　　　）

1 ［遊牧国家］次の文章を読み，あとの問いに答えなさい。　　　　　　　　　　　　　　［龍谷大一改］

　モンゴル高原での匈奴の弱体化により，2世紀に優勢となったのは_a鮮卑であった。鮮卑の南下後はモンゴル系遊牧民の（　①　）が勢力を伸ばした。その後6世紀半ばには，（①）にかわってトルコ系の_b突厥が勃興した。しかし，8世紀半ばに同じトルコ系の（　②　）によって滅ぼされた。後に，（②）人国家が滅び，彼らの一部が西方に移住した。これにより，中央アジアのトルコ化が促進された。

(1) ①，②に入る適語を答えよ。　　　　　　　　　　　　①（　　　　　）　②（　　　　　）

(2) 下線部 **a** に関する記述として正しいものを，次の**ア～エ**から選べ。　　　　　　（　　　）

　　ア 冒頓単于が部族を率いて隆盛を誇った。　　**イ** 4世紀後半，拓跋氏が北魏を建てた。

　　ウ 八王の乱をきっかけに分裂した。　　　　**エ** 骨品制によって官職などを規制した。

(3) 下線部 **b** に関する記述として誤っているものを，次の**ア～エ**から選べ。　　　（　　　）

　　ア 騎馬遊牧民として最古の突厥文字を使用した。　　**イ** 君主の称号として可汗を用いた。

　　ウ ホスロー1世と組み，エフタルを滅ぼした。　　**エ** 中国の北朝に朝貢を行った。

2 ［秦・漢時代］次の文章中の空欄に適語を入れ，あとの問いに答えなさい。　　　　　　［東洋大一改］

　秦の始皇帝は，直接中央から派遣した官吏に地方を治めさせる（①　　　　　　）を施行し，思想統制を行い，_a対外戦争・土木工事なども頻繁に行ったが，始皇帝の死後まもなく全土で反乱がおこり，秦はわずか15年で滅んだ。前202年に_b前漢をたてた劉邦は，直轄地での（①）と東方の地域では一族や功臣を王・侯に封じる封建制を併用する（②　　　　　　）を採用した。_c武帝の時代に領土は大きく広がったが，財政難に陥ったため_d経済統制策によって乗り切ろうとしたが成功しなかった。武帝の死後，宦官や外戚が相争うなか，（③　　　　　　）が皇帝を廃位し，新を建てた。劉秀(光武帝)が漢王朝(後漢)を再興したが，その後党派争いが繰り返された。_e2世紀末に大規模な反乱がおこり，各地に軍事集団が割拠して後漢は滅んだ。

(1) 下線部 **a** に関連して述べた文として誤っているものを，次の**ア～エ**から選べ。　（　　　）

　　ア 文字を統一した。　　　　　**イ** 貨幣を五銖銭に統一した。

　　ウ 万里の長城を修築した。　　**エ** 度量衡を統一した。

(2) 下線部 **b** の武帝に，儒学を官学とすることを提案したのはだれか。　　　　　　（　　　　　）

(3) 下線部 **c** について，匈奴を討つために武帝が西域に派遣したのはだれか。　　　（　　　　　）

記述 (4) 下線部 **d** のうち，平準という物価抑制法の内容について簡潔に説明せよ。

　　（　　　　　　　　　　　　　　　　　　　　　　　　　　　　　　　　　　　　　　）

(5) 下線部 **e** に関連して述べた文として誤っているものを，次の**ア～エ**から選べ。　（　　　）

　　ア 四川地方では，のちの道教の源流ともなった五斗米道が勢力を伸ばした。

　　イ 華南では，曹操が後漢の皇帝から帝位を譲り受けて魏を建てた。

　　ウ 長江下流域では，孫権が呉を建国し，華中・華南の開発を進めた。

　　エ 太平道の指導者の張角が，黄色の布を標識として反乱をおこした。

重要 **3** ［三国・南北朝時代］次の文章を読み，あとの問いに答えなさい。　　　　　　［首都大学東京一改］

　　2世紀末におきた（①　　　　　）の乱は瞬く間に中国全土に広がり，後漢の権威は失墜した。220年の後漢滅亡後は，華北の（②　　　　），四川の（③　　　　），江南の（④　　　　）の三国が覇権を争った。三国は280年晋(西晋)によっていったん統一されるが，290～306年におきた一族の争いである（⑤　　　　）の乱によって晋が混乱すると，それに乗じた匈奴が晋を滅ぼし，羯や（⑥　　　　），チベット系の氐・羌も華北に侵入して，華北は（⑦

　　）と呼ばれる分裂状態となった。その華北を5世紀前半に統一したのが（⑥）の拓跋氏が建てた（⑧　　　　）で，5世紀末には都が平城から洛陽に移り，（⑥）の制度や習慣の中国化が進められた。また江南地域では，東晋の後，（⑨　　　　）・斉・梁・陳の王朝が相次いだ。

(1) ①～⑨にあてはまる適語を答えよ。

(2) ④は孫権により建国されたが，その都はどこか，次の**ア**～**エ**から選べ。　　（　　　　）

　　ア 成都　　**イ** 洛陽　　**ウ** 建業　　**エ** 長安

(3) 下線部の晋を建国した人物を，次の**ア**～**エ**から選べ。　　　　　　（　　　　）

　　ア 司馬睿　　**イ** 司馬遷　　**ウ** 曹丕　　**エ** 司馬炎

4 ［東西交通］次の文章を読み，あとの問いに答えなさい。　　　　　　　　［東京学芸大一改］

　　ユーラシア大陸の東西交通路は，隊商交易で知られる「（①　　　　）の道」が有名だが，遊牧国家の文化を伝えた「（②　　　　）の道」も重要で，フン人も「（②）の道」を西進した。「（②）の道」は（③　　　　　　　　）や漢などの支配を受けない遊牧民の交通路であったのに対し，「（①）の道」では前漢の（④　　　　）が匈奴を追い出し，中央アジアへ張騫を派遣した。後漢時代には（⑤　　　　）によって西方のようすが伝えられ，（③）を指すと思われる大秦の使節が後漢の日南郡を訪れたのは，「（⑥　　　　）の道」を使ってであった。

(1) ①～⑥にあてはまる適語を，下の語群から選べ。

(2) ③の使節が到達した日南郡は現在のどの国にあるか，下の語群から選べ。　　　　　　　　　　（　　　　）

(3) 右の絵に描かれている，「①の道」をインドまで往復し，多くの経典をもち帰って翻訳し，旅行記『大唐西域記』を著した唐の僧を，下の語群から選べ。　　　　　　（　　　　）

(4) 「⑥の道」でインドまで往復し，『南海寄帰内法伝』という旅行記を著した唐僧を，下の語群から選べ。　　　　　　（　　　　）

〔語群〕　ベトナム　　海　　オアシス　　班超　　義浄　　タイ
　　　　玄奘　　草原　　班固　　武帝　　法顕　　ローマ帝国　　フランク王国

Hints

1 モンゴル高原を支配したのは，匈奴→鮮卑→柔然→突厥→ウイグル→キタイ(契丹)→モンゴル。

2 (4)特産物を貢納させ，その物資が不足している地域に転売する物価調整法を「均輸」という。

3 ②曹操の子の曹丕が後漢の皇帝から帝位をゆずりうけ，華北で成立させた。

4 東西交通の道には，北から「草原の道」「オアシスの道」「海の道」がある。

重要 **1** [隋・唐時代] 次の文章中の空欄に適語を入れ，あとの問いに答えなさい。　　[京都産業大一改]

ａ隋の文帝は，都を（①　　　　　　　　）として南北に分裂していた中国を統一し，広く人材を求めて中央集権化を目ざした。官僚登用法では，科目試験による（②　　　　　　）を採用した。（③　　　　　　）の治世にかけて大運河の建設に力を入れ，これにより，江南の経済地帯と北方の政治・軍事の中心地が結びつけられた。しかし，このような大土木事業や度重なる遠征のために人々の不満は高まっていき，国内各地で反乱がおきるようになった。そのような中，李淵（高祖）が隋を滅ぼし，唐を建てた。唐は支配領域を拡大し，征服地の統治は，その地の有力者にゆだね，（④　　　　　　）を設置して監督した。モンゴル高原では，ｂトルコ系の遊牧民が勢力をもった。このころｃソグド人は，国際商人として，ユーラシアの東西を結ぶ交易ネットワークを構築した。チベットでは，7世紀にソンツェン゠ガンポが（⑤　　　　　　）を建国し，8世紀後半には雲南地方で（⑥　　　　　　）が勢力を伸張し，唐文化の影響を受け繁栄した。

(1) 下線部ａが採用した制度として誤っているものを，次のア～エから選べ。　　（　　　）

　　ア 均田制　　イ 租・調・庸の税制　　ウ 府兵制　　エ 骨品制

(2) 下線部ｂについて，隋・唐時代にモンゴル高原で勢力をもっていたトルコ系の遊牧民の組み合わせとして正しいものを，次のア～エから選べ。　　（　　　）

　　ア 匈奴・月氏　　イ 突厥・ウイグル　　ウ 羌・女真　　エ スキタイ・タングート

(3) 下線部ｃの民族系統として正しいものを，次のア～エから選べ。　　（　　　）

　　ア モンゴル系　　イ 鮮卑系　　ウ ツングース系　　エ イラン系

2 [唐の文化] 次の問いに答えなさい。

(1) 次の空欄にあてはまる適語を，あとのア～クから選べ。

資料1

　　① 「国破れて山河在り」の「春望」などで有名な（　　　　　）は，唐代を代表する詩人で，後世，詩聖と称された。

　　② 中唐の文人である（　　　　　）・柳宗元は古文の復興を主張した。

　　③ 盛唐の書家である（　　　　　）は資料1の書を残した。

　　④ 主に顔師古と（　　　　　）により『五経正義』の編纂がなされた。

　　ア 王維　　イ 顔真卿　　ウ 韓愈　　エ 孔穎達　　オ 呉道玄
　　カ 杜甫　　キ 白居易　　ク 鄭玄

(2) 唐代の宗教に関する記述として誤っているものを，次のア～エから選べ。

資料2

　　ア ゾロアスター教は，祆教と呼ばれた。　　（　　　）

　　イ マニ教は，3世紀にササン朝で創始された。

　　ウ 義浄は仏典を求めて，海路でインドに赴いた。

　　エ 資料2の写真の石碑に，その流行が記録された景教とは，キリスト教アリウス派のことである。

(3) 唐代につくられ，白・緑・黄などの色で焼かれた陶器を何というか。　　（　　　）

3 ［魏晋南北朝時代の文化］次の文章中の空欄に入る適語を下の語群から選びなさい。また，あとの問いに答えなさい。［駒澤大一改］

魏晋南北朝時代，江南では六朝文化と呼ばれる独特の貴族文化が開花した。文学の分野では（①　　　　）体という文体が主流になり，詩人としては，田園を題材に詩をつくった東晋の（②　　　　），山水詩を詠んだ宋の名門貴族の謝霊運らが名高い。古今の名作を集めた『文選』の編者は（③　　　　）太子の名で知られる（④　　　　）王朝の皇太子である。書道では「書聖」と称される東晋の（⑤　　　　），絵画では「女子箴図」を描いたとされる東晋の（⑥　　　　）らが活躍した。

仏教は紀元前後に中国に伝わっていたが，4世紀以降，華北で布教を行った仏図澄や仏典を漢訳した（⑦　　　　）などの西方からきた僧により，次第に普及していった。仏教を学ぶためにインドに留学して『仏国記』を著した（⑧　　　　）や，仏教に帰依した（④）の武帝も有名である。一方，道教は後漢末に活動した張陵の（⑨　　　　）などを源流とするが，北魏の（⑩　　　　）により，仏教教団に対抗する教団としての体裁が整えられた。

〔語群〕王羲之　顔真卿　鳩摩羅什　寇謙之　顧愷之　呉　呉道玄　五斗米道
昭明　四六駢儷　斉　宋　太平道　陳　陶淵明　梁　法顕

(1) 魏・晋の時代に流行した，道家思想や仏教の教えを受けながら世俗を超越して行われた自由な論議を何というか。（　　　　）

(2) 右の写真の石窟寺院は，どこの遺跡のものか。（　　　　）

4 ［朝鮮史］次の文章の空欄入る適語を下の語群から選びなさい。［駒澤大一改］

今の中国の吉林省集安に残る（①　　　　）碑文からもわかるように，4世紀末の時点では3国のうち北部の（②　　　　）が南部の2国に対し優位に立っていたが，（②）はその後，隋や唐の遠征をうけて疲弊する。南東部の（③　　　　）を中心とする（④　　　　）が唐と結んで，660年南西部の（⑤　　　　）を滅ぼし，668年（②）を滅ぼし，さらに676年唐軍を撤退させて朝鮮半島のほとんどを統一した。（④）は唐の冊封を受け，仏教を保護し，（⑥　　　　）制という独自の身分制度を維持した。（②）の滅亡後，（②）の遺民とツングース系の靺鞨族を統合した（⑦　　　　）は，698年に震国を建て，後に唐に朝貢し，国号を（⑧　　　　）と改めた。9世紀後半，（⑧）は王位をめぐる内紛で衰え，926年モンゴル系の（⑨　　　　）に滅ぼされた。一方，（④）も9世紀後半には弱体化し，918年（⑩　　　　）が（⑪　　　　）を建国して，都を（⑫　　　　）に定め，その後は（⑩）が朝鮮半島を統一した。

〔語群〕開城　大祚栄　キタイ（契丹）　広開土王　金城（慶州）　高句麗　高麗
骨品　新羅　百済　渤海　王建

Hints

1 (3)ソグド人はブハラ，サマルカンドなどのオアシスに住む民族。

2 (2)431年のエフェソス公会議で異端とされたキリスト教が，唐代の中国に伝わり，景教と呼ばれた。

3 ⑨2世紀後半に始められた宗教結社。祈祷の謝礼として米5斗を出させた。

4 ③この都では，新羅時代の代表的な仏教寺院である仏国寺などが建立された。

南アジア世界と東南アジア世界の展開

STEP 1 基本問題

解答➡別冊4ページ

1 ［インド統一国家の成立］次の文章を読み，あとの問いに答えなさい。

　　前4世紀末に（ ① ）の遠征軍が西北インドから撤退したのち，チャンドラグプタ王がマウリヤ朝をひらいた。やがて北インド一帯を支配し，（ ② ）のときに全盛期を迎えたが，（②）の死後衰退して前2世紀前半に滅亡した。その後，1世紀に（ ③ ）系のクシャーナ朝がバクトリアから進出し，2世紀半ばには a プルシャプラを首都として，中央アジアからガンジス川中流域までを支配した。しかし，この王朝はしだいに衰えて3世紀に滅亡し，北インドでは混乱が続いたが，4世紀に b パータリプトラを首都とする c グプタ朝が北インドを統一した。しかし，5世紀には衰退に向かい，中央アジアから（ ④ ）が侵入し，6世紀半ばにグプタ朝は滅亡した。7世紀前半には，ハルシャ王がヴァルダナ朝をおこした。ヴァルダナ朝のインドを訪れ仏教を研究した唐の玄奘は，（ ⑤ ）を著した。

(1) ①〜⑤に入る適語を，あとのア〜サからそれぞれ選べ。

　　　　　　　　①（　　　） ②（　　　） ③（　　　）
　　　　　　　　④（　　　） ⑤（　　　）

　　ア　ホスロー1世　　イ　アレクサンドロス大王
　　ウ　アショーカ王　　エ　カニシカ王　　オ　トルコ
　　カ　イラン　　　　　キ　エフタル　　　ク　『大唐西域記』
　　ケ　『仏国記』　　　コ　ヒクソス　　　サ　ギリシア

(2) 下線部 a，b の場所を，右の地図中のア〜オからそれぞれ選べ。

　　　　　　　　a（　　　） b（　　　）

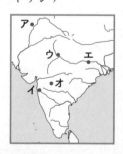

(3) 下線部 c の時代の文化に関する記述として正しいものを，次のア〜エから選べ。

　　　　　　　　（　　　）

　　ア　ガンダーラ美術が栄えた。　　イ　仏典の結集が行われた。
　　ウ　カーリダーサが『シャクンタラー』を残した。
　　エ　竜樹(ナーガールジュナ)が大乗仏教の理論を確立した。

Guide

得点UP 古代インド王朝

①マウリヤ朝…首都はパータリプトラ。ナンダ朝をたおしたチャンドラグプタ王が建国。アショーカ王の時代に領土が最大に。

②クシャーナ朝…首都はプルシャプラ。カニシカ王の時代が最盛期。大乗仏教が成立。ガンダーラ美術が発展。

③グプタ朝…首都はパータリプトラ。チャンドラグプタ2世時代が最盛期。ナーランダー僧院が建設。

④ヴァルダナ朝…首都はカナウジ。ハルシャ=ヴァルダナ王が建国。

得点UP インド美術

①ガンダーラ美術…クシャーナ朝時代に，ガンダーラ地方を中心に発達したヘレニズムの影響の強い仏教美術。

②グプタ様式…グプタ朝時代に完成された純インド的美術様式。→アジャンターの石窟に描かれた壁画

注意 玄奘・義浄

①玄奘…唐の僧。陸路でインドに赴いた。グプタ朝のハルシャ王の厚遇を受け，ナーランダー僧院で学ぶ。→『大唐西域記』

②義浄…唐の僧。海路でインドに赴き，玄奘と同じナーランダー僧院で学ぶ。→『南海寄帰内法伝』

2 ［インド古典文化］次の問いに答えなさい。 ［京都大一改］

(1) マハーヴィーラの尊称をもつヴァルダマーナを始祖とする宗教は何か。 （　　　　　　）

(2) クシャーナ朝時代の仏教美術の中心地はどこか。 （　　　　　　）

(3) グプタ朝のチャンドラグプタ2世の時代に，中国の東晋(とうしん)からインドを訪れて旅行記を記した仏僧はだれか。 （　　　　　　）

(4) グプタ朝の時代にまとまった，バラモンの特権的な地位を強調した法典は何か。 （　　　　　　）

(5) グプタ朝時代に公用語化された言語は何か。 （　　　　　　）

(6) グプタ朝のハルシャ王の保護をうけた玄奘(げんじょう)が仏教を学んだ僧院はどこか。 （　　　　　　）

3 ［東南アジア］次の文章中の空欄に入る適語を答えなさい。

　インドや中国との交流が紀元前後から盛んになる中で，1世紀末，メコン川下流に東南アジアで（①　　　　　）が建国され，2世紀末，チャム人がベトナム中部に（②　　　　　）を建国した。（①），（②）はそれぞれ港市を中心に発達したという特徴をもつ。6世紀，メコン川流域に（③　　　　　）人が（④　　　　　）を建国し，（①）を滅ぼした。（④）では，12世紀のスールヤヴァルマン2世の治世にヒンドゥー教の寺院として（⑤　　　　　）が造営された。

得点UP **大乗仏教**

　クシャーナ朝のカニシカ王の時代におこった新仏教。**菩薩信仰(ぼさつ)**をもとにすべての人間の救済を目ざし，広く民衆に受け入れられた。主に中央アジアを経て中国へ，また，朝鮮・日本にも伝来した。

参考 📖 **仏教の伝播**

参考 📖 **アンコール゠ワット**

　カンボジアのアンコール朝の代表的な寺院遺跡。**ヒンドゥー教**の寺院として造営されたが，14世紀ごろから**仏教寺院**になった。

☑ サクッとCHECK

● 次の文が正しければ○，誤っていれば×を書きなさい。

❶ マウリヤ朝のアショーカ王の時代にアジャンターの石窟に壁画が描かれた。 （　　）

❷ クシャーナ朝のころにガンダーラ美術が生まれた。 （　　）

❸ ヒンドゥー教は，唯一の神シヴァを信仰する一神教である。 （　　）

❹ タイ人最古の王朝は13世紀半ばにおこったスコータイ朝である。 （　　）

❺ シャイレンドラ朝のもとで，仏教寺院のボロブドゥールが建造された。 （　　）

● 次の各問いに答えなさい。

❻ 仏典の結集を行ったマウリヤ朝の王はだれか。 （　　　　　）

❼ 北インドから南インドへ多くのバラモンを招いた王朝は何か。 （　　　　　）

❽ グプタ朝が最盛期を迎えたときの王はだれか。 （　　　　　）

❾ ベトナムで，11世紀初めに李氏(り)がたてた李朝は，何という国の王朝か。 （　　　　　）

❿ 8世紀にジャワで生まれたヒンドゥー教国の王朝は何か。 （　　　　　）

重要 **1** ［インド王朝の変遷］次の文章を読み，あとの問いに答えなさい。 ［東京経済大一改］

　前4世紀になると，マケドニアが西北インドに進出した。しかし，前317年ごろに登場した_a_マウリヤ朝がインダス川流域や西南インドを征服した。この王朝の衰退後，イラン系遊牧民が西北インドに進出し，紀元後1世紀には_b_クシャーナ朝が建てられた。この王朝ではローマとの交易が行われるなど，交通路の要衝として国際的な経済活動が盛んであった。クシャーナ朝も3世紀には西方地域をササン朝に征服され，東方地域も地方勢力の圧力により滅亡した。インド南方のデカン高原を中心に勢力をもった（ ① ）朝は，北インドから多くのバラモンを招いたことで，南北の文化交流に寄与した。4世紀になると，北インド全域を統治する_c_グプタ朝がおこる。この時代，（ ② ）教が社会に定着し，『マヌ法典』や_d_叙事詩が現在伝えられるような形に完成した。また，十進法による数字の表記やゼロの概念が生み出されている。6世紀半ばにグプタ朝が滅亡すると，ヴァルダナ朝がおこったが，ハルシャ王の死後は衰退した。他方，南インドでは10世紀頃まで統一的な王朝が出現しなかった。しかし，チョーラ朝では「海の道」による交易が盛んに行われた。東南アジアでは_e_港市国家が栄えた。

(1) ①，②に入る適語を答えよ。　　　　①（　　　　　　　　）②（　　　　　　　）

(2) 下線部 **a** に関する記述として誤っているものを，次の**ア～エ**から選べ。（　　　）

　　ア パータリプトラに都が置かれた。　　**イ** 仏典の結集（編纂）を行った。

　　ウ 勅令を刻んだ石柱が各地につくられた。　**エ** アショーカ王が建国した。

(3) 下線部 **b** に関する記述として正しいものを，次の**ア～エ**から選べ。（　　　）

　　ア バクティ運動がおこった。　　**イ** ペロポネソス戦争に勝利した。

　　ウ ガンダーラ美術が発達した。　　**エ** 大乗仏教を迫害した。

(4) 下線部 **c** について，次の問いに答えよ。

　　① グプタ様式で描かれた壁画は，どこの石窟に描かれたか。　　（　　　　　　　）

　　② グプタ朝の最大領域を表しているものとして正しいものを，次の**ア～エ**から選べ。◎は都の位置を示している。　（　　　）

ア 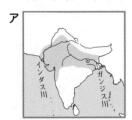 **イ** 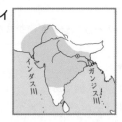 **ウ** 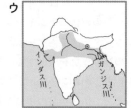 **エ**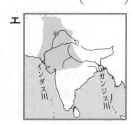

(5) 下線部 **d** について，二大叙事詩として知られているのは，『ラーマーヤナ』ともう1つは何か。　　（　　　　　　　）

(6) 下線部 **e** に関連して，東南アジアで栄えた港市国家として誤っているものを，次の**ア～エ**から選べ。　　（　　　）

　　ア チャンパー　　**イ** パルティア　　**ウ** シュリーヴィジャヤ　　**エ** 扶南

重要 **2** ［東南アジア］次の問いに答えなさい。 ［札幌大一改］

(1) 前4世紀からベトナム北部を中心に発展した，銅鼓(どうこ)を特徴とする文化を何というか。

（　　　　　　　）

(2) 次の文にあてはまる国・王朝名を，あとの**ア～カ**からそれぞれ選べ。

① 1世紀末，メコン川下流に建国された，オケオを貿易港とした国。　（　　）

② 6世紀にクメール人によって建国され，アンコール゠ワットを造営した国。　（　　）

③ 8世紀に，ジャワ島を支配していた王朝。　（　　）

④ 12世紀に，エーヤワディー(イラワディ)川流域を支配していたビルマ(ミャンマー)系の王朝。　（　　）

⑤ 13世紀半ば，タイ北部におこったタイ人最古の王朝。　（　　）

　　ア スコータイ朝　　**イ** シャイレンドラ朝　　**ウ** カンボジア

　　エ パガン朝　　**オ** 扶南(ふなん)　　**カ** シュリーヴィジャヤ

(3) 右の写真の仏教寺院の名称を答えよ。また，この寺院のある場所を，右の地図1中の**ア～エ**から選べ。

名称（　　　　　　　）　場所（　　）

(4) 2世紀に成立し，インド文化の影響を受けた国名と，その位置を示す地図2中の**a**，**b**の正しい組み合わせを，次の**ア～エ**から選べ。　（　　）

　　ア チャンパー──**a**

　　イ チャンパー──**b**

　　ウ マタラム朝──**a**

　　エ マタラム朝──**b**

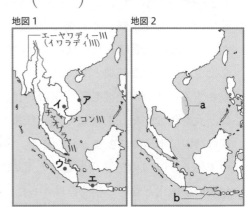

地図1　　地図2

(5) ベトナム北部で，13世紀に成立した陳朝(ちんちょう)に関する記述として正しいものを，次の**ア～エ**から選べ。　（　　）

　　ア この国は，神宗時代の宋の軍事介入を撃退した。

　　イ この国は，国境を接するチャンパーと対立した。

　　ウ この国では，インド文字を利用したチュノム(字喃)と呼ばれる文字をつくった。

　　エ この国に義浄(ぎじょう)がインドへの往復の途中滞在し，仏教の盛んなようすを記した。

Hints

1 (1)② 現在のインドにおいて，最も信仰者が多い宗教である。

　　(4)② **エ**は都の位置からクシャーナ朝である。最大領域が最も広い**イ**はマウリヤ朝である。

2 (3)写真の寺院はシャイレンドラ朝のもとで建造された。大乗仏教の石造遺跡として有名。

　　(4)地図2中の**a**はチャンパー，**b**はマタラム朝である。何世紀に成立した国(王朝)か考える。

STEP 3 チャレンジ問題 1

解答⊙ 別冊 5 ページ

1 次の文章中の空欄に入る適語を答えなさい。　　　　　　　　　　　　［早稲田大一改］

　エジプトでは，前 16 世紀にテーベを本拠地とする第 18 王朝が（　①　）を追放し，新王国を樹立した。トトメス 3 世は，シリア・パレスチナ地方に 17 回もの軍事遠征を実施し，支配権を確立したが，その死後，北シリア（北メソポタミア）は再び（　②　）王国の勢力下に入った。その後も 200 年ほどこの地域は，エジプトをはじめ周辺の大国の干渉を受け続けていたが，前 1200 年頃に「海の民」と呼ばれる人々が，ギリシア・エーゲ海地域から進出し，この地から大国の勢力が後退したことで，（　③　）人・ヘブライ人・（　④　）人などが活動を開始した。（③）人は，地中海沿岸にシドン・ティルスなどの都市国家をつくり地中海の海上交易を独占した。一方，（④）人は，（　⑤　）を中心に内陸都市を結ぶ中継交易に活躍したため，彼らの文字の（④）文字は国際商業語として使用された。

①	②	③
④	⑤	

重要 2 次の文章中の空欄に入る適語を答えなさい。また，あとの問いに答えなさい。　［同志社大一改］

　a春秋・戦国時代には，諸子百家と総称される思想家・学派があらわれた。前 221 年，秦の始皇帝による全国統一から前漢初期までは法家や道家の思想が力をもったが，儒家思想がしだいに支配層に受け入れられるようになった。b武帝の時代には（　①　）の提案により儒学が官学とされ，主要な経典として五経が定められた。こうした動きを受けて経典の字句の解釈を重んずる（　②　）が発展し，後漢の時代には経典の詳しい注釈書がつくられた。仏教においては，大乗仏教が紀元前後に中国に伝来し，魏晋南北朝時代に広く普及した。仏教は，まず五胡の諸国に本格的に広まった。また，道教が成立したのも魏晋南北朝時代のことで，五胡の 1 つである（　③　）の拓跋氏が建てた北魏では，（　④　）が太武帝の信任を受け，教団をつくり，信者の組織化と教理の普及をはかった。隋・c唐の時代になると，儒学では，科挙制度の整備にともない，（　⑤　）らにより『五経正義』が編纂され，仏教ではdインドに直接赴く僧も多かった。道教も広く浸透し，祆教（ゾロアスター教）・マニ教なども伝来した。

(1) 下線部 a の社会・経済変動についての記述として正しいものを，次のア〜エからすべて選べ。

　ア　農業生産力が高まったことから，宗法を通じた氏族統制が強まった。

　イ　各国の諸侯たちが個人の能力を重視した人材登用を行うようになり，官僚を通じた統治が進展した。

　ウ　戦国時代に入るより前に，各国の青銅貨幣はすべて円形方孔の銅銭に統一され，国をまたいだ商業・流通の便がはかられた。

　エ　分裂・抗争の一方で，諸国の間では，「中国」もしくは「中華」という文化的なまとまりが意識されるようになった。

(2) 下線部 **b** の時代のでき事として正しいものを，次の**ア～エ**から選べ。

ア 郡県制をとっていたが，実質的に郡国制へと移行した。

イ 積極的な対外遠征による財政難を打開すべく，塩・鉄の専売を行った。

ウ 司馬遷（し　ば　せん）が編年体の史書である『史記』を著した。

エ 地方長官の推薦によって官僚を登用する九品中正を実施した。

記述 (3) 下線部 **c** の時代に租・調・庸の税制に代わり実施された両税法の内容について説明せよ。

(4) 下線部 **d** について，次の**X～Z**の僧に該当する文を，あとの**ア～ウ**から選べ。

X—法顕（ほっけん）　　**Y**—玄奘（げんじょう）　　**Z**—義浄（ぎ　じょう）

ア 陸路からインドに赴き，ハルシャ王の厚遇を受けた。

イ 海路でインドに赴き，途中でシュリーヴィジャヤにも滞在した。

ウ 陸路からインドに赴き，海路スリランカを経て帰国し，『仏国記』を著した。

①	②	③	④
⑤	(1)	(2)	
(3)			
(4) X	Y	Z	

---

3 次の文章を読み，あとの問いに答えなさい。　　　　　　　　　　　　　　［関西学院大一改］

　　東南アジアでベトナムを除く大陸部では主に上座部仏教が信奉されている。インドでガウタマ＝シッダールタ（ブッダ）が説いた仏教は，a前3世紀にスリランカに伝来し，さらに東南アジア世界に伝えられていった。ビルマには古くからb大乗仏教，ヒンドゥー教などがインドから伝わっていたが，上座部仏教が中心となった王朝は11世紀のcパガン朝が初めとされ，まもなくタイ，カンボジアでも上座部仏教が広まった。

(1) 下線部 **a** のときのインドの王を，次の**ア～エ**から選べ。

ア チャンドラグプタ2世　　**イ** アショーカ　　**ウ** カニシカ　　**エ** ハルシャ

難問 (2) 下線部 **b** を信奉した東南アジアの王国を，次の**ア～エ**から選べ。

ア シャイレンドラ朝　　**イ** マタラム朝　　**ウ** クディリ朝　　**エ** ヴィジャヤナガル王国

難問 (3) 下線部 **c** に関する記述として誤っているものを，次の**ア～エ**から選べ。

ア 雲南地方とベンガル湾を結ぶ交易で繁栄した。

イ 先住民のモン人の文化をとり入れて，多数の寺院や仏塔を建造した。

ウ 13世紀末にモンゴル軍の攻撃を受けて衰退した。

エ インドの叙事詩『マハーバーラタ』を題材としたワヤンが生まれた。

(1)	(2)	(3)

4 ギリシア・ローマと西アジアの国家形成

STEP 1 基本問題

解答→ 別冊5ページ

1 ［ギリシア］次の文章中の空欄に入る適語を下から選びなさい。

ギリシアでは，前8世紀ころから，（①　　　　）を中心に人々が（②　　　　）（シノイキスモス）し，（③　　　　）が成立した。民主政が出現したアテネでは，前7世紀，（④　　　　）により法律が成文化され，前6世紀初頭には，（⑤　　　　）が債務奴隷の禁止や財産政治を断行したが，平民の不満を解消できず，（⑥　　　　）政治を招くことになった。アテネの（⑥）となったペイシストラトスは，中小農民を保護したが，彼の死後，後継者が暴君化したため，クレイステネスは（⑦　　　　）の制度をつくった。アテネと並ぶ大国の（⑧　　　　）では，被征服民を（⑨　　　　）と呼ばれる奴隷身分の農民とし，農業に従事させる一方，厳しい軍事的規律でギリシア最強の陸軍国となった。

ア 陶片追放　　**イ** ドラコン　　**ウ** ヘイロータイ　　**エ** ソロン
オ ポリス　　**カ** スパルタ　　**キ** 集住　　**ク** 僭主　　**ケ** アクロポリス

2 ［ローマ］次の各文章中の空欄に入る適語を答えなさい。

(1) 前3世紀前半に，（　　　　　　）がイタリア半島を統一した。

(2) （　　　　　　）戦争は，ローマとカルタゴの覇権争いである。

(3) ローマの元老院議員などは，多数の奴隷を使役した（　　　　　　）（大土地所有制）による大規模な農業経営を行った。

(4) 前60年，ポンペイウス・（　　　　　　）・クラッススは元老院や閥族派から政権を掌握した。これを第1回（　　　　　　）という。

(5) 前27年，元老院は，オクタウィアヌスに（　　　　　　）（尊厳者）の称号を与えた。

(6) オクタウィアヌスが事実上の皇帝となってから約200年間は空前の繁栄と平和が続き，「（　　　　　　）」と呼ばれた。

(7) ネルウァからマルクス＝アウレリウス＝アントニヌスまでに至るローマ最盛期の時代の皇帝を（　　　　　　）という。

(8) 軍人皇帝の時代，ローマ皇帝ウァレリアヌスは（　　　　　　）のシャープール1世に敗れて捕虜となる。

Guide

得点UP アテネ民主制とその興亡

① **前7世紀**…ドラコンによる慣習法の成文化。

② **前6世紀初頭**…ソロンの改革（財産政治など）。

③ **前6世紀半ば**…ペイシストラトスの僭主政治。

④ **前6世紀末**…クレイステネスの改革（陶片追放）。

⑤ **前500年～前449年**…ペルシア戦争→前490年のマラトンの戦い，前480年のサラミスの海戦などでギリシア側が勝利。アテネの覇権が確立。

⑥ **前5世紀半ば**…民主政全盛期（ペリクレスのもと）。

⑦ **前431年～前404年**…ペロポネソス戦争でアテネがスパルタに降伏。

⑧ **前338年**…カイロネイアの戦いでマケドニアがアテネ・テーベ連合軍を破る。

 ギリシアの哲学者

① **プロタゴラス**…職業教師（ソフィスト）の代表。

② **ソクラテス**…哲学を創始。ソフィストは批判。

③ **プラトン**…ソクラテスの弟子。イデア論を説く。

④ **アリストテレス**…プラトンの弟子で，アレクサンドロス大王の師。考え方は，後にイスラーム世界や中世ヨーロッパの時代に影響を与える。

3 [アケメネス朝] 次の文章中の空欄に入る適語を答えなさい。

　前6世紀半ば，イラン人のアケメネス朝がおこり，第3代の
（①　　　　　　　　　）は，中央集権化のために全国を約20の
州に分け，中央から派遣した（②　　　　　　）（知事）に各州
を統治させ，監察官を巡回させた。前5世紀のペルシア戦争では
ギリシアに敗れ，前330年にマケドニアの（③
　　　　　　）に征服された。（③）が征服した西アジアの領土は，す
べてギリシア系の（④　　　　　　　）朝が継承した。

4 [パルティアとササン朝] 次の問いに答えなさい。

(1) ①～⑦に入る適語を，あとから選べ。

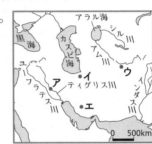

　前3世紀，遊牧イラン人が建国
した（①　）はクテシフォンに都を
置き，（②）の利益を得て繁栄し，
前1世紀以降はローマと争う。3
世紀，（①）にかわって建国したの
が農耕イラン人の（③）で，（③）は（④）を国教とし，2代
目皇帝の（⑤）は領土をインダス川西岸まで拡大した。5世
紀に遊牧民（⑥）の侵入に苦しむが，6世紀トルコ系の
（⑦）と結んで（⑥）を滅ぼし，（③）は全盛期を迎えた。

①（　　）　②（　　）　③（　　）　④（　　）
⑤（　　）　⑥（　　）　⑦（　　）

ア ゾロアスター教　**イ** エフタル　**ウ** 突厥（とっけつ）　**エ** ササン朝
オ シャープール1世　**カ** 東西交易　**キ** パルティア

(2) クテシフォンの位置を，地図中の**ア**〜**エ**から選べ。（　　）

第1章

第2章

第3章

第4章

総合

参考　ローマ帝国五賢帝

ネルウァ→トラヤヌス
（領土最大）→ハドリアヌス
→アントニヌス＝ピウス→
マルクス＝アウレリウス＝ア
ントニヌス

得点UP　ローマの身分闘争

①前6世紀末…エトルリ
ア人の王を追放し，共和
政開始。
②前5世紀前半…平民会
と護民官を設置。
③前5世紀半ば…十二表
法制定。
④前367年…リキニウ
ス・セクスティウス法成
立。
⑤前287年…ホルテンシ
ウス法成立。

**参考　アケメネス朝とサ
サン朝の王**

①ダレイオス1世…アケメ
ネス朝最盛期。
②シャープール1世…ササ
ン朝。ローマ皇帝ウァレ
リアヌスを捕虜とした。
③ホスロー1世…ササン
朝全盛期。突厥と結びエ
フタルを撃退。

☑ サクッとCHECK

● 次の文が正しければ○，誤っていれば×を書きなさい。

❶ ギリシア民主政の特徴は，女性を含め市民全員が参加する直接民主政であったことである。　（　　）

❷ デロス同盟を率いたスパルタとアテネが対立し，前431年にペロポネソス戦争に突入した。　（　　）

❸ ローマ人は道路の整備に力を入れ，アッピア街道はイタリア半島などに見られる。　（　　）

❹ ローマではホルテンシウス法により，コンスルのうち1人は平民から選ばれるようになった。　（　　）

❺ アレクサンドロス大王の没後，その領土は，征服前の状態に戻された。　（　　）

● 次の各問いに答えなさい。

❻ ミレトスなどのギリシア人植民市の，アケメネス朝に対する反乱が契機の戦争は何か。（　　　　）

❼ 前480年，サラミスの海戦でアテネの軍船の漕ぎ手となったのはどのような人々か。（　　　　）

❽ 前6世紀半ばに，アテネで僭主（せんしゅ）政治を確立したのはだれか。（　　　　）

❾ ミラノ勅令を出し，キリスト教を公認したローマ皇帝はだれか。（　　　　）

❿ キリスト教を国教とし，死に際し，帝国を東西に分けたローマ皇帝はだれか。（　　　　）

重要 **1** ［アケメネス朝とササン朝］次の文章中の空欄に入る適語を答えなさい。また，あとの問い
に答えなさい。
[京都産業大一改]

　アケメネス朝は，キュロス 2 世がリディア，新バビロニア，（①　　　　　）を滅ぼして
建国した。第 3 代の _aダレイオス 1 世は，首都を _bペルセポリスに置き中央集権制を確立した
が，（②　　　　　　　）出身のアレクサンドロス大王によって滅ぼされた。ササン朝は，
（③　　　　　　）を倒し建国された。_cゾロアスター教を国教とし，（④　　　　　　）
のときにエフタルを破ったが，イスラーム軍との（⑤　　　　　　）の戦いで敗北し，
その後まもなく滅亡した。

(1) 下線部 a に関する記述として誤っているものを，次のア〜
エから選べ。　　　　　　　　　　　　　　（　　）

ア 都護府を配置した。　　イ サトラップを任命した。
ウ 駅伝制を整備した。　　エ ギリシアと戦った。

(2) 下線部 b の位置を右の地図中のア〜エから選べ。（　　）
(3) 下線部 c について，ササン朝時代に編纂された，ゾロアスター教の教典を何というか。
　　　　　　　　　　　　　　　　　　　　　　　　　　　　　（　　　　　）

重要 **2** ［アテネ］次の写真と地図を見て，あとの問いに答えなさい。

 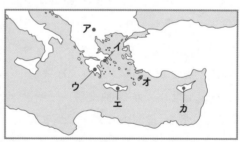

(1) 写真は，アテネの何という神殿を撮影したものか，答えよ。　　　（　　　　　）
(2) アテネの位置を，地図中のア〜カから選べ。　　　　　　　　　　　（　　）
(3) 前 5 世紀中ごろ，(1)の神殿の大改修を進めたアテネの指導者を答えよ。（　　　　）
(4) アテナ女神像の制作者で，(1)の神殿の改修工事の監督者を答えよ。（　　　　）
(5) ペルシアの再攻撃に備えて，アテネを盟主として多くのポリスが加わった同盟で，その軍
資金が(1)の神殿の改修費用に流用されたとされる同盟を答えよ。　（　　　　）
(6) (1)の神殿の改修が完成した後，前 431 年にアテネ側とスパルタを中心とする同盟軍との長
期間の戦争が始まるが，この戦争の名称を答えよ。　　　　　　　（　　　　）
(7) (6)の戦争で，アテネ側の同盟と戦ったスパルタを盟主とする同盟を答えよ。（　　　）
(8) (6)の戦争に勝ったスパルタに代わり，前 4 世紀半ばにギリシアの覇権を一時握ったポリス
を答えよ。　　　　　　　　　　　　　　　　　　　　　　　　　（　　　　）

3 ［ヘレニズム時代］次の各問いに対する適語を，あとの**ア〜タ**から選びなさい。

(1) 前338年，マケドニアがテーベとアテネの連合軍を破った戦場の地名を答えよ。（　　　）

(2) (1)の戦いのときのマケドニアの王で，アレクサンドロス大王の父を答えよ。（　　　）

(3) アレクサンドロス大王の死後，領土をめぐって争った将軍たちを呼んだ，「後継者」の意味を答えよ。（　　　）

(4) アレクサンドロス大王の死後，帝国の大部分を継承した西アジアの王朝名を答えよ。（　　　）

(5) 前30年，プトレマイオス朝エジプトがローマに滅ぼされたときの，最後の女王を答えよ。（　　　）

(6) プトレマイオス朝エジプトの首都を答えよ。（　　　）

(7) (6)にある王立研究所を何と呼ぶか，答えよ。（　　　）

(8) 禁欲を重視するストア派の祖を答えよ。（　　　）

(9) 今日（こんにち）の「ユークリッド幾何学（きかがく）」を集大成した数学者を答えよ。（　　　）

(10) 太陽中心説を唱えた，ヘレニズム時代の科学者を答えよ。（　　　）

ア アリスタルコス　　**イ** アリストテレス　　**ウ** アルキメデス　　**エ** アレクサンドリア

オ エウクレイデス　　**カ** エピクロス　　**キ** カイロネイア　　**ク** クレオパトラ

ケ コリント　　**コ** ゼノン　　**サ** セレウコス朝　　**シ** ダレイオス3世

ス ディアドコイ　　**セ** フィリッポス2世　　**ソ** アンティゴノス朝　　**タ** ムセイオン

4 ［ギリシア文化］次の文章中の空欄に入る適語を，あとの**ア〜ケ**から選びなさい。

［青山学院大一改］

　古代ギリシアの文学作品には，戦争をテーマとしたものが多い。ホメロス作とされる最古の叙事詩（　①　）はトロイア戦争での英雄たちの活躍を描き，『オデュッセイア』はその英雄の1人が故郷に帰国するまでの冒険を描いている。ペルシア戦争をテーマとした歴史を書いた（　②　）や，ペロポネソス戦争をテーマとした歴史を書いた（　③　）は，「歴史記述の祖」と呼ばれる。ペロポネソス戦争には，悲劇『オイディプス王』で有名な（　④　）も従軍した。ペロポネソス戦争に対する反戦的な喜劇『女の平和』は，（　⑤　）の作品である。

①（　　　）　②（　　　）　③（　　　）　④（　　　）　⑤（　　　）

ア『イリアス』　　**イ**『神統記』　　**ウ**『アガメムノン』　　**エ** アイスキュロス

オ エウリピデス　　**カ** ソフォクレス　　**キ** トゥキディデス　　**ク** ヘロドトス

ケ アリストファネス

Hints

1 ① アッシリア王国が衰退したころ，メソポタミアに分立した4王国の1つである。

2 (8) このポリスの名将エパメイノンダスが，レウクトラの戦いでスパルタを破った。

3 (8) この人物と同時代の哲学者に，精神的快楽を求めるエピクロス派のエピクロスがいた。

4 ②③ この人物は，歴史を神話ではなく史料にもとづいて書いたことから，「歴史記述の祖」と呼ばれる。

1 ［ヘレニズム］次の文章を読み，あとの問いに答えなさい。　　　　　　［大阪経済大一改］

　前4世紀後半，マケドニアは，（ ① ）のもと，前338年に（ ② ）の戦いでアテネ・テーベの連合軍を破り，スパルタを除くギリシアのポリスを（ ③ ）同盟に集めて支配下に置いた。次のアレクサンドロス大王は，前334年に東方遠征に出発し，前333年の（ ④ ）の戦い，前331年のアルベラの戦いでダレイオス3世を破り，アケメネス朝を滅ぼした。その後エジプトを征服し，さらにインド西北部にまで軍を進めた。このアレクサンドロス大王の東方遠征から（ ⑤ ）朝エジプトが滅ぶまでを a ヘレニズム時代と呼び，ギリシアの文化が東方に波及するとともに独自のヘレニズム文化が生まれた。世界市民主義(コスモポリタニズム)という考え方が生まれ，哲学では b エピクロス派やストア派が盛んになった。また，「ユークリッド幾何学」を集大成した（ ⑥ ），物理学の諸定理を発見した（ ⑦ ）が活躍した。

(1) 空欄に入る適語をあとのア～サから選べ。　①（　）②（　）③（　）
　　　　　　　　　　　　　　　　　④（　）⑤（　）⑥（　）⑦（　）

　　ア サルゴン1世　　イ カイロネイア　　ウ デロス　　エ イッソス
　　オ デモクリトス　　カ アルキメデス　　キ エピクテトス　　ク エウクレイデス
　　ケ フィリッポス2世　　コ コリントス(ヘラス)　　サ プトレマイオス

(2) 下線部 a に関する記述として誤っているものを，次のア～エから選べ。　（　）
　　ア エジプトのムセイオンで人文科学などが研究された。
　　イ ヘシオドスが叙事詩『労働と日々』を著した。
　　ウ コイネーと呼ばれるギリシア語が共通語となった。
　　エ クレオパトラの死によって終わった。

(3) 下線部 b に関する記述として正しいものを，次のア～エから選べ。　（　）
　　ア ゼノンが創始した。　　イ 精神的な安定による快楽を重視する。
　　ウ タレスが創始した。　　エ 理性で確認できることのみを真実とする。

2 ［ローマの盛衰］次の文章中の空欄に適語を入れ，あとの問いに答えなさい。　［独協大一改］

　前6世紀末に共和政となったローマでは貴族が公職を独占していたため，軍事力の主力を担うようになった a 平民は，政治的権利を求めて身分闘争を展開し，前3世紀には平民と貴族との政治上の権利は同等となった。前3世紀前半，イタリア半島を統一したローマは西地中海の制海権を握っていた（① 　　　）と対立し，3回にわたるポエニ戦争に勝利した。前2世紀半ばになると，大土地所有制〔（② 　　　）〕が行われる一方で農民層は没落した。b グラックス兄弟はこの危機に対処しようとしたが改革は挫折し，これ以降およそ100年間にわたって内乱が続いた。そうしたなか，前60年にポンペイウス・カエサル・（③ 　　　）による第1回三頭政治が行われた。カエサルの暗殺後，オクタウィアヌスはプトレマイオス朝の女王クレオパトラと結んだアントニウスと対立し，アクティウムの

海戦で彼らを撃破した。翌年プトレマイオス朝は滅亡し，ローマによる地中海世界の統一が達成された。前27年に(④　　　　　　　　)の称号を贈られたオクタウィアヌスは，実質的な帝政を開始し，これより五賢帝末期まで「ローマの平和」(パクス゠ロマーナ)と呼ばれる繁栄と平和の時代が続いた。しかし，3世紀には外敵の侵入と内部抗争によってローマ帝国は分裂の危機に陥ったため，ディオクレティアヌス帝は改革を進め，政治的秩序を回復した。その後，(⑤　　　　　　　　)帝は c キリスト教を公認することで帝国の再統一をはかったが，民族移動の混乱などにより，395年に東西に分裂した。

(1) 下線部 a に関する記述として正しいものを，次の**ア〜エ**から選べ。　(　　)

　ア パトリキと呼ばれた平民は，主に中小農民からなっていた。

　イ ドラコンは慣習法を成文化し，十二表法を制定した。

　ウ 平民出身の護民官は，元老院の決定に拒否権を行使することができた。

　エ ホルテンシウス法によって，コンスルの1人は平民から選ばれるようになった。

記述 (2) 下線部 b について，農民の没落を防ぐ必要があった理由を，ローマの軍政に着目して説明せよ。(　　　　　　　　　　　　　　　　　　　　　　　　　　　　　)

(3) 下線部 c に関する記述として正しいものを，次の**ア〜エ**から選べ。　(　　)

　ア ニケーア公会議では，アタナシウス派が異端とされた。

　イ ユリアヌス帝は，キリスト教を国教にして，それ以外の宗教を厳禁した。

　ウ 『新約聖書』は，ギリシア語のコイネーで記された。

　エ 教父のペテロは，『神の国』を著した。

3 [ローマ文化] 次の文章中の空欄に入る適語を，あとの**ア〜コ**から選びなさい。[昭和女子大一改]

　ローマでは，文学では叙事詩『アエネイス』の作者(①)などが，哲学では(②)などのストア派哲学者が活躍した。歴史では『ローマ建国史』を著した(③)，『ゲルマニア』の著者(④)，『対比列伝』を著した(⑤)などが名高い。また『地理誌』を著した(⑥)，『天文学大全』で天動説を唱えた(⑦)，百科全書的な知識の集大成である『博物誌』を書いた(⑧)も有名である。ローマ法はローマ最大の遺産で，6世紀，ビザンツ帝国(東ローマ帝国)(⑨)が編纂させた『ローマ法大全』はヨーロッパの法学に大きな影響を与えた。

①(　) ②(　) ③(　) ④(　) ⑤(　)
⑥(　) ⑦(　) ⑧(　) ⑨(　)

ア ウェルギリウス　**イ** キケロ　**ウ** ストラボン　**エ** セネカ
オ タキトゥス　**カ** プトレマイオス　**キ** プリニウス　**ク** プルタルコス
ケ ユスティニアヌス大帝　**コ** リウィウス

Hints

1 (3)ゼノンが創始したのは，禁欲による幸福を追求したストア派である。

2 ①フェニキア人の都市国家ティルスが，アフリカ北岸に建設した植民市である。
(1)パトリキとは，資産をもつ上層の階級の人々のことである。

3 ②ストア派哲学者。皇帝ネロの師でもあったが，ネロに死を命じられ自害。代表作は『幸福論』

5 イスラーム教の成立とヨーロッパ世界の形成

STEP 1 基本問題

解答➡別冊7ページ

1 ［イスラーム教の成立］次の文章中の空欄に入る適語を答えなさい。

7世紀初め，ムハンマドが，（① ）を唯一神とするイスラーム教を開いた。メッカの有力者たちから迫害を受けたため，622年にメディナに移住したが，やがて，ムハンマドはメッカを征服し，アラビア半島を支配下に置いた。彼の死後，後継者を意味する（② ）に率いられたイスラーム教徒は大規模な征服運動を行い，ビザンツ帝国からシリア・（③ ）を奪い，651年には（④ ）朝を滅ぼしイラン・イラクを支配下に入れた。

2 ［イスラーム帝国］次の文章中の空欄に入る適語を答えなさい。

第4代カリフのアリーの暗殺後，（① ）がウマイヤ朝を建て，西方では北アフリカからイベリア半島に進出して（② ）王国を滅ぼした。ウマイヤ朝では，土地税〔（③ ）〕と人頭税〔（④ ）〕は被征服地の人々だけに課せられた。このようなアラブ諸民族の支配に対し，人々の不満は高まり，ついに反乱がおきてアッバース朝が成立した。一方，ウマイヤ朝の一族がイベリア半島に建てた後ウマイヤ朝では，征服地の習慣や制度をとり入れたため分裂が始まり，その動きは，各地に地方政権が自立することによって加速した。

3 ［イスラーム政権の分裂］右の地図は10世紀のイスラーム世界を示している。地図中の a ～ d の国について述べたものを，次のア～エからそれぞれ選びなさい。

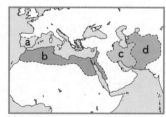

a（　　　） b（　　　）
c（　　　） d（　　　）

ア ハールーン゠アッラシードの時代に最盛期を迎えた。
イ シーア派を奉ずる軍事政権で，大アミールの称号を得た。
ウ この国を建てたのはシーア派で，君主はカリフを名乗った。
エ コルドバを都とし，学問や芸術の分野が発達した。

4 ［ゲルマン人の大移動］次の地図はゲルマン人の大移動を示したものである。地図中の**A・B・D・F**にあてはまる部族名を答えなさい。

A（　　　　　　人）
B（　　　　　　人）
D（　　　　　　人）
F（　　　　　　人）

5 ［フランク王国］次の文章中の空欄に入る適語を解答らんに，あとの**ア〜ケ**から選びなさい。

　フランク王国を樹立した（①　　　　　）は，アタナシウス派に改宗し，ローマ人とフランク王国との関係を深めた。732年，宮宰（マヨル゠ドムス）（②　　　　　）がガリアに侵攻しようとしたイスラーム軍を撃退し，その子ピピンが（③　　　　　）朝を開いた。さらに，その子カール大帝（シャルルマーニュ）は，西ヨーロッパの主要地域を統一し，800年に教皇（④　　　　　）からローマ皇帝の帝冠を受けた。このカールの戴冠は，ローマ古典文化・ゲルマン人・キリスト教が融合した西ヨーロッパ世界の成立を意味した。カール大帝の死後，843年の（⑤　　　　　）条約と870年の（⑥　　　　　）条約により，フランク王国は東・西フランクとイタリアの3つに分裂した。

ア ピピン　　　　**イ** メロヴィング　　　　**ウ** カール゠マルテル
エ レオ3世　　　　**オ** カロリング　　　　**カ** グレゴリウス1世
キ メルセン　　　　**ク** ヴェルダン　　　　**ケ** クローヴィス

注意　ケルト人とフン人

ケルト人はヨーロッパに住み着いていたが，ゲルマン人に西へ圧迫された。フン人はアジア系で，ドン川をこえて西進し，ゲルマン人を圧迫した。

得点UP　フランク王国の分裂

①ヴェルダン条約→東・中部・西フランク
②メルセン条約→東・西フランク，イタリア

参考　封建社会

①封建社会…西ヨーロッパ中世世界に特有のしくみ。ローマ末期の恩貸地制度とゲルマンの従士制に由来する**封建的主従関係**と**双務的契約**の2つのしくみの上に成り立つ社会。
②封建社会の背景
・民族大移動の混乱期に商業と都市は衰え，貨幣よりも現物が価値をもつようになった。
・度重なる外部勢力の侵入から生命財産を守るため，弱者が強者に保護を求めた。

☑ **サクッとCHECK**

● 次の文が正しければ○，誤っていれば×を書きなさい。
① イスラーム暦は，ヒジュラが行われた年を紀元元年1月1日とする太陰暦である。　（　　）
② イスラーム教徒の大規模な征服活動をジハードという。　（　　）
③ ウマイヤ朝は，トゥール・ポワティエ間の戦いでフランク王国を破った。　（　　）
④ ゲルマン人の多数が信仰していたのは，キリスト教ネストリウス派である。　（　　）
⑤ ピピンが教皇に寄進したフランドル地方が教皇領のはじまりとなった。　（　　）

● 次の各問いに答えなさい。
⑥ アリーの子孫のみを正統カリフと認めるイスラーム教内の少数派を何というか。（　　　　　）
⑦ 装飾として，唐草文様やアラビア文字を図案化したものを何というか。　（　　　　　）
⑧ ビザンツ帝国（東ローマ帝国）において，典礼の場で使われた言語は何か。　（　　　　　）
⑨ 西欧で，荘園領主が，国王の役人の荘園への立ち入りや課税を拒む権利を何というか。（　　　　　）
⑩ カール大帝が征服した，北イタリアに建国されたゲルマン人の王国は何か。　（　　　　　）

重要 **1** ［カリフ］次の文章中の空欄に入る文を，下の**ア〜エ**からそれぞれ選びなさい。［明治学院大一改］

　　イスラーム世界におけるカリフという称号の実態は時代により，また王朝によって異なっていた。ムハンマド死後の初期の時代には，共同体の合議や有力者による選挙によって選ばれたが，ウマイヤ朝の時期には（　①　）。アッバース朝の時期には，（　②　）。ブワイフ朝では，（　③　）。

①（　　　）②（　　　）③（　　　）

ア カリフからスルタンの称号を授けられた支配者が世俗的な権力を握った

イ カリフが自分の子を次期カリフに指名することにより，カリフの地位の世襲が始まった

ウ 支配者がカリフから大アミールに任じられて実権を握り，カリフの地位が名目化した

エ 自らカリフを名乗って王朝をおこす者が現れ，3 人のカリフが並立した

2 ［バグダードとカイロ］次の文章を読み，あとの問いに答えなさい。 ［近畿大一改］

　　イスラーム世界の代表都市として a バグダードやカイロなどが挙げられる，バグダードは，（ **X** ）川の西岸流域に位置し，最盛期には 100 万人近くの人口を擁した。カイロは， b ファーティマ朝の時代にナイル川の沿岸に造営された都市である。

(1) **X** に入る適語を答えよ。　　　　　　　　　　　　　　　　（　　　　　　　）

(2) 下線部 **a** にアッバース朝時代に設立された研究機関は何か。

（　　　　　　　　　　　）

(3) 下線部 **b** に関する記述として正しいものを，次の**ア〜エ**から選べ。　（　　　）

　　ア 12 世紀後半まで存続した。　　**イ** イラン系の軍事政権として成立した。

　　ウ スンナ派の王朝である。　　　　**エ** イベリア半島で，現地の習慣に合わせて支配した。

3 ［ノルマン人の移動］次のノルマン人の移動と建てた国を示した地図を見て，あとの問いに答えなさい。

凡例：
■ ノルマン人の原住地
▨ ノルマン人の占領地
← ノルマン人の進路
キエフ公国
ビザンツ帝国
イスラーム帝国

(1) 次の人物が建国した国を，地図中の**ア〜ウ**から選べ。また，その国名を答えよ。

① ロロ　　（　　　，　　　　　　　）

② リューリク

（　　　，　　　　　　　）

(2) 地図中のイングランドへのノルマン人の侵入について述べた次の文章中の空欄に入る適語を答えよ。

　　アングロ=サクソン王国へのノルマン人の侵入を，9 世紀末に（①　　　　　　　）大王が一時撃退したが，1016 年，（②　　　　　　　）人の王（③　　　　　　　）に征服された。1066 年には，ノルマンディー公ウィリアムが王位を主張して攻め込み，ウィリアム 1 世として即位し，（④　　　　　　　）朝が建てられた。

4 ［ビザンツ帝国］次の文章中の空欄に適語を入れ，あとの問いに答えなさい。　　［札幌大一改］

　aゲルマン人の大移動の影響で，（①　　　　　）年に西ローマ帝国は滅びるが，ビザンツ帝国（東ローマ帝国）は存続する。6世紀に即位したユスティニアヌス大帝は，内政においては，（②　　　　　）の編纂にとり組み，首都bコンスタンティノープルに（　X　）を再建し，中国から養蚕の技術を取り入れ，絹織物産業の基礎を築いた。外政では，ゲルマン人から北アフリカのヴァンダル王国やイタリアの東ゴート王国をとり戻し，地中海のほぼ全域にローマ帝国を一時的に復活させた。一方，西ヨーロッパでは，ローマ＝カトリック教会が6世紀以降勢力を広げ，cコンスタンティノープル教会から分離する動きを見せた。726年，ビザンツ皇帝レオ3世が（③　　　　　）を出すと，東西教会の分裂の傾向は深まった。ビザンツ皇帝に拮抗する後ろ盾を必要としたローマ教会は，ローマ教会に帰依していたdフランク王国との結びつきを強化した。ローマ教皇はカロリング朝の（④　　　　　）のフランク王国の国王即位を承認し，その返礼にeラヴェンナ地方などを得た。そして，ローマ教皇レオ3世は，800年のクリスマスにカール大帝にローマ皇帝の帝冠を与え，「西ローマ帝国」の復活を宣言した。

(1) 下線部aに関する記述として正しいものを，次のア〜エから選べ。　　（　　　）

　　ア　フン人が最初に征服したのはアングロ＝サクソン人である。

　　イ　ヴァンダル人は海を渡ってイングランドに建国した。

　　ウ　西ゴート人は375年に移動を開始し，最後はイベリア半島に建国した。

　　エ　東ゴート人はアラリックに率いられてイタリアに建国した。

(2) 下線部bの都市の位置を，右の地図中のア〜エから選べ。

　　　　　　　　　　　　　　　　　　（　　　）

(3) Xに入る適語を，次のア〜エから選べ。　　（　　　）

　　ア　アルハンブラ宮殿　　　イ　サン＝ピエトロ大聖堂

　　ウ　ハギア＝ソフィア聖堂　　エ　ノートルダム大聖堂

(4) 下線部cを中心に発展し，東欧やロシアなどに広まったキリスト教会の名称は何か。

　　　　　　　　　　　　　　　　　　　　　　　　（　　　　　　）

(5) 下線部dに関連して，宮宰カール＝マルテルが侵入してきたウマイヤ朝イスラーム軍を撃退し，西ヨーロッパのキリスト教世界を防衛した戦いを，次のア〜エから選べ。（　　　）

　　ア　カタラウヌムの戦い　　　　　イ　レヒフェルトの戦い

　　ウ　トゥール・ポワティエ間の戦い　　エ　パーニーパットの戦い

(6) 下線部eに関連して，このとき獲得した領地が（　Y　）の始まりとされている。Yに入る適語を答えよ。　　　　　　　　　　　　　　　　　　　　（　　　　　　）

Hints

1 カリフの地位の世襲制が始まったのは，ウマイヤ朝からである。

2 (2)プトレマイオス朝においてアレクサンドリアに建てられたムセイオンと混同しないように。

3 (1)ロロは北フランスに上陸，リューリクはドニエプル川流域のスラヴ人地域に進出した。

4 (4)西方のローマ＝カトリック教会に対する東方教会のこと。

1 ［イスラーム教の成立と分裂］次の文章中の空欄に入る適語を答えなさい。また，あとの問
　いに答えなさい。　　　　　　　　　　　　　　　　　　　　　　　　　　　　　　[龍谷大一改]

　　（①　　　　　　　）の商人の子として生まれたムハンマドは，アッラーの預言者として自覚を
もつに至り，イスラーム教を唱えた。622 年，ムハンマドは（①）から a メディナへ移ることを
選び，イスラーム教徒の共同体〔（②　　　　　　　）〕を形成した。そして，630 年に（①）征服を
果たしたムハンマドは，（③　　　　　　　）をイスラーム教の聖殿とした。その翌年には，アラ
ビア半島諸部族が次々とムハンマドの勢力下に入り，ムハンマドはアラビア半島のほぼ全土
を政治的影響下に置いた。イスラーム教の第一義的な聖典は『コーラン（クルアーン）』であ
り，後に整えられる b イスラーム法（シャリーア）の基盤ともなっている。

　　ムハンマドの死後，イスラーム教徒は，カリフを選び，その人物に忠誠を誓い統一を保つ
制度を作った。こうして，c 最初の 4 代のカリフが選ばれ，彼らの指導のもとに統治がなされ
た。661 年に第 4 代カリフのアリーが暗殺されると，シリア総督（④　　　　　　　）は，
同年，ダマスクスにおいてウマイヤ朝を開いた。ウマイヤ朝が倒された直後，ウマイヤ家の
一族はイベリア半島に逃れ，後ウマイヤ朝を建てた。一方，ウマイヤ朝を倒した勢力は首都
バグダードを造営し，「知恵の館」を中心に，ギリシア語文献からアラビア語への翻訳が行な
われ，これにもとづいて，d イスラーム教徒の学問が発達した。

(1) 下線部 a のことを何というか。　　　　　　　　　　　　　　　　　　　（　　　　　　　）

(2) 下線部 b に関する記述として誤っているものを，次のア〜エから選べ。　（　　　　　　）

　　ア　婚姻・相続などに関係する規範を含む。

　　イ　『コーラン（クルアーン）』のみを基礎にして整えられた。

　　ウ　ムスリムの義務が「六信五行」として定められている。

　　エ　ラマダン月の 1 か月間は，日中は断食しなければならないことが示されている。

(3) 下線部 c に関する記述として誤っているものを，次のア〜エから選べ。　（　　　　　　）

　　ア　正統カリフとも呼ばれる。

　　イ　初代のカリフはアブー＝バクルである。

　　ウ　征服された諸民族は，人頭税（ジズヤ）と土地税（ハラージュ）を徴収された。

　　エ　この時代にアラビア半島をこえて征服活動に乗り出した。

(4) 下線部 d に関する記述として誤っているものを，次のア〜エから選べ。　（　　　　　　）

　　ア　イブン＝シーナーが医学の分野で活躍した。

　　イ　ギリシア哲学では，とくにアリストテレスの哲学が研究された。

　　ウ　フワーリズミーはムハンマドの発言や行いを伝える学問ハディースを収集した。

　　エ　『千夜一夜物語』（『アラビアン＝ナイト』）は，インド・イラン・アラビア・ギリシアな
　　　　どを起源とする説話の集大成である。

2 ［フランク王国］次の文章中の空欄に入る適語を答えなさい。また，あとの問いに答えなさい。

フランク王国の（① ）はメロヴィング朝を開き，キリスト教正統派である（② ）派に改宗し，以後，フランク王国とローマ教会は提携していくことになる。その後，宮宰のカール＝マルテルが，732年に（③ ）朝の軍を破った。その子ピピンはローマ教皇より王位継承を認められてカロリング朝を開き，さらに，a教皇レオ3世は800年，ピピンの子カール大帝にローマ皇帝の帝冠を与えた。しかし，カール大帝の死後，フランク王国は，東フランク・西フランク・イタリアの3国に分裂し，東フランクのザクセン家の（④ ）が侵入したbウラル語系の人々を撃退し，北イタリアを制圧して教皇から帝冠を受けた。これが（⑤ ）帝国の始まりである。

記述 (1) 下線部aのでき事は，西ヨーロッパにとってどのような意味合いをもつといえるか，説明せよ。

( )

(2) 下線部bの人々を答えよ。 ( )

3 ［封建社会］次の問いに答えなさい。

(1) 封建制に関する説明として誤っているものを，次の**ア～エ**から選べ。 ( )

ア 封建制では，主君は家臣に封土を与え，家臣は忠誠を誓い軍役などの義務を負った。

イ 封建制の由来は，ローマ末期のコロナトゥスとゲルマン社会の従士制にある。

ウ 家臣は，主君の契約違反に対して服従を拒否する権利があった。

エ 封建制は，国王の権力から独立して存在する地方分権的な制度であった。

(2) 荘園に関する説明として誤っているものを，次の**ア～エ**から選べ。 ( )

ア 荘園は，村落を中心に領主直営地，農民保有地，牧草地・森林などの共同利用地などからなっていた。

イ 荘園の耕地の基本的耕作方法は，耕地・休耕地の二圃制であった。

ウ 荘園では，現物経済で成り立っていた。

エ 荘園領主は自らの荘園農民に領主裁判権をもち，農民は領主に貢納・賦役の負担を負った。

(3) ヨーロッパ中世において，荘園内の農民が教会に納めた税を，次の**ア～エ**から選べ。

ア 人頭税 **イ** 結婚税 **ウ** 死亡税 **エ** 十分の一税 ( )

Hints

1 (2)六信五行は，神などを信じることや断食などのムスリムに課せられた義務。

2 (2)5世紀ごろウラル山脈から西進してパンノニアに建国。現在のハンガリー人の祖。

3 (1)西ヨーロッパの封建的主従関係は，双方に契約を守る義務があるのが特徴である。

(3)ほかの3つはいずれも領主に納めた税である。

1 次の文章を読み，あとの問いに答えなさい。　　　　　　　　　［上智大一改］

　アラビア半島を囲む紅海やアラビア海では，古くから季節風を利用した海上交易が盛んであったことが，1世紀半ばの地理書a『エリュトゥラー海案内記』に見てとれる。しかし，bサ サン朝とビザンツ帝国が戦いを繰り返し，両国や周辺地域が衰えたことなどで「オアシスの 道」や「海の道」によって運ばれた各種の商品は，いずれもヒジャーズ地方を経由するように なり，メッカの大商人は国際的な中継貿易を独占して大きな利益をあげた。このメッカに 生まれたムハンマドは，610年ごろ，唯一神アッラーのことばを授けられた預言者であると自 覚し，厳格な一神教であるcイスラーム教を唱えた。イスラーム教の聖典は『コーラン（クル アーン）』であり，その教義を後世の学者たちが簡潔にまとめたものがd六信五行である。

（1）下線部aに関連する記述として誤っているものを，次のア～エから選べ。

　　ア　エリュトゥラー海は現在の紅海をあらわす。

　　イ　ローマ帝国が珍重した代表的な産物はコショウであった。

　　ウ　交易の中心であった南インドの代表的な交易品は綿布であった。

　　エ　『エリュトゥラー海案内記』はペルシア人によって著されたとされる。

（2）下線部bが滅亡したのは何年か。

（3）下線部cに関連して，次のア～エの宗教を開かれた順に並べよ。

　　ア　キリスト教　　イ　ユダヤ教　　ウ　マニ教　　エ　イスラーム教

（4）下線部dに関連して，五行に含まれないものを，次のア～エから選べ。

　　ア　ジハード（聖戦）　　イ　ザカート（喜捨）　　ウ　サウム（断食）　　エ　ハッジ（巡礼）

(1)	(2)	(3)	→	→	→	(4)

2 次の文章中の空欄に入る適語を答えなさい。また，あとの問いに答えなさい。　［愛知大一改］

　カール大帝の死後，フランク王国は，東フランク・西フランク・（ ① ）の3つに分裂した。 東フランクのザクセン家の王（ ② ）は，マジャール人を撃退し，（①）半島に遠征を行いロー マ教皇を助けた。これにより（②）は教皇からローマ皇帝の位を与えられ，以降歴代皇帝は （①）政策に熱中した。西フランクでは，ユーグ゠カペーが王位についてaカペー朝を開いた。 しかし，b王権は狭い領域を支配するのみで弱く，王に匹敵する大諸侯が多数分立していた。

（1）下線部aに属する人物を，次のア～エから選べ。

　　ア　フランソワ1世　　イ　フィリップ2世　　ウ　アンリ4世　　エ　シャルル7世

（2）下線部bについて，カペー朝の領域の中心となった地域を，次のア～エから選べ。

　　ア　アーヘン　　イ　マルセイユ　　ウ　アヴィニョン　　エ　パリ

①	②	(1)	(2)

3 次の文章中の空欄に入る適語を答えなさい。また，あとの問いに答えなさい。［愛知教育大一改］

ローマは「ローマの平和」（パクス＝ロマーナ）と呼ばれる繁栄を享受し，a五賢帝の時代に最盛期を迎えた。しかし，3世紀に入ると帝国のまとまりがほころびはじめ，帝国領内では各属州が皇帝を擁立して互いに争う時代になった。この混乱に乗じて，ゲルマン人や（ ① ）朝ペルシアが国境をおびやかすようになった。b内乱と異民族の侵入は，都市の経済の弱体化をも招いた。「ローマの平和」による戦争の減少は，戦争で獲得される奴隷を減少させたため，c奴隷を労働力とする大農場経営は困難になっていった。奴隷に代わり，d都市から逃れた下層市民や没落した農民が，大農場での耕作を担うようになった。こうした中，ディオクレティアヌス帝は，帝国を東西に分割し，それぞれ正帝と副帝の二人が統治する（ ② ）を導入した。eコンスタンティヌス帝は313年にミラノ勅令を出し，それまで迫害されてきたキリスト教を公認した。また，首都を（ ③ ）に移してコンスタンティノープルと改称し，さらにさまざまな改革を行った。経済分野では純度の高い金貨を発行し，経済の活性化を促した。行政分野では，官僚制を整備し，皇帝が官吏をつうじて帝国を支配する体制を確立した。4世紀後半に始まるf「ゲルマン人の大移動」により帝国内はさらに混乱し，テオドシウス帝は，帝国を東西に分割した。このあと，東ローマ帝国は1453年まで続いたが，西ローマ帝国は皇帝がゲルマン人傭兵隊長の（ ④ ）により退位させられ，476年に滅亡した。

(1) 下線部aのうち，ストア派の哲学者でもあり，『自省録』を著した皇帝はだれか。

記述 (2) 下線部bのような状況になった理由について，簡潔に説明せよ。

重要 (3) 下線部cの，共和政時代から見られた大農場は何と呼ばれるか。

(4) 下線部dのような農業生産体制は何と呼ばれるか。

重要 (5) 下線部eについて，こののちの325年，コンスタンティヌス帝は，宗派間の対立を解決するためにニケーア公会議を開催し，キリストを人間ととらえる，ある宗派が異端として排除されることとなった。さらに431年に開催されたエフェソス公会議では，キリストの神性と人性とを分離して考えるある宗派が異端として追放された。① ニケーア公会議で異端とされたのは何派か。 ② エフェソス公会議で異端とされのは何派か。それぞれ答えよ。

(6) 下線部fを引きおこしたとされるアジア系の民族の名称と，5世紀前半に，現在のハンガリーに大帝国を建てた人物の名をそれぞれ答えよ。

①	②	③	④
(1)		(2)	
(3)	(4)	(5)①	②
(6) 民族	人物		

6 イスラーム教の拡大と西アジアの動向

STEP 1 基本問題

解答⊖ 別冊9ページ

1 ［中央アジアのイスラーム化］次の文章中の空欄に入る適語を答えなさい。また，あとの問いに答えなさい。

8世紀にトルコ系遊牧民（① 　　　　）がモンゴル高原に遊牧国家を建国したが，9世紀に（② 　　　　）に滅ぼされ，この結果，ウイグル人などトルコ系遊牧民は中央アジアに四散した。西方へ移動した_aトルコ系遊牧民によって建てられた国家はイスラーム教を受け入れ，10世紀末にはイラン系の（③ 　　　　）を滅ぼした。（③）の領土だったオアシス地域を手に入れ，_b中央アジアのトルコ化は急速に促進されていった。

(1) 下線部 **a** の王朝名は何か。　　　　（　　　　　　）

(2) 下線部 **b** の過程で生まれた，ペルシア語で「トルコ人の地域」を意味するこの地域の呼称を何というか。

（　　　　　　）

2 ［南アジアのイスラーム化］次の文章中の空欄に入る王朝名を答えなさい。また，10～12世紀におけるインドのイスラーム化ついて述べた文として正しいものを，あとの**ア～エ**から選びなさい。（　　　）

10世紀後半にアフガニスタンに成立したイスラーム王権のガズナ朝，12世紀半ばに成立したゴール朝はインドへの進出を試み，13世紀に入るとインドで初めてのイスラーム王朝である（① 　　　　）が成立した。（①）を含め，その後続いたデリーを首都とする5つのイスラーム王朝は（② 　　　　）と呼ばれる。

ア 右の地図の**a**はゴール朝，**b**はガズナ朝の支配領域を示している。

イ 10世紀以前のインドには，イスラーム勢力の侵入はなかった。

ウ ガズナ朝の本拠地はアフガニスタンである。

エ ガズナ朝は初めからヒンドゥー教徒に寛容であった。

aの最大領域
bの最大領域

Guide

3 ［エジプト周辺のイスラーム王朝］次の文章中の空欄に入る適語を答えなさい。また，あとの問いに答えなさい。

12世紀，エジプトでは，（①　　　　　　　　）にかわり_aアイユーブ朝が建国された。アイユーブ朝のスルタンは_bマムルーク（奴隷軍人）を用いたが，やがてその勢力は強大となり，1250年にアイユーブ朝は倒され，_cマムルーク朝が建てられた。アイユーブ朝からマムルーク朝時代には，（②　　　　　）と呼ばれる徴税制度が施行され，（③　　　　　）商人と呼ばれるムスリム商人が東西交易に広く活躍した。

(1) 下線部aに関する説明として誤っているものを，次のア～エから選べ。　　　　　　　　　　　　　　　　　（　　　）

ア　クルド人のサラーフ゠アッディーン（サラディン）によって建国された。

イ　イスラーム教スンナ派の信仰を回復した。

ウ　1187年には十字軍を破りイェルサレムを奪回した。

エ　アッバース朝のカリフをカイロに復活させた。

(2) 下線部bを示した絵を，次のア～ウから選べ。
　　　　　　　　　　　　　　　　　　　　　　（　　　）

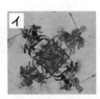 

(3) シリアに侵入したモンゴル軍を撃退し，のちに下線部cの第5代スルタンとなった人物はだれか。　　（　　　）

参考　イスラーム世界の拡大

アラブ系
イラン系　　9世紀

トルコ系
シーア派　　10世紀

11世紀

※ゴール朝はトルコ系という説もある。　12世紀

モンゴル系　　13世紀

得点UP　**イクター制**

カリフ権力の衰えで国庫収入が減少し，アター制が維持できなくなったため**ブワイフ朝**が始めた。セルジューク朝の**ニザーム゠アルムルク**によってさらに整備された。

☑ サクッとCHECK

● 次の文が正しければ○，誤っていれば×を書きなさい。

❶ アラブ軍は751年にタラス河畔の戦いで唐軍を破った。　　　　　　（　　　）

❷ デリーに奴隷王朝を創始したのは将軍のアイバクである。　　　　　（　　　）

❸ 13世紀に，東南アジアのジャワでパガン朝が成立した。　　　　　　（　　　）

❹ マムルーク朝の首都はバグダードに置かれた。　　　　　　　　　　（　　　）

❺ イベリア半島最後のイスラーム教の王朝となったのはナスル朝である。（　　　）

● 次の各問いに答えなさい。

❻ デリー゠スルタン朝で，地租の金納化などの改革を行った王朝はどこか。（　　　）

❼ 西アフリカにおいて，マリ王国に続いておこった王国はどこか。　　（　　　）

❽ アッバース朝カリフからスルタン（支配者）の称号を受けたのはだれか。（　　　）

❾ ファーティマ朝を廃してエジプトに建国された王朝はなにか。　　　（　　　）

❿ 『大旅行記』を著した文人はだれか。　　　　　　　　　　　　　　（　　　）

重要 **1** ［アフリカのイスラーム化］次の文章を読み，あとの問いに答えなさい。　　［高崎経済大一改］

　11世紀半ばの北アフリカでは，ベルベル人の間に宗教運動がおこりイスラーム教が広まっていった。これを背景として，モロッコを中心に1056年に（　①　）朝，1130年に _aムワッヒド朝が成立した。

　西アフリカでは，（①）がガーナ王国を攻撃したことで，ニジェール川中流城と周辺地域のイスラーム化が進んだ。イスラーム教徒が支配階級であるマリ王国は13世紀に，（　②　）王国は15世紀に成立した。これらの中心都市であった（　③　）は交易で栄え，イスラーム学問の中心地でもあったことから，_bイスラーム法学者たちが集まってきた。

　アフリカの東海岸では，マリンディ，キルワ，モンバサなどの海港都市にムスリム商人が住みつき，インド洋交易の拠点として栄えた。この地域では，バントゥ語とアラビア語が交りあってできた（　④　）が共通語として使われていた。

(1) ①〜④にあてはまる適語を，次のア〜クから選べ。

①（　　　）　②（　　　）　③（　　　）　④（　　　）

ア ソンガイ　　**イ** マラッカ　　**ウ** ムラービト　　**エ** ナスル　　**オ** メロエ

カ トンブクトゥ　　**キ** ウルドゥー語　　**ク** スワヒリ語

(2) 下線部 **a** の首都を，右の地図中の**ア〜カ**から選べ。　　　　　（　　　）

(3) 下線部 **b** の人々は何と呼ばれたか。

（　　　　　　　）

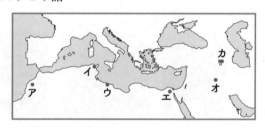

重要 **2** ［中央アジアのイスラーム化］次の文章を読み，あとの問いに答えなさい。　　［近畿大一改］

　中央アジアでは，10世紀以降，トルコ系遊牧民が各地に王朝を建てるようになった。サーマーン朝を滅ぼした（　①　）は，東トルキスタンの地に _aイスラーム文化を導入した王朝である。また。アフガニスタンに建てられた（　②　）は，北インドに侵入し，_bインドのイスラーム化の契機をつくった。11世紀に入ると，_cトゥグリル゠ベクが建てた王朝が中央アジアから西方に進出し，1055年には（　③　）を退けてバグダードに入城し，アッバース朝のカリフからスルタンの称号を授けられた。これがアッバース朝がスルタンという称号を公認した最初の事例であった。

(1) ①〜③にあてはまる王朝名を答えよ。

①（　　　　　　　）　②（　　　　　　　）　③（　　　　　　　）

(2) 下線部 **a** に関連して，ウマル゠ハイヤームの著作として正しいものを，次の**ア〜エ**から選べ。

ア 『世界史序説』　　**イ** 『集史』　　**ウ** 『ルバイヤート』　　**エ** 『世界の記述』　　（　　　）

記述 (3) 下線部 **b** について，インドにおけるデリー゠スルタン朝の時代には，強制されることはな

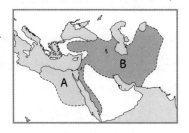

かったにもかかわらず，イスラーム教が広まった。その要因について説明せよ。

（　　　　　　　　　　　　　　　　　　　　　　　　　　　　　　）

(4) 下線部 c について，次の各問いに答えよ。

　① トゥグリル゠ベクが開いた王朝とその領域の組み合わせ
　　として正しいものを，次の**ア～エ**から選べ。（　　　）

　　ア ファーティマ朝—A　　**イ** ファーティマ朝—B
　　ウ セルジューク朝—A　　**エ** セルジューク朝—B

　② この王朝に関する文として正しいものを，次の**ア～エ**から選べ。（　　　）

　　ア 11 世紀にイェルサレムを支配した。　　**イ** 15 世紀にビザンツ帝国を滅ぼした。
　　ウ サラーフ゠アッディーンのとき最盛期だった。　　**エ** アナトリアで建国された。

---

3 ［東南アジアのイスラーム化］次の文を読み，あとの問いに答えなさい。　　　　　　［関東学院大一改］

　8 世紀ごろになると，東南アジアから中国沿岸にまで進出したムスリム商人によって，東南
アジアにイスラーム教が伝えられた。13 世紀に諸島部を中心にムスリム商人や a 神秘主義教
団などが活動し，13 世紀末にはスマトラ島にイスラーム国家が成立した。その後，15 世紀に
イスラーム化した b マラッカ王国が繁栄すると，イスラーム化は拡大し，16 世紀末にはジャ
ワ島に c イスラーム王国が成立した。

(1) 下線部 a について述べた次の**X**，**Y**の文の正誤として正しいものを，あとの**ア～エ**から選
　べ。　　　　　　　　　　　　　　　　　　　　　　　　　　　　　　　　　　　（　　　）

　X：この神秘主義をスンナ派という。

　Y：彼らは修道場に集い，コーランの文句や踊りを繰り返し，神との一体感を求めた。

　ア X—正　Y—正　　**イ** X—正　Y—誤
　ウ X—誤　Y—正　　**エ** X—誤　Y—誤

(2) 下線部 b について述べた文として誤っているものを，次の**ア～エ**から選べ。　（　　　）

　ア この王国を拠点とし，イスラーム教はフィリピンへと広がった。
　イ この王国は明のうしろ楯を得て，タイのアユタヤ朝への従属を脱した。
　ウ この王国はイタリア商人の商業活動をおさえこんで繁栄した。
　エ この王国は明の鄭和の遠征をきっかけに，国際交易都市として発展した。

(3) 下線部 c の王国名を，次の**ア～エ**から選べ。　　　　　　　　　　　　　　（　　　）

　ア ヴィジャヤナガル王国　　**イ** モノモタパ王国　　**ウ** マタラム王国
　エ マジャパヒト王国

Hints

1 (1)④ ウルドゥー語は，北インドの口語を主とし，アラビア語・ペルシア語からの借用語が多い。
2 (3) インドではバクティ信仰やヨーガなどが信仰されていた。
3 (1) 聖者とされたスーフィーなどを中心として教団がつくられた。
　　(3) マジャパヒト王国はジャワ島で建国されたヒンドゥー王朝である。

7 中世ヨーロッパ世界の変容と文化

STEP ① 基本問題

解答⊖ 別冊10ページ

1 ［十字軍］次の文章中の空欄に入る適語を答えなさい。また，あとの問いに答えなさい。

11世紀後半，（①　　　　　　）朝の脅威に対し，ビザンツ皇帝はローマ教皇に援助を求めた。要請を受けた教皇（②　　　　　　）は，1095年の（③　　　　　　）宗教会議において十字軍遠征を提唱した。第1回十字軍は聖地イェルサレムの回復に成功したが，その後，（④　　　　　　）朝のサラーフ=アッディーンによって奪回された。第4回十字軍では a コンスタンティノープルを占領した。以後，第7回までの十字軍遠征の相次ぐ失敗と国王の活躍に伴い b 教皇の権威はしだいに衰えた。

(1) 下線部 a のときに建国された国は何か。（　　　　　　）

(2) 下線部 b について，14世紀のアナーニ事件で，フランス国王に捕えられた教皇はだれか。（　　　　　　）

2 ［中世都市］次の文章中の空欄に入る適語を，下の**ア～カ**から選びなさい。また，あとの問いに答えなさい。

封建社会の安定と生産の増大は商業と都市の発展を促進し，各地の都市は自治権を獲得した。a イタリアの（①）などは東方貿易（レヴァント貿易）で栄え，地中海商業圏を形成した。同時に（②）などの内陸都市も毛織物業などで栄えた。また，（③）などの b 北ドイツ諸都市では，北海・バルト海を中心とした北ヨーロッパ商業圏が形成された。さらに，北ヨーロッパ商業圏と地中海商業圏の通商路であるフランスの（④）地方や南ドイツの c アウクスブルク などが発展した。都市の内部では，はじめ（⑤）が市政を運営していたが，これに不満をもつ手工業者は（⑥）をつくって分離し，市政への参加を実現した。

①（　　）②（　　）③（　　）④（　　）
⑤（　　）⑥（　　）

ア ジェノヴァ　**イ** フィレンツェ　**ウ** 同職ギルド（ツンフト）
エ 商人ギルド　**オ** シャンパーニュ　**カ** リューベック

(1) 下線部 a に関連して，北イタリアの都市同盟を何というか。
（　　　　　　）

Guide

十字軍

①**第1回**…聖地を奪回。イェルサレム王国建設。

②**第3回**…英・仏王，神聖ローマ皇帝が参加。

③**第4回**…インノケンティウス3世の提唱。ヴェネツィア商人の利害に左右され，コンスタンティノープルを占領し，ラテン帝国建設。

📖**参考 中世都市と二大商業圏**

①**北ヨーロッパ商業圏**…北海・バルト海沿岸

②**地中海商業圏**…北イタリアの港市

⚠**注意 ハンザ同盟とロンバルディア同盟**

ハンザ同盟は北ドイツのリューベックが盟主，ロンバルディア同盟は北イタリアのミラノが盟主。

商人ギルドと同職ギルド

商人ギルドに不満をもつ手工業者がつくったのが同職ギルド（ツンフト）。ツンフト闘争により市政参加。

(2) 下線部 b の北ドイツの都市同盟を何というか。(　　　　　　　　)

(3) 下線部 c のアウクスブルクの大富豪は何家か。(　　　　　　　　)

3 ［中央集権国家の形成］次の略年表中の空欄に入る適語を答えなさい。また，あとの問いに答えなさい。

1215	イギリスで貴族たちが a ジョン王に（①　　　　　　　　）を認めさせる
1265	イギリスで（②　　　　　　　　　　　）が王に各州・都市代表を加えた会議を開くことを認めさせる
1302	フランスで（③　　　　　　　　）が開かれる
1339	イギリス・フランス間で，（④　　　　　　）戦争が始まる
1356	b ドイツで（⑤　　　　　　）勅書が出される
1358	フランスで農民反乱（⑥　　　　　　　　）の乱がおこる
1378	教皇が並立する（⑦　　　　　　　　　）が始まる
1381	イギリスで農民反乱（⑧　　　　　　　）の乱がおこる
1414	コンスタンツ公会議でウィクリフと（⑨　　　　　）を異端とする
1455	イギリスで（⑩　　　　　）戦争が始まる
1492	c イベリア半島の（⑪　　　　　　）運動（レコンキスタ）が完了する

(1) 下線部 a について，ジョン王と戦い，国内のイギリス領の大半を奪ったフランス国王はだれか。(　　　　　　　　)

(2) 下線部 b について，ドイツの 13 世紀後半の皇帝不在の期間を何というか。(　　　　　　　　)

(3) 下線部 c において，カスティリャ王国とアラゴン王国が統合されてできた国は何か。(　　　　　　　　)

第1章
第2章
第3章
第4章
総合

得点UP　王権の伸張

①**イギリス**
・**ジョン王**…フィリップ2世と戦う。インノケンティウス3世から破門される。大憲章（マグナ＝カルタ）を認める。
・**エドワード1世**…模範議会を招集。
・**ヘンリ7世**…バラ戦争後，テューダー朝を開く。

②**フランス**
・**フィリップ2世**…国内のイギリス領の大半を奪う。
・**ルイ9世**…アルビジョワ派（カタリ派）を征服。
・**フィリップ4世**…アナーニ事件に際して全国三部会を開く。

③**スペイン**…国土回復運動（レコンキスタ）を完成させる。

☑ サクッとCHECK

● 次の文が正しければ○，誤っていれば×を書きなさい。

❶ 十字軍の失敗で，遠征軍を指揮した国王の権威は高まり，教皇権は衰えた。(　　　)

❷ 北ドイツのハンザ同盟の盟主はハンブルクである。(　　　)

❸ 同職ギルド（ツンフト）の組合員になれたのは，親方だけに限られていた。(　　　)

❹ 模範議会が開かれたのはフランスである。(　　　)

❺ ドイツで金印勅書を発布したのはカール4世である。(　　　)

● 次の各問いに答えなさい。

❻ 第4回十字軍は，どこの商人の要求によってラテン帝国を建てたか。(　　　　　　　)

❼ 北イタリアで領主である司教権力を倒してできた自治都市を何というか。(　　　　　　　)

❽ 12世紀，神聖ローマ皇帝のイタリア政策に対して結成された都市同盟は何か。(　　　　　　　)

❾ 貨幣地代の普及でイギリスに生まれた独立自営農民を何というか。(　　　　　　　)

❿ 諸都市の内部で教皇党（ゲルフ）と皇帝党（ギベリン）が争っていた国はどこか。(　　　　　　　)

重要 **1** ［十字軍と中世都市］次の文章中の空欄に入る適語を答えなさい。また，あとの問いに答え
なさい。

　中世ヨーロッパ世界の都市は，西ヨーロッパ内部での商業の発展と a 十字軍をきっかけとし
た遠隔地商業の飛躍的発展により成長した。i ヴェネツィア，ii ジェノヴァ，ピサなど北イタ
リアの港市は，東方から香辛料や絹織物などを輸入し，銀などを東方へ運んだ。この範囲を
地中海商業圏という。北方では，北海・バルト海で北ヨーロッパ商業圏が成立し，木材や海
産物，毛皮のとり引きを中心とするハンブルク，iii リューベック，またフランドル地方の毛織物
業の興隆を背景にした iv ブリュージュなどが拠点となった。フランスの（①　　　　　　　）
地方など，これら2つの商業圏を結ぶ通商路にも都市が発達し，大きな定期市が開かれた。

　11～12世紀以降，各地の都市は自治権を獲得して b 自治都市となり，c ギルドという同業組
合が組織された。北イタリアの諸都市は（②　　　　　　　　）同盟，北ドイツの諸都市は
（③　　　　　　　）同盟という都市同盟を結成した。このような商業と都市の発展のなかで，神
聖ローマ皇帝の即位にも影響力をもったアウクスブルクの（④　　　　　　）家やフィレンツ
ェの（⑤　　　　　　）家などの大富豪も現れた。

(1) 下線部 a について，十字軍に関する説明として誤っているものを，次のア～エから選べ。

（　　　）

　　ア　1095年，クレルモン宗教会議で十字軍派遣が提唱された。

　　イ　1187年，アイユーブ朝のサラーフ゠アッディーンがイェルサレムを奪回した。

　　ウ　1270年，十字軍がコンスタンティノープルを占領し，イェルサレム王国を建てた。

　　エ　1291年，第7回の十字軍の遠征が終わり，キリスト教側のイェルサレム奪回はかなわ
　　　　なかった。

(2) 下線部 b について，コムーネと呼ばれる自治都市が成立した地域を次のア～エから選べ。
　　ア　北イタリア　　イ　フランドル　　ウ　北ドイツ　　エ　南ドイツ　　（　　　）

(3) 下線部 c について，ギルドに関する説明として誤っているものを，次のア～エから選べ。

（　　　）

　　ア　ギルドが，各自治都市を運営する中心となった。

　　イ　手工業者の同職ギルド（ツンフト）に対抗し，大商人は商
　　　　人ギルドをつくった。

　　ウ　親方以外の職人や徒弟は同職ギルドの会員にはなれなか
　　　　った。

　　エ　ギルドは商品の品質や販売方法を統制し，市場を独占し
　　　　た。

(4) 文章中の下線部 i ～ iv の都市の位置を，上の地図中のア～カから選べ。

　　　　　　　　　　i（　　　）　ii（　　　）　iii（　　　）　iv（　　　）

2 ［封建制の崩壊］次の文章中の空欄に入る適語を，あとの**ア〜キ**から選びなさい。

　貨幣経済の発達により，貨幣を必要とした領主は，（　①　）のかわりに（　②　）を農民に貸し与え，生産物や貨幣で地代を徴収するようになった。農民は生産物を市場で売るなどして貨幣収入を増やし，経済的にも向上していった。また，14世紀半ばに西ヨーロッパで流行した（　③　）によって農業人口が激減すると，領主は労働力確保のために農民の身分的束縛を緩めるようになった。

　こうして，農民の地位はしだいに高まっていき，ヨーマンと呼ばれる独立自営農民になる者も現れた。やがて，困窮した領主により再び農民に対する束縛が強まると，農民たちはこれに抵抗し，農民一揆をおこした。一揆は鎮められたが困窮は止まらず，領主だけでなく（　④　）の発明などによる戦術の変化で（　⑤　）はますます没落した。都市の市民たちは，市場を統一する中央集権的な政治権力を望むようになり，国王は諸侯を抑えて中央集権化を進めた。諸侯や（⑤）は宮廷に仕えるようになった。

①（　　　）　②（　　　　　）　③（　　　　）　④（　　　　）　⑤（　　　　）

ア 火砲　　**イ** 直営地　　**ウ** 市民　　**エ** 騎士　　**オ** 保有地　　**カ** 賦役(ふえき)　　**キ** 黒死病(こくしびょう)(ペスト)

3 ［教皇権の衰退］次の文章中の空欄に入る適語を答えなさい。また，あとの問いに答えなさい。

　十字軍以後の王権の伸張につれて教皇権は衰えていった。教皇（①　　　　　　　　　　）は，14世紀初め，ₐ聖職者への課税をめぐって争ったフランス王フィリップ4世に捕えられた。フィリップ4世はさらにᵦ教皇庁を南フランスのアヴィニョンに移し，その後約70年にわたってフランスは教皇権に干渉した。

　14世紀後半になり教皇がローマに戻ると，アヴィニョンにも別の教皇が立てられ，。両教皇が正統性を主張して対立したため教皇の権威は著しく失墜した。それとともに，教会の堕落や腐敗を批判する声が高まってきた。14世紀後半，イギリスの（②　　　　　　）は聖書こそが信仰の最高の権威であると主張し，教皇や教会制度を批判した。ベーメンの（③　　　　　）は（②）に賛同し，教皇に破門されながらも教会を批判した。

　こうした宗教界の混乱を収めるために開かれた（④　　　　　　　）公会議では，この2人を異端とし，ローマの教皇を正統と認めて混乱を収拾した。また，（③）は火刑に処せられたが，その後ベーメンでは（③）派の人々の反乱が続いた。

(1) 下線部 **a** について，この事件を何というか。（　　　　　　　）
(2) 下線部 **b** について，このことを何というか。（　　　　　　　）
(3) 下線部 **c** について，このことを何というか。（　　　　　　　）

Hints

1 (1)第1回は1096〜99年，第4回は1202〜04年，第7回は1270年に行われ，十字軍の遠征は150年以上にわたった。

2 封建社会では，荘園の直営地での農奴の賦役による収穫は領主のものになっていた。

3 (1)フランス王フィリップ4世は，①の教皇をフランスのアナーニに一時監禁した。

重要 **1** ［中央集権国家の形成］次の文章中の空欄に入る適語を下の**ア〜ス**から選びなさい。また，あとの問いに答えなさい。

［札幌学院大一改］

　　1066 年の _aノルマン゠コンクェストの後，イギリスは中央集権的な国家形成を進めてきた。その後，12 世紀半ばに，フランスから入ったアンジュー伯がヘンリ 2 世として王位につき，（　①　）朝を開いた。これにより，イギリス国王はフランス西部にも大きな領土をもつこととなった。そこで 13 世紀初めに，フランス王フィリップ 2 世がこの事態を解消すべく，_bイギリス王ジョンと戦ってフランスにあるイギリス王領地の大半を奪いとった。両国は，毛織物生産地であるフランドル地方をめぐっても対立した。こうした対立状況のもとで，フランスのカペー朝が断絶して（　②　）朝が建つと，イギリス王（　③　）は，母がカペー家出身であることから王位継承権を主張し，これをきっかけに 1339 年，両国の間に _c百年戦争が始まった。_dフランスはこの戦争のなかで何度か危機的状態に陥ったが，結局は（　④　）を除くフランス全土からイギリス軍を駆逐し，王権は戦前よりも一層強化された。他方，イギリスは戦後すぐ，王位継承をめぐる反目がきっかけで貴族たちの争いがおこり，それは 30 年に及ぶ（　⑤　）戦争と呼ばれる内乱となった。内乱をおさめた _eヘンリ 7 世がテューダー朝を開くと，（⑤）戦争で多くの大貴族が衰退したこともあって王権は強化され，この王朝のもとで近代国家形成の基礎が築かれたといわれている。

　　一方，国土回復運動（レコンキスタ）が続いていたイベリア半島では，1479 年にカスティリャ王国とアラゴン王国が統合して（　⑥　）（イスパニア）王国が成立し，1492 年に最後の _fイスラーム勢力を駆逐して国土統一を果たした。

　　　　　　①（　　　　）②（　　　　）③（　　　　）④（　　　　）⑤（　　　　）⑥（　　　　）

ア プランタジネット　　**イ** ステュアート　　**ウ** ヴァロワ　　　　**エ** ブルボン

オ アーサー　　　　**カ** エドワード 3 世　　**キ** リチャード 2 世　　**ク** オルレアン

ケ カレー　　**コ** バラ　　**サ** スペイン　　**シ** フロンド　　**ス** ポルトガル

⑴ 下線部 **a** について，イギリスを征服したノルマンディー公の名を答えよ。（　　　　　　）

⑵ 下線部 **b** の王のとき，イギリス立憲政治の最初の基礎となる文書が王と貴族との間で確認された。この文書を何というか。　　　　　　　　　　　　　（　　　　　　　　）

⑶ 下線部 **c** の戦争中にフランスでおきた農民一揆のうち，代表的なものの名称を答えよ。また，この戦争が終結したときのフランス王はだれか。

　　　　　　　　農民一揆（　　　　　　　　）　フランス王（　　　　　　　）

⑷ 下線部 **d** のとき，フランスの危機を救った農民の娘はだれか。　（　　　　　　　）

⑸ 下線部 **e** のヘンリ 7 世が王権に反抗するものを処罰するために設けた機関を何というか。

　　　　　　　　　　　　　　　　　　　　　　　　　　　　（　　　　　　　　）

⑹ 下線部 **f** について，このときのイスラーム王朝を何というか。また，その王朝の都となっていた都市を答えよ。　　　　　　　王朝（　　　　　　）　都市（　　　　　　）

2 ［西ヨーロッパの中世文化］次の文章中の空欄に入る適語を答えなさい。また，あとの問い
に答えなさい。
［西南学院大一改］

　11世紀以降，十字軍の遠征や東方貿易を通じてイスラーム世界からギリシア哲学や高度な
学問がヨーロッパに伝えられ，学問や文芸が大きく発展した。これを12世紀（①
　　　　）と呼ぶ。スコラ学はギリシア哲学の影響を受けて壮大な体系となり，ₐトマス゠アクィ
ナスにより大成されて教皇権の理論的な柱となった。またギリシアやイスラーム科学の影響
を受けて，実験を重視したイギリスのスコラ学者（②　　　　　　　　）の自然科学は，
のちの近代科学を準備するものとなった。

　中世ヨーロッパの教育は，教会や修道院に付属している学校を中心に，聖職者らにより行
われていた。12世紀ごろから各地で大学が誕生し，（③　　　　　　）のサレルノ大学やボロ
ーニャ大学，フランスのパリ大学，イギリスのオクスフォード大学やケンブリッジ大学など
が特に有名である。

　中世の美術は，教会や修道院の建築と，それに付随する絵画・彫刻を中心に発展した。10
〜11世紀，フランス中・南部で（④　　　　　　　）様式と呼ばれる修道院聖堂の建築様式が
流行し，12世紀に最盛期を迎えた。（④）様式の建物につづいて，フランス北部の都市を中心
にₐゴシック様式の大聖堂が現れた。

　学問の世界では（⑤　　　　）語が用いられたが，俗語で表現された中世文学の代表が騎
士道物語である。これは騎士の武勲（ぶくん）や恋愛をテーマにした文学作品である。（⑥
　　　　）時代の騎士の活躍を描いた『ローランの歌』，ケルトの英雄伝説を主題とする『アーサ
ー王物語』，古ゲルマンの英雄叙事詩を主題とする『（⑦　　　　　　　　）』などが
広く知られている。また宮廷での騎士の恋愛などを主題とする叙情詩もつくられ，南フラン
スやドイツの（⑧　　　　　　）がみずから作詞・作曲して各地の城を遍歴した。

⑴ 下線部ₐについて，スコラ学を総合した彼の主著は何か。　　　　（　　　　　）
⑵ 下線部ₐについて，ゴシック様式の教会建築を次のア〜ウから選べ。　（　　　　　）

ア　　　　　　　　　　　イ　　　　　　　　　　ウ

Hints

1 ⑶イギリスでは，ワット゠タイラーの乱がおこった。
　⑹スペイン南部の都市で，アルハンブラ宮殿が残されている。
2 ⑵尖塔（せんとう）アーチと広い窓のステンドグラスが特徴である。

8 東アジア世界の展開とモンゴル帝国

STEP 1 基本問題

解答➔ 別冊11ページ

1 ［中国北方の諸勢力］次の文章中の空欄に入る適語を下の**ア**～**ク**から選びなさい。

10世紀初め，耶律阿保機が諸民族を統一し（ ① ）（遼）を建国した。その後，926年に中国東北地方の（ ② ）を滅ぼし，五代の後晋の建国の援助の代償として，（ ③ ）を譲り受けた。（①）は，狩猟民・遊牧民には（ ④ ）を，農耕民には（ ⑤ ）を用いて統治する二重統治体制をとった。また，ツングース系女真（ジュシェン）の（ ⑥ ）は金を建てた。一方，西北部でチベット系のタングートは（ ⑦ ）を建て，東西交易路を占めて繁栄した。

①（　　　）②（　　　）③（　　　）④（　　　）
⑤（　　　）⑥（　　　）⑦（　　　）

ア 西夏　**イ** 渤海　**ウ** キタイ　**エ** 部族制
オ 州県制　**カ** 耶律大石　**キ** 完顔阿骨打　**ク** 燕雲十六州

2 ［宋］次の文章を読み，あとの問いに答えなさい。

960年に_a宋が中国を再統一し，内政面では，_b登用された官僚を重用して皇帝権力の強化をはかり，_c対外的には消極策をとった。_d11世紀後半には富国強兵を目ざして改革が行われたが挫折し，政治の混乱が深まった。また，建国以来たびたび周辺民族の圧迫を受け，12世紀に金によって_e宋の都は陥落した。

宋代は，_f新興地主層や_g都市商人の成長，木版印刷など実用的な文化の発展など，社会が大きく変化した時代でもあった。

(1) 下線部**a**を建てたのはだれか。　（　　　　　）

(2) 下線部**b**のように，軍人でなく，文人官僚によって政治を行うことを何というか。　（　　　　　）

(3) 下線部**c**に関連して，絹や銀を贈ることを条件にキタイ（遼）と講和した盟約を何というか。　（　　　　　）

(4) 下線部**d**の改革を行った人物はだれか。　（　　　　　）

(5) 下線部**e**の事件を何というか。　（　　　　　）

(6) 下線部**f**の官僚を多く輩出した地主層を何というか。（　　　　　）

(7) 下線部**g**らが結成した同業組合を何というか。　（　　　　　）

Guide

得点UP 北宋と遼・西夏，南宋と金の関係

①**キタイ（遼）**…モンゴル系キタイ（契丹）の耶律阿保機が建国。澶淵の盟で宋から歳賜を得る。

②**西夏**…チベット系タングートの李元昊が建国。宋から歳賜を得る。

③**金**…ツングース系女真（ジュシェン）の完顔阿骨打が建国。北宋を滅ぼす（靖康の変）。南宋は金に臣下の礼をとり，歳貢を贈る。

⚠ **注意**

▶**形勢戸と佃戸**
形勢戸は宋代に台頭した新興の地主層。佃戸は荘園の耕作者である小農民。

▶**行・作・市舶司**
①**行**…同業商人が営業の独占や相互扶助の目的で結成した商人組合。
②**作**…手工業者の同業組合。
③**市舶司**…海上貿易関係の事務を担当した官庁。

▶**南宋の主戦派と和平派**
主戦派は秦檜，和平派は岳飛など。

参考 王安石の新法
青苗・均輸・市易・募役・保甲などの諸法に見られる富国強兵策。

3 ［モンゴル帝国の形成と元］次の文章中の空欄に入る適語を答え
なさい。また，あとの問いに答えなさい。

　遼の滅亡後，モンゴル高原はモンゴル部族の（①
　　　　）によって統一された。彼は，1206年，チンギス＝カン（ハン）
として即位し，大モンゴル国を建設した。次のオゴデイの時代に，
ユーラシア大陸にまたがる大帝国が成立した。その後，（②
　　　　）は国号を元（大元）とし，（③　　　　　　）を滅ぼして中国
を統一した。しかしこのころには，帝国は元と諸ハン国に分裂した。
(1) 元の都の大都にきて，元に仕えたイタリア商人はだれか。
　　　　　　　　　　　　　　　　（　　　　　　　　　　　）

(2) 次の①〜③のハン国を地図中の
　　ア〜エから選べ。
　　① チャガタイ＝ハン国（　　　）
　　② キプチャク＝ハン国（　　　）
　　③ イル＝ハン国　　　（　　　）

4 ［ティムール朝］次の文章中の空欄に入る適語を答えなさい。

　チャガタイ＝ハン国からでたティムールが，1370年にティムー
ル朝をひらいた。東・西トルキスタンを統一後，（①　　　　　　）
国滅亡後の地域を征服した。その間キプチャク＝ハン国や北イン
ドに侵入し，さらに小アジアに進出し1402年に（②
　　　　）の戦いでオスマン帝国を破った。しかし，15世紀後半
東西に分裂し，16世紀初め，ともにトルコ系遊牧集団である
（③　　　　　　）に滅ぼされた。

得点UP

▶**モンゴル帝国の拡大**
①**チンギス＝カン（ハン）**…
　ナイマン，ホラズム＝シ
　ャー朝，西夏を滅ぼす。
②**オゴデイ**…金を滅ぼす。
③**バトゥ**…ワールシュタッ
　トの戦い。
④**フレグ**…アッバース朝を
　滅ぼす。
▶**元朝を訪れた人々**
①**プラノ＝カルピニ**…教皇
　の命でカラコルムへ。
②**ルブルック**…仏王の命で
　カラコルムへ。
③**マルコ＝ポーロ**…ヴェネ
　ツィア出身。『世界の記
　述(東方見聞録)』を著す。
④**モンテ＝コルヴィノ**…教
　皇の命で大都へ。
⑤**イブン＝バットゥータ**…
　モロッコ出身。『大旅行
　記』を著す。

第1章
第2章
第3章
第4章
総合

☑ サクッとCHECK

● 次の文が正しければ○，誤っていれば×を書きなさい。
　❶ 遼の皇族耶律大石は，中央アジアでカラキタイ（西遼）を建てた。　　　　　　（　　　）
　❷ 宋代に貴族にかわり勢力をのばした新興地主層を藩鎮という。　　　　　　　（　　　）
　❸ 『赤壁の賦』という詩を著した欧陽脩は，北宋の文人・政治家である。　　　　（　　　）
　❹ ワールシュタットの戦いでドイツ・ポーランド連合軍を破ったのはオゴデイである。（　　　）
　❺ 元代に中央アジア・西アジアなど出身の人々は色目人と呼ばれた。　　　　　（　　　）

● 次の各問いに答えなさい。
　❻ 皇帝みずからが試験官となる，科挙の最終試験を何というか。　　　（　　　　　　　）
　❼ 北宋の政治家・儒学者で，『資治通鑑』を編纂した人物はだれか。　（　　　　　　　）
　❽ アッバース朝を滅ぼし，イル＝ハン国を建てた人物はだれか。　　（　　　　　　　）
　❾ 元代に発達した，官用で旅行する者が携帯した証明書を何というか。（　　　　　　　）
　❿ 元代に政府から発行され，主要な通貨となった紙幣を何というか。（　　　　　　　）

重要 **1** ［宋と北方民族］次の文章中の空欄に入る適語を答えなさい。また，あとの問いに答えなさ
い。

［札幌学院大一改］

唐滅亡後の争乱状態を終息させることとなるa宋(北宋)を建国したのは武将の趙匡胤である。
宋は文治主義に基づく強力な中央集権体制をとった。それを支えるb文人官僚は，（①　　　　）
と呼ばれる試験によって採用された。この試験に合格者を多く出したのは，c地主などの富豪
の子弟であった。12 世紀にd女真(ジュシェン)が（②　　　　）を建国してキタイ(遼)を滅ぼ
した。その後，宋に侵入してe首都開封を奪い，皇族・重臣など多数を捕えた。宋の皇帝の一
族は江南に逃れてf南宋を建て，（②）と和議を結び，淮河を両国の国境とする一方，（②）に対
しては臣下の札をとり貢物をしなければならなかった。この時代には，儒学が（③　　　　）
によって大成され，朱子学として日本や朝鮮など周辺諸国にも影響を及ぼした。歴史学では
（④　　　　）が『資治通鑑』を著した。白磁や青磁の陶磁器や山水画などの絵画が盛ん
になる一方，木版印刷技術も普及し，その後イスラーム世界を通じてヨーロッパに伝わる
（⑤　　　　）や火薬の実用化もこの時代に始まった。

(1) 下線部aについて，宋代の都市経済に関する説明として誤っているものを次のア〜エから
　　選べ。　　　　　　　　　　　　　　　　　　　　　　　　　　　　　　　　（　　　）

　　ア　商人たちは行，手工業者たちは作という同業組合をつくって活動した。

　　イ　鎮と呼ばれる商業の拠点が生まれた。

　　ウ　唐の時代に紙幣として使われた交子や会子が，手形として使われ始めた。

　　エ　都市のにぎわいが，北宋末の「清明上河図」などに描かれている。

(2) 下線部bについて，①・②の問いに答えよ。

　　① 文人官僚の一人で，11 世紀後半に宰相に登用され改革を試みた者はだれか。

　　　　　　　　　　　　　　　　　　　　　　　　　　　　　　　　　　（　　　　　　）

記述 ② ①の者が行った新法と呼ばれる改革は何を目ざしたものであったか，述べよ。

　　　（　　　　　　　　　　　　　　　　　　　　　　　　　　　　　　　　　　　）

(3) 下線部cについて，地主はその所有地を小作人に貸して耕作させたが，当時，小作人のこ
　　とを何と呼んだか。　　　　　　　　　　　　　　　　　　　　　　　　　（　　　　　　）

(4) 下線部dについて，①・②の問いに答えなさい。

　　① 12 世紀初めに中国の東北地方を統一した女真の指導者は
　　　だれか。　　　　　　　　　（　　　　　　）

　　② 右の地図は，12 世紀半ばの東アジアの地図である。女真
　　　が建国した国を，地図中のア〜オから選べ。（　　　　　　）

(5) 下線部eについて，このでき事を何というか。

　　　　　　　　　　　　　　　　　　（　　　　　　）

(6) 下線部fについて，南宋の首都はどこか。　（　　　　　　）

2 ［東アジアの民族国家］次の文章中の空欄に入る適語を答えなさい。また，あとの問いに答えなさい。

［青山学院大―改］

中国風の名をもった王朝が，モンゴル人などの王朝や帝国の別称であることは少なくなく，10〜14世紀の華北には，a遼，b金，c元(大元)がある。例えば遼は（①　　　　　　）(キタイ)ともいい，北族の王朝であって，必ずしも宋や明のような中国王朝ではない。遼では，自分たちの言語を表すために，（①）文字がつくられた。「元」は，大都に遷都後，（②　　　　　　）が名乗った中国風の国号である。しかし，ユーラシア大陸に広大な帝国を築いた勢力は，あくまでd大モンゴル=ウルス(モンゴル帝国)であって「元」ではなかった。一方，西方にはチベット系の王朝が古来少なくなく，ことに（③　　　　　　）はその強力な軍事力によって唐を圧迫し，8世紀には長安を占領した。またチベット系タングートの西夏は11世紀に栄え，独自のe西夏文字をつくり宋とも交流を行った。

(1) 下線部aの王朝の初代皇帝はだれか。　　　　　　　　　　　（　　　　　　　）

(2) 下線部bの王朝の初代皇帝はだれか。　　　　　　　　　　　（　　　　　　　）

(3) 下線部cについて，次の問いに答えよ。

　① 元の統治体制に関する記述として誤っているものを，次のア〜エから選べ。（　　　）

　　　ア 色目人は，財務官僚として重用された。

　　　イ 科挙が一時廃止されたが，14世紀に復活した。

　　　ウ 漢人・南人を冷遇する政治，政策を行った。

　　　エ 宋以来の地主の大土地所有制が続いた。

　② 元の文化に関する記述として誤っているものを，次のア〜エから選べ。（　　　）

　　　ア 『漢宮秋』は庶民のあいだに流行した元曲の代表作である。

　　　イ 文人画では，黄公望らが現れた。

　　　ウ チベット仏教僧によって，チベット文字をもとにパスパ文字がつくられた。

　　　エ イスラームの細密画(ミニアチュール)はイル=ハン国を通じて元の画風に影響を与えた。

　③ 次の文X・Yの正誤の正しい組み合わせを，あとのア〜エから選べ。　（　　　）

　　　X：マルコ=ポーロは『世界の記述(東方見聞録)』を残した。

　　　Y：イブン=バットゥータは『三大陸周遊記』を残した。

　　　ア X―正　Y―正　　イ X―正　Y―誤　　ウ X―誤　Y―正　　エ X―誤　Y―誤

(4) 下線部dに関連して，モンゴル帝国により整備された大規模な駅伝制を何というか，カタカナで答えよ。　　　　　　　　　　　　　　　　　　　　　（　　　　　　　）

(5) 下線部eを制定したとされる，西夏の初代皇帝はだれか。　　（　　　　　　　）

Hints

1 (2)② 北宋では，防衛費の増大による国家財政の窮乏がつねに大きな問題であった。

　(3)宋代に台頭した新興の地主層が形勢戸である。

2 (3)① 元では，色目人が財務官僚として重用された。

　(5)1044年に宋と慶暦の和約を結んだ人物である。

第2章 諸地域の交流と再編

アジア交易世界の興隆と大航海時代

STEP ① 基本問題

解答⊖ 別冊12ページ

1 ［東アジアの新興国］次の文章中の空欄に入る適語を答えなさい。

14世紀の中国で，元末^{げん}の混乱の中（①　　　　　）の乱がおこると，各地で大規模な反乱が勃発した。この反乱の指導者の1人である（②　　　　　）は1368年に明朝^{みん}を建て，（③　　　　　）に都を定めた。明は，元をモンゴル高原へと追いやったが，モンゴル系の諸部族は，のちに明帝国の北辺を脅かす勢力となった。一方日本では，鎌倉幕府が倒れて南北朝が対立し，海上の秩序も乱れて，（④　　　　　）の活動が活発化した。朝鮮半島では，（④）の撃退に功績をあげた（⑤　　　　　）が高麗^{こうらい}を倒して，1392年に朝鮮王朝を建国した。

2 ［大航海時代］次の略年表中の空欄に入る適語を，あとの**ア**～**エ**から選びなさい。また，下の問いに答えなさい。

1488	バルトロメウ゠ディアスがアフリカ南端の喜望峰に到達………………A
1492	コロンブスが大西洋を横断し，サンサルバドル島に到達…………B
1494	（　①　）条約でスペインとポルトガルが相互の勢力圏を確認…C
1497	（　②　）がヘンリ7世の援助で北アメリカ大陸を探検………D
1498	ヴァスコ゠ダ゠ガマが喜望峰を経て_aインドに到達…………E
1501	アメリゴ゠ヴェスプッチが南米を探検…………………………F
1521	スペイン人（　③　）が_bメキシコを征服する………………G
1533	スペイン人（　④　）がインカ帝国を滅ぼす…………………H

①（　　　）②（　　　）③（　　　）④（　　　）

ア ピサロ　**イ** コルテス　**ウ** トルデシリャス　**エ** カボット

(1) 下線部**a**について，このとき到着したインドの都市を答えよ。
（　　　　　　　）

(2) 下線部**b**について，このとき滅びた王国を何というか。
（　　　　　　　）

(3) マゼランの船隊が世界一周を成しとげた年に最も近いものを，略年表中の**A**～**H**から選べ。
（　　　）

Guide

得点UP 明の隣接地域の動向

①**朝鮮王朝**…**李成桂**^{りせいけい}が朝鮮王朝を建国（1392年）し，朱子学が官学化された。金属活字による出版が普及し，15世紀に**訓民正音**^{くんみんせいおん}（ハングル）が作成された。**両班**の党争。豊臣秀吉^{とよとみひでよし}の侵攻の際には，**李舜臣**^{りしゅんしん}が水軍を率いて活躍。

②**モンゴル**…チンギス゠カンと縁戚のオイラトは，アルタン゠ハーンのとき，長城を越えて明に侵入。

③**琉球王国**…1429年，中山王^{ちゅうざんおう}によって統一。東シナ海から南シナ海での中継貿易で繁栄。17世紀以降は中国と日本に両属。

参考 ポルトガルのインド航路開拓

「航海王子」エンリケがアフリカ西岸探検を奨励→喜望峰への到達（バルトロメウ゠ディアス）→インドのカリカットへの到達（ヴァスコ゠ダ゠ガマ）。

得点UP 大航海時代の影響

①**商業革命**…商業の中心が地中海沿岸から大西洋沿岸に移動し，地球規模の貿易構造になった。

②**価格革命**…大量の銀の流入でヨーロッパの物価が高騰した。

3 ［明］次の文章中の空欄に入る適語を答えなさい。また，あとの問いに答えなさい。

［西南学院大一改］

1369年，（①　　　　　）が南京で洪武帝として即位し，明朝が成立する。洪武帝は，（②　　　　　）省を廃止して中央集権体制を強化する一方，農村では土地と農民を魚鱗図冊や賦役黄冊に登録し，（③　　　　　）を実施した。そして民衆の教化を目ざして（④　　　　）を定めた。また，民戸とは別に軍戸の戸籍を設けて（⑤　　　　　）を整備した。洪武帝を継いだ建文帝が諸王の削減政策を行ったため，a 北平（北京）に拠点を置いた燕王がこれに対抗して挙兵し，（⑥　　　　　）として帝位についた。（⑥）は，対外遠征を積極的にすすめ，特に，宦官（⑦　　　　）にインド洋からアフリカ沿岸諸国への遠征を命じ，諸国に朝貢を求めた。反面，洪武帝以来の民間人による海上交易を厳しく制限する（⑧　　　　）政策が，のちに b 北虜南倭と呼ばれる状況をつくり，明朝を苦しめることになった。明は中期になると，商業の発展にともない，明の政府と結びついた山西商人などの（⑨　　　　　）が全国で活躍して富を築いた。江南を中心に貨幣経済が進展すると銀が広く流通し，各種の税や労役を銀に一本化して納入する（⑩　　　　　）の改革が実施された。

(1) 下線部 a のでき事を何というか。　（　　　　　　　）

(2) 下線部 b について，16世紀半ばに北方でモンゴルを統合し，明に侵入した人物を次の**ア〜エ**から選べ。　（　　　）

ア チンギス＝カン　　**イ** ガザン＝ハン
ウ ウルグ＝ベク　　**エ** アルタン＝ハーン

得点UP **明の政治体制**

中書省とその長官の丞相を廃止。六部を皇帝直属化。農村では**里甲制**を実施。魚鱗図冊・賦役黄冊を整備。軍制として**衛所制**を整備。

参考 **里甲制**

明の村落行政制度。賦役黄冊の作成と同時に制定。民戸110戸をもって1里とし，富裕な10戸を里長戸，残り100戸を10戸ずつ10甲に分け，各甲ごとに甲首戸を置いた。

注意 **北虜南倭**

①**北虜**…永楽帝以後，北方民族が台頭し，オイラトが侵入して明の皇帝を捕え（土木の変），ついでモンゴルを統合したアルタン＝ハーンが侵入して北京に迫るなど，明はその圧迫に苦しんだ。
②**南倭**…海賊である倭寇が活動し，朝鮮や中国を略奪した。

☑サクッとCHECK

● 次の文が正しければ○，誤っていれば×を書きなさい。
❶ 元末におきた黄巾の乱で頭角を現した朱元璋が，南京を基盤として明朝を建てた。　（　　）
❷ 洪武帝は，民間人の貿易を禁止する海禁政策をとった。　（　　）
❸ 明は，民衆教化のため六諭を定めた。　（　　）
❹ 西ヨーロッパで需要が高まり，大航海時代を促したアジアの特産物はコーヒーである。　（　　）
❺ インドに向けて航海中，ブラジルに漂着したポルトガル人はカブラルである。　（　　）
● 次の各問いに答えなさい。
❻ 北方のモンゴルや倭寇の活動で，明が対外勢力に苦しめられたことを何というか。（　　　　　）
❼ 明代後半，銀に一本化された新しい税制を何というか。　（　　　　　）
❽ 万暦帝の時代に，財政建て直しのため改革を行ったのはだれか。　（　　　　　）
❾ 1521年にインカ帝国を滅ぼしたスペイン人「征服者」はだれか。　（　　　　　）
❿ 遠隔地貿易の中心が，地中海から大西洋沿岸地域に移動したことを何というか。（　　　　　）

重要 **1** ［明の朝貢体制］次の文章中の空欄に入る適語を答えなさい。また，あとの問いに答えなさい。

　明朝では倭寇対策もあって，ₐ民間人の海上交通や貿易を禁止し，朝貢貿易に一本化しようとする政府の厳しい対外貿易管理政策が行われた。ᵦ永楽帝は，（①　　　　　）に命じて大艦隊をインド洋からアフリカ沿岸に派遣した。大航海は7回にわたって行われ，明に朝貢する国々は多数にのぼった。遣唐使停止以来，途絶えていた日本の正式な使節の派遣も復活した。この時期，室町幕府の将軍であった足利義満が日本国王に封ぜられ，倭寇のとり締まりを条件に（②　　　　　）貿易を始めた。また15世紀初めに（③　　　　　）王によって統一された琉球は，明との間に密接な朝貢関係を築き，（④　　　　　　）王国は①の遠征を契機として，明の保護のもと東南アジアの交易拠点として急成長した。さらに明は，ᵤ朝鮮やベトナムの（⑤　　　　）朝との間にも朝貢関係を結んだ。16世紀になると，15世紀の東アジア・東南アジアの国際秩序を支えていた朝貢体制の枠組みが崩壊し始めた。東南アジアにおいて交易の拠点として繁栄した④王国がポルトガルによって占領され，従来の交易ネットワークが大きく変化した。東アジアにおいては，倭寇の活動が再び活発化し，明朝は，ᵥ北方のモンゴル諸集団の侵攻と，倭寇の襲来に苦しむことになった。また，東北地方では，（⑥　　　　　　）が女真（ジュシェン）を統一して建国し，国号をアイシン（金）と定め清の太祖となった。（⑥）は（⑦　　　　　）と呼ばれる軍制を整えて，東北地方の支配を固めていった。第2代のホンタイジ（太宗）が，1636年に皇帝の位について国号をアイシンから清へ改めた。

(1) 下線部 a のような対外政策を何というか。　　　　　　　（　　　　　政策）

(2) 下線部 b に関する記述として誤っているものを，次のア～エから選べ。　（　　　）

　　ア　新しい宮城として，紫禁城を造営した。

　　イ　甥の建文帝に反旗をひるがえし，北京を占領して帝位についた。

　　ウ　内閣大学士に皇帝の職務を補佐させた。

　　エ　四書五経の注釈書である『四書大全』，『五経大全』の編纂を命じた。

(3) 下線部 c に関連して，右の資料は朝鮮の世宗が制定した朝鮮文字を示したものである。ハングルとも呼ばれる母音と子音とを組み合わせたこの表音文字を何というか。　　　　（　　　　　）

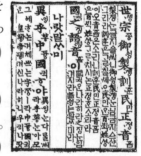

(4) 下線部 d について，次の問いに答えよ。

　　① このような明代中期以降の外患を何というか。（　　　　　）

　　② ①について述べた文として正しいものを，次のア～エから選べ。

　　　　　　　　　　　　　　　　　　　　　　　　（　　　　　）

　　ア　ティムール率いるオイラトが，明朝皇帝を捕虜とした。

　　イ　倭寇と呼ばれた集団が，海禁を破って密貿易を行った。

　　ウ　鄭和率いる大艦隊が，北京近郊の港を包囲した。

　　エ　16世紀半ば，朝貢国が海禁の強化のためにヨーロッパ諸国に限定された。

2 ［明代の文化］次の文章中の空欄に入る適語を，あとの**ア～コ**から選びなさい。［西南学院大一改］

明代には，小説が広く読まれ，『三国志演義』，『（ ① ）』，『西遊記』，『金瓶梅』の四大奇書が完成した。科学技術への関心も高まり（ ② ）が著した『天工開物』，李時珍が著した『（ ③ ）』などが刊行された。こうした科学技術の発展には，「ユークリッド幾何学」の翻訳に協力した（ ④ ）などのキリスト教の宣教師が，布教のかたわら西洋の科学技術を伝えたことがかかわっている。思想の面では，王守仁（王陽明）が陽明学をおこし，学者のみならず，庶民にも広い支持を得た。　　　①（　　　　）②（　　　　）③（　　　　）④（　　　　）

ア 西廂記　　**イ** 本草綱目　　**ウ** 水滸伝　　**エ** 農政全書　　**オ** 郭守敬
カ 董仲舒　　**キ** 宋応星　　**ク** 朱熹（朱子）　　**ケ** ザビエル　　**コ** マテオ＝リッチ

重要　**3** ［大航海時代］次の文章中の空欄に入る適語を答えなさい。また，あとの問いに答えなさい。

マルコ＝ポーロの『世界の記述（東方見聞録）』などにより，東方（アジア）への関心が高まり，遠洋航海を可能とする航海技術や天文学などが発達したことから，スペインやポルトガルの王は，インドへの航路発見のための探検に援助を行った。ポルトガルは東航してインド航路の開拓に乗りだし，1498年に（①　　　　　　　　　　）がインドのカリカットに到着し，これを成功させた。一方，西航してインドにたどり着く航路を開拓しようとしたスペインはアメリカ大陸に到着する。a地球球体説を信じるbコロンブスはスペイン王室の援助を受けバハマ諸島に到着した。その後，（②　　　　　　　　　　）の探検によって，到着した場所がアジアとは別の大陸であることがわかった。また，1494年には，スペインはポルトガルとの間で（③　　　　　　　）条約を結び，両国の勢力圏を確かめた。1513年にはc太平洋があることがわかり，1519年にスペインを出航した（④　　　　　　）はこの太平洋を横断し，彼の部下が1522年にスペインへ帰国して世界周航を成し遂げた。この大航海時代がヨーロッパにもたらした影響は大きく，ヨーロッパでは，d国際商業が経済の柱の1つとなり，その中心は地中海沿岸から大西洋沿岸地域に移動した。

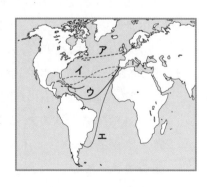

(1) 下線部**a**について，この説を唱えたフィレンツェの天文学者はだれか。　　　　　　（　　　　　　）

(2) 下線部**b**について，コロンブスのたどった航路を，右の地図中の**ア～エ**から選べ。　　　　（　　　　）

(3) 下線部**c**について，1513年にパナマ地峡を横断し，太平洋に到着したのはだれか。　　（　　　　）

(4) 下線部**d**について，この現象を一般に何というか。
　　　　　　　　　　　　　　　　　　　　　（　　　　　　）

Hints

1 ⑦8つの軍団からなる軍事組織。
2 ① 羅貫中が14世紀ごろにまとめた108人の豪傑義賊の武勇物語。
3 (3)この人物はスペインの探検家である。

STEP ③ チャレンジ問題 3

解答⊙別冊13ページ

1 イスラーム世界およびその隣接諸地域に関する次の問いに答えなさい。

[成蹊大一改]

難問 (1) カイロに都をおいたことのある王朝を，次の**ア～ク**からすべて選べ。

ア アッバース朝　　**イ** サーマーン朝　　**ウ** ムワッヒド朝　　**エ** セルジューク朝

オ アイユーブ朝　　**カ** マムルーク朝　　**キ** ムラービト朝　　**ク** ファーティマ朝

(2) 次の文章中の空欄に入る適語の正しい組み合わせを，あとの**ア～エ**から選べ。

　　西アフリカの（ ① ）王国は，サハラの岩塩とギニアの金を交換する交易で繁栄したが，11世紀に衰退した。この衰退は西アフリカのイスラーム化を促し，イスラームを受容した（ ② ）王国は，マンサ゠ムーサ王の時代に最も栄え，トンブクトゥを中心として，北アフリカとの交易で繁栄した。

ア ①―クシュ　　②―アクスム　　　**イ** ①―ガーナ　②―ソンガイ

ウ ①―クシュ　　②―マリ　　　　　**エ** ①―ガーナ　②―マリ

(3) 東南アジアに関する記述として誤っているものを，次の**ア～エ**から選べ。

ア マジャパヒト王国は，ジャワ島に成立した。

イ アンコール゠ワットは仏教寺院として造営され，のちにヒンドゥー教寺院になった。

ウ 東南アジアにおけるイスラーム教の広がりは，マラッカ王国が拠点となった。

エ ビルマ（ミャンマー）では9世紀にパガン朝，ベトナム北部には11世紀に大越が成立した。

(1)	(2)	(3)

2 次の文章を読み，あとの問いに答えなさい。

[センター試験一改]

　16世紀前半，まず東アジアにおける銀の流通に大きく作用したのは，日本の石見銀山などで産出された銀で，ここの銀の流通には，東アジアに到達した_aポルトガルが大きくかかわっていた。16世紀後半には，_bアメリカ大陸産の銀が中国に流出し始める。すなわち，スペインがアメリカ大陸の銀をフィリピンの交易拠点にもたらし，これが中国へ流入していったのである。

(1) 下線部**a**について，ポルトガルが交易の拠点とした都市名と，その位置を示す右の地図中の記号との組み合わせとして正しいものを，次の**ア～エ**から選べ。

ア バタヴィア―**X**　　**イ** バタヴィア―**Y**

ウ マカオ―**X**　　　　**エ** マカオ―**Y**

(2) 下線部**b**について16世紀にアメリカ大陸で大量の銀を産出した鉱山の名として正しいものを，次の**ア～エ**から選べ。

ア クスコ　　**イ** ポトシ　　**ウ** ゴア　　**エ** アンボイナ

(1)	(2)

3 中世ヨーロッパについて，次の問いに答えなさい。 [名古屋学院大一改]

(1) 1095年，クレルモン宗教会議で十字軍遠征を決議した教皇を，次の**ア～エ**から選べ。

　　ア ウルバヌス2世　　**イ** グレゴリウス7世　　**ウ** レオ3世　　**エ** レオ10世

(2) ギルドの目的あるいは影響として最適なものを，次の**ア～エ**から選べ。

　　ア 規制緩和　　**イ** 組合員の利益保護　　**ウ** 自由な生産の発達　　**エ** 自由競争の推奨

(3) 国王に対する議会の抑制としてイギリス憲政史上画期的なでき事を，次の**ア～エ**から選べ。

　　ア 全国三部会設立　　**イ** 金印勅書発布　　**ウ** 国土回復運動開始　　**エ** 大憲章承認

(4) フィリップ4世による教皇のバビロン捕囚で，教皇庁が置かれていた地名と地図中の位置
　　の組み合わせとして正しいものを，次の**ア～エ**から選べ。

　　ア アナーニ―**A**　　　　**イ** アナーニ―**B**

　　ウ アヴィニョン―**C**　　**エ** アヴィニョン―**D**

(5) イギリスのバラ戦争を終結させた王を，次の**ア～エ**から選べ。

　　ア ジョン王　　　　**イ** ヘンリ3世

　　ウ ヘンリ7世　　　**エ** エドワード3世

(6) 北欧3国の同一君主のもとでの連合王国同盟を，次の**ア～エ**から選べ。

　　ア ハンザ同盟　　**イ** カルマル同盟　　**ウ** ペロポネソス同盟　　**エ** デロス同盟

(1)	(2)	(3)	(4)	(5)	(6)

難問 **4** 次の文章中の空欄に入る適語を答えなさい。また，あとの問いに答えなさい。 [東洋大一改]

　明では16世紀以降流入した銀が貨幣に使われるようになった。それにより従来の（①
　　　　　　　）から（②　　　　　　　　）が成立し，税と労役は銀で一括して納めることとなった。ま
た銀の明への流入により，東アジアでは銀が国際的通貨になり，a大きな交易網が形成された。
国政はb東林派と非東林派が争うなど混乱し，（③　　　　　　　）が北京を攻め，明は滅亡した。

(1) 下線部**a**に関連して，明代の経済の説明として誤っているものを，次の**ア～エ**から選べ。

　　ア 経済基盤として長江中流域の湖広地方にかわり，下流の江蘇地方の農業生産が増大し
　　　　た。

　　イ 輸入された銀は，主に馬蹄銀など重さを量って使用する秤量貨幣として使用された。

　　ウ 蘇州や杭州などの都市が栄え，景徳鎮の陶磁器など特産品が大量に生産された。

　　エ 商工関係の同業者や同郷者が，互助組織として会館や公所を設立した。

(2) 下線部**b**に関連して，東林書院を設立して東林派の指導者となった人物として正しいもの
　　を，次の**ア～オ**から選べ。

　　ア 張居正　　**イ** 顧憲成　　**ウ** 顧炎武　　**エ** 黄宗羲　　**オ** 徐光啓

①	②	③	(1)	(2)

10 アジア諸地域の繁栄

STEP 1 基本問題

解答⊙ 別冊13ページ

1 ［13～17世紀のアジア諸地域］次の略年表中の空欄に入る適語を答えなさい。

1299	オスマン（オスマン＝ベイ）が小アジアにオスマン帝国を建国
1368	朱元璋（しゅげんしょう）が中国に明（みん）を建国
1370	ティムールが中央アジアにティムール朝を建国
1392	朝鮮半島に（① 　　　　）が朝鮮王朝を建国
1402	（② 　　　　）の戦いでティムールがオスマン軍を破る
1405	明の（③ 　　　　）がインド洋からアフリカ沿岸への遠征を始める
1453	オスマン軍がビザンツ帝国を滅ぼす
1501	イスマーイール（1世）が（④ 　　　　　　）を建国
1526	（⑤ 　　　　）がインドにムガル帝国の基礎を築く
1616	（⑥ 　　　　）が中国東北地方にアイシンを建国
1644	明滅亡を契機に清（しん）が華北に入る

2 ［オスマン帝国］次の文章中の空欄に入る適語を答えなさい。

　13世紀末，小アジアに建国されたオスマン帝国は，14世紀後半には，バルカン半島に進出した。このことにより，オスマン帝国は，小アジア西北部のブルサから（① 　　　　　　　　）に遷都した。さらに，1453年に，ビザンツ帝国を滅ぼし，その首都（② 　　　　　　　　　）に遷都した。オスマン帝国の最盛期を迎えた（③ 　　　　　　　　）の時代に，（④ 　　　　　　　）の海戦でスペイン・ヴェネツィアの連合艦隊を破り，地中海の制海権を確保した。

3 ［サファヴィー朝］次の文章中の空欄に入る適語を答えなさい。

　イランでは，16世紀初頭にイスマーイール（1世）がサファヴィー朝を建国した。この王朝の支配者は，スルタンの称号を廃してペルシア語の（① 　　　　）の称号を用い，（② 　　　　）派を国教とした。5代目の（③ 　　　　　　）の時に最盛期を迎え，その新首都（④ 　　　　　　）は「世界の半分」と称される繁栄を誇った。

Guide

 得点UP トルコ・イラン・インド世界

①オスマン帝国
- **バヤジット1世**…ニコポリスの戦いに勝利，アンカラの戦いで敗北。
- **メフメト2世**…ビザンツ帝国を滅ぼす。
- **セリム1世**…マムルーク朝を滅ぼす。
- **スレイマン1世**…ウィーン包囲戦（第1次），プレヴェザの海戦に勝利。

②**ティムール朝**…中央アジア・イランを統一。

③**サファヴィー朝**…ティムール朝滅亡後のイランを支配。アッバース1世のとき最盛。

④**ムガル帝国**…インドのイスラーム統一王朝。

 参考 タージ＝マハル

　ムガル皇帝シャー＝ジャハーンによって妃（ひ）のために造営された墓廟（ぼびょう）。インド＝イスラーム建築の代表とされる。

4 ［ムガル帝国］次の文章中の空欄に入る適語をあとの**ア～ク**から選びなさい。

16世紀前半，ティムールの子孫（　①　）は，北インドに侵攻して（　②　）朝の軍に勝利をおさめ，ムガル帝国の基礎を築いた。第3代皇帝（　③　）は，全国の土地を測量して徴税する制度を導入し，中央集権的な統治機構を整えた。第6代皇帝（　④　）帝は，デカン高原の大半を支配して領域を最大にしたが，ヒンドゥー教徒を圧迫して反発をまねいた。こうしたなか，地方勢力が台頭し，西インドでは（　⑤　）王国が成立し，西北インドではシク教徒が反乱をおこして強大化した。

①（　　　）　②（　　　）　③（　　　）
④（　　　）　⑤（　　　）

ア リファヴィー　　**イ** ハルジー　　**ウ** アクバル
エ バーブル　　　**オ** ロディー　　**カ** アウラングゼーブ
キ マラーター　　**ク** ヴィジャヤナガル

5 ［清］次の文章中の空欄に入る適語を答えなさい。

女真（ジュシェン）を統一した（①　　　　　　　）は八旗を編成して力を蓄え，ホンタイジは国号を清と改めた。順治帝のときには明の滅亡に乗じて中国本土に入って北京を都とし，（②　　　　　　　）のときに呉三桂らによる（③　　　　　　　）を平定し，台湾の鄭成功をも下した。また，ロシアと（④　　　　　　　）条約を結んで国境を定めた。雍正帝は，皇帝独裁を強化するために皇帝直属の諮問機関の（⑤　　　　　　　）を設けた。

注意 **ムガル帝国のヒンドゥー教徒への対応**
第3代皇帝アクバルは融合政策。第6代皇帝アウラングゼーブは圧迫政策。

得点UP
▶**清の政治体制**
　科挙・官制などほぼ明の制度を受け継ぐ。軍制では八旗・緑営。文字の獄や禁書によって反清思想を厳しく統制。辮髪を強制。
▶**清前期の皇帝**
①ヌルハチ（太祖）…アイシン建国。
②ホンタイジ（太宗）…国号を清に改称。
③順治帝…北京入城。
④康熙帝…三藩の乱鎮圧。台湾の鄭成功平定。
⑤雍正帝…軍機処創設。
⑥乾隆帝…理藩院を整備。
▶**ロシアとの条約締結**
　ネルチンスク条約は国境を定めたもので（康熙帝），キャフタ条約は国境や通商に関する条約（雍正帝）。
▶**明・清の税制**
　一条鞭法は明代後半から清代初めに実施された。地丁銀制は康熙帝の代に一条鞭法にかわって始められた。

☑ サクッとCHECK

● 次の文が正しければ○，誤っていれば×を書きなさい。
❶ 1402年にティムール朝とオスマン帝国との間でおこった戦いはアンカラの戦いである。（　　）
❷ 1529年，オスマン帝国のスレイマン1世がウィーンを包囲した。（　　）
❸ サファヴィー朝の最盛期の王はシャー=ジャハーンである。（　　）
❹ 清代に青海・チベットなどの藩部を管理した中央官庁は軍機処である。（　　）
❺ カスティリオーネは円明園の設計に参加した。（　　）

● 次の各問いに答えなさい。
❻ コンスタンティノープルはオスマン帝国の都として何と呼ばれたか。（　　　　　　　）
❼ ペルシア語とインドの地方語が融合した言語は何か。（　　　　　　　）
❽ シャー=ジャハーンが造営したインド=イスラーム建築の墓廟は何か。（　　　　　　　）
❾ 18世紀初めに清で採用された，制度の簡略をはかった新税制は何か。（　　　　　　　）
❿ 社会秩序のために実証的な研究を重視する考証学を発達させた人物はだれか。（　　　　　　　）

重要 **1** ［オスマン帝国］次の文章を読み，あとの問いに答えなさい。　　　　　　　［センター試験―改］

　　オスマン帝国は，イスラーム世界の代表的な帝国の1つである。この帝国は，最盛期には a アジア・アフリカ・ヨーロッパにまたがる広大な領土を有した。さまざまな民族を包含したオスマン帝国では，イスラーム法(シャリーア)とその補完のスルタンの法(カーヌーン)の規定に従って，b 税を支払えば，ユダヤ教徒やキリスト教徒もみずからの宗教を信仰することが許されていた。また，c 統治機構はオスマン帝国の初期から徐々に整えられ，d スレイマン1世の治世のもとで，君主の権威と権力を頂点にした中央集権的な組織としてほぼ確立した。

(1) 下線部 a について，オスマン帝国の支配下の都市の位置として正しいものを，右の地図中のア〜エから選べ。　　　（　　　）

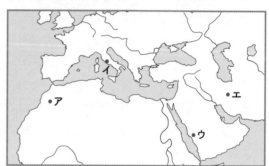

(2) 下線部 b について，税や税制の歴史に関する説明として正しいものを，次のア〜エから選べ。　　　（　　　）

　ア　アッバース朝では，アラブ人は土地税(ハラージュ)を免除された。

　イ　ムガル帝国のアクバル帝は，非イスラーム教徒に対する人頭税(ジズヤ)を廃止した。

　ウ　朝鮮王朝では，両税法が導入された。

　エ　明では，16世紀には，税や労役を金に一本化して納入する一条鞭法の改革が行われた。

(3) 下線部 c について，次の問いに答えなさい。

　① オスマン帝国の軍隊であるイェニチェリに関する説明として正しいものを，次のア〜エから選べ。　　　（　　　）

　ア　「スルタンの奴隷」として戦いの際に召集される傭兵であった。

　イ　支配地域のキリスト教徒の子弟を改宗させ，教育・訓練の後に編入した。

　ウ　12世紀に創設され，征服戦争で活躍した。

　エ　火器を装備した騎兵軍団であった。

　② オスマン帝国の宗教と統治についての記述として正しいものを，次のア〜エから選べ。

　　　　　　　　　　　　　　　　　　　　　　　　　　　　　　　　（　　　）

　ア　アリーの子孫だけを指導者と認めるスンナ派を国教とした。

　イ　イスラーム教の宗派ごとのミッレトと呼ばれる共同体の自治制度が適要された。

　ウ　ティマール制は，アッバース朝が始めたイクター制を継承したものであった。

　エ　マドラサで法学などのイスラーム諸学を修めたウラマーが行政を担当した。

(4) 下線部 d に関する説明として正しいものを，次のア〜エから選べ。　　　（　　　）

　ア　アンカラの戦いで勝利した。　　イ　ウィーン包囲戦(第1次)を行った。

　ウ　ビザンツ帝国を滅ぼした。　　　エ　マムルーク朝を滅ぼした。

重要 2 ［清］次の文章中の空欄に入る適語を答えなさい。また，あとの問いに答えなさい。［松山大一改］

明が滅亡した後，ₐ清は万里の長城をこえ中国支配に着手した。17世紀末以降，清は領土を拡張した。（①　　　　）帝はロシアと（②　　　　　　）条約を結んで東北部の国境を確定させ，モンゴルとチベットも服属させた。（③　　　　）帝はキャフタ条約を結び，モンゴル方面の国境と貿易方法を定めた。（④　　　　）帝は西モンゴルのジュンガルをも滅ぼした。この3代にわたる皇帝の時代は清の最盛期で，その領域では，ᵦイエズス会の宣教師が活躍し，清はᵪ宣教師を技術者として重用した。清は漢人の明にかわって中国を支配し，その支配の正当性を儒学によって裏づけようとし，儒学を振興して中国王朝の伝統を守る姿勢を示し儒学者を厚遇した。『康熙字典』や『古今図書集成』『d四庫全書』などの大規模な編纂事業を行い，古い書籍の保存に努めた。文学では官吏の腐敗を暴いた『儒林外史』などの小説が生まれ，ₑ民間の説話などからとった妖怪の物語や風刺的な話を集成した物語が人気を博した。

(1) 下線部ₐに関する説明として誤っているものを，次のア～エから選べ。（　　）
　ア 1636年，ホンタイジ（太宗）は国号を清と改めた。
　イ 北京の占領に，清の武将呉三桂が活躍した。
　ウ 乾隆帝は，ヨーロッパ船の来航を上海1港に制限した。
　エ モンゴル・青海・チベット・新疆は藩部として理藩院に統轄された。

(2) 下線部ᵦに関する説明として誤っているものを，次のア～エから選べ。（　　）
　ア 雍正帝の時期にキリスト教の布教を禁止した。
　イ イエズス会の宣教師は布教にあたって中国語を使い，中国文化を尊重した。
　ウ ローマ教皇はイエズス会の宣教師の中国での布教方法を認めた。
　エ イエズス会の宣教師は信者が孔子を崇拝することなどを認めた。

(3) 下線部ᵪのうち，ブーヴェに関する説明として正しいものを，次のア～エから選べ。（　　）
　ア 『崇禎暦書』を作成した。　イ 『坤輿万国全図』を作成した。
　ウ 円明園を設計した。　エ 『皇輿全覧図』を作成した。

(4) 下線部dが収納されている建築物を，次のア～ウから選べ。（　　）

ア 　イ 　ウ

(5) 下線部ₑにあてはまる書籍名として正しいものを，次のア～エから選べ。（　　）
　ア 『金瓶梅』　イ 『長生殿伝奇』　ウ 『桃花扇伝奇』　エ 『聊斎志異』

Hints
1️⃣ (3) イェニチェリは訓練した兵士からなる常備歩兵軍団。
2️⃣ (2) イエズス会の宣教師が，布教にあたり信者に孔子の崇拝などを認めたことがきっかけで典礼問題がおこり，雍正帝の時期にキリスト教の布教が禁じられた。

1 [オスマン帝国] 次の文章A，Bを読み，あとの問いに答えなさい。　　　　［昭和女子大一改］

A　オスマン帝国は，14世紀初めごろアナトリア北西部に誕生した大帝国である。14世紀末に創設されたイェニチェリ軍団は，軍事上重要な役割を果たした。第4代スルタン（ ① ）は1396年にバルカン諸国とフランス・ドイツの連合軍に勝利をおさめ，ドナウ川下流域を支配した。しかし1402年の（ ② ）の戦いでは（ ③ ）軍に敗れ，（①）は捕虜となり，オスマン帝国は一時解体の危機に瀕した。その後，国内ではイスラーム法とそれを補完するスルタンの法の下に行政機構を整えて統治を行い，対外的には遠征を繰り返して領土を広げた。（ ④ ）は1453年にコンスタンティノープルを攻略してビザンツ帝国を滅ぼし，ヨーロッパのキリスト教世界に大きな衝撃を与えた。

B　16世紀初めにセリム1世は（ ⑤ ）朝を滅ぼし，2つの聖都メッカとメディナを保護する権利を手に入れた。スレイマン1世の治世にオスマン帝国は絶頂期を迎える。一方，ヨーロッパではフランス国王フランソワ1世とスペイン国王カルロス1世が激しく対立した。カルロス1世は神聖ローマ皇帝カール5世も兼ねることとなり，より強大な権力を手に入れ，ここに a オスマン帝国，フランス，スペイン・神聖ローマ帝国（ハプスブルク家）との間に複雑な外交関係が生まれたのである。こうした政治的利害を背景に，スレイマン1世によって， b ウィーン包囲戦（第1次）が行われた。

(1) ①～⑤に入る適語を，あとの**ア**～**ク**から選べ。

　　　　　　①（　　　）　②（　　　）　③（　　　）　④（　　　）　⑤（　　　）

　ア アイユーブ　　**イ** マムルーク　　**ウ** メフメト2世　　**エ** ニコポリス

　オ サファヴィー　**カ** ティムール　　**キ** アンカラ　　　　**ク** バヤジット1世

(2) 下線部 **a** に関する記述として誤っているものを，次の**ア**～**エ**から選べ。　　　（　　　）

　ア フランソワ1世は，先王からイタリア戦争を引き継ぎ，カール5世と争った。

　イ スレイマン1世は，フランソワ1世と同盟関係を結び，ハプスブルク家に対抗した。

　ウ カール5世は，オスマン帝国の侵攻に対抗するとともに，宗教改革とルター派諸侯への対応に追われた。

　エ スレイマン1世は，サファヴィー朝のイラク東部に侵攻し，イスファハーンを攻略した。

(3) 下線部 **b** に関連して，ウィーン包囲戦（第1次）までにおきたでき事を時代順に並べた正しい組み合わせを，あとの**ア**～**エ**から選べ。　　　　　　　　　　　　　　　（　　　）

　a 神聖ローマ皇帝カール5世が即位した。

　b オスマン帝国が，モハーチの戦いでハンガリー軍を撃破した。

　c ドイツ農民戦争が勃発した。

　ア a→b→c　　**イ** a→c→b　　**ウ** b→a→c　　**エ** b→c→a

2 ［ムガル帝国］右の写真Ａと写真Ｂについて書かれた次の文章中の下線部が正しければ○を，誤っている場合は適語をあとの**ア～シ**から選びなさい。　　　［関西大一改］

　写真Ａは，ムガル帝国の皇帝 a アクバルが妃の墓廟（ぼびょう）として b デリーに造営した建築物である。基壇の四隅には高さ約 42 メートルの c ジッグラトがそびえ，インド＝イスラーム建築の最高傑作とされる。ティムールの流れをくむこの帝国の初代皇帝となる d バーブルは，16 世紀初頭には e サマルカンドに拠点を移し，北インドに進出し始め，1526 年には f 奴隷王朝を破り，帝国の基礎を築いた。同じころ，インドでは新たな宗教が生まれた。写真Ｂはその宗教の代表的寺院である。g ナーナクを開祖とするこの宗教は，神秘主義的傾向を強くもち，主にインド西北部の h デカン地方において勢力を誇ったが，17 世紀後半に入ると，スンナ派の厳格な信抑者で，他宗教にして厳しく臨んだ当時の皇帝と対立するようになっていった。　a（　　　）　b（　　　）　c（　　　）　d（　　　）

e（　　　）　f（　　　）　g（　　　）　h（　　　）

ア ミナレット　　**イ** ゴール朝　　**ウ** ミッレト　　　**エ** アイバク　　**オ** ロディー朝

カ カルカッタ　　**キ** ベンガル　　**ク** パンジャーブ　　**ケ** シャー＝ジャハーン

コ カーブル　　　**サ** アウラングゼーブ　　　　　**シ** アグラ

3 ［清］次の文章を読み，あとの問いに答えなさい。　　　　　　　　　　　　　　［青山学院大一改］

　チベット人・a 満洲人・モンゴル人は，もともとチベット仏教を信仰していた。16 世紀末にヌルハチが満洲人国家を打ち立てるとマンジュ・グルンと称した。さらに第 2 代ホンタイジは，中国語の「大清」の発音に対応したダイチン・グルンという国号を定めたが，これは満洲語・中国語の双方に対応するためであった。このように，清朝には，中国王朝とともに満洲（まんしゅう）王朝としての性格が強く，清朝皇帝は自らを文殊菩薩の化身であると位置づけた。b 乾隆（けんりゅう）帝（てい）もまたチベット仏教の信仰が厚く，70 歳の誕生日にはバンチェン＝ラマ（チベット仏教の高僧）に跪（ひざま）いて戒律を受けた。

(1) 下線部 a について，中国の漢人は満洲人の清に反感をもった。黄宗羲（こうそうぎ）と同じく明末清初の漢人の学者で，『日知録』を著した人物を，次の**ア～エ**から選べ。　　　　　（　　　）

　　ア 顧炎武（こえんぶ）　　**イ** 王羲之（おうぎし）　　**ウ** 銭大昕（せんたいきん）　　**エ** 梁啓超（りょうけいちょう）

(2) 下線部 b によってまとめられた叢書（そうしょ）として正しいものを，次の**ア～エ**から選べ。（　　　）

　　ア 『康熙字典（こうきじてん）』　　**イ** 『古今図書集成（ここんとしょしゅうせい）』　　**ウ** 『四庫全書（しこぜんしょ）』　　**エ** 『五経大全（ごきょうたいぜん）』

(3) 下線部 b の前の代の皇帝はだれか。　　　　　　　　　　　　　　　　　　（　　　）

<hr>

Hints

1 (1)⑤ 13 世紀半ば以降，シリアやエジプトを支配した王朝である。

　　(2) スレイマン 1 世はサファヴィー朝からイラク南部を奪った。

2 Ａはタージ＝マハル，Ｂはシク教の総本山ハリマンディル＝サーヒブ（黄金寺院）である。

3 (3) ロシアとキャフタ条約を結んだ皇帝である。

11 ルネサンスと宗教改革

STEP 1 基本問題

解答⊃ 別冊14ページ

1 ［ルネサンス］次の文章中の空欄に入る適語を答えなさい。また，あとの問いに答えなさい。

　ルネサンスは，まずイタリアで展開し，『神曲（しんきょく）』で知られる（①　　　　　）や『（②　　　　　　）』を著したボッカチオらが出た。イギリスの（③　　　　　　）は『ユートピア』でイギリス社会の不合理と不正を激しく非難した。ネーデルラントでは（④　　　　　）が『愚神礼賛（ぐしんらいさん）』で教会の腐敗を風刺し，フランスの（⑤　　　　　）は『ガルガンチュアとパンタグリュエルの物語』で社会風刺を行った。絵画では，イタリアで（⑥　　　　　）が「ヴィーナスの誕生」を描き，ネーデルラントの（⑦　　　　　　）は農民の生活を描いた。レオナルド゠ダ゠ヴィンチは絵画のほか，解剖学をはじめ自然諸科学と応用技術にも才能を示した。また，この時代には科学の新しい考え方が生まれ，ポーランドの（⑧　　　　　　）が地動説を唱えた。火器・羅針盤・活版印刷術は，実際にはいずれも中国で発明されていたものであったが，活版印刷術は，ドイツの（⑨　　　　　　）によって改良・実用化された。

(1) ルネサンスの最初の中心地となったイタリアの都市を，次のア〜エから選べ。　　　　　　（　　）

　　ア ミラノ　　　　　イ フィレンツェ
　　ウ ヴェネツィア　　エ ナポリ

(2) ルネサンス期に，学者や芸術家を保護し，(1)を支配したイタリアの富豪は何家か。　　　（　　　　）

(3) レオナルド゠ダ゠ヴィンチが描いた絵を，次のア〜ウから選べ。　　　　　　（　　）

ア　　　　　イ　　　　　　ウ

2 ［宗教改革］次の文章中の空欄に入る適語を答えなさい。また，あとの問いに答えなさい。

1517年に，（①　　　　　　）がローマ教皇庁の贖宥状の乱発に対し九十五か条の論題で異議を唱えたことからドイツの宗教改革が始まり，彼の最大の庇護者である（②　　　　　　）選帝侯をはじめ，ドイツのさまざまな階層の人々に支持された。スイスでは，（③　　　　　　）が，ジュネーヴで独自の宗教改革を行い，「（④　　　　　　）」を説いた。こうした改革に対抗するために教会が行った内部刷新と新教に対する巻き返し運動をカトリック改革（対抗宗教改革）という。1545年から開かれた（⑤　　　　　　）公会議では，教皇の至上権が再確認される一方，教会内の綱紀粛正もはかられた。一方，イギリスでは，国王ヘンリ8世が教皇と対立したことによって，宗教改革が始まった。ヘンリ8世は1534年の（⑥　　　　　　）法でカトリックから分離・独立し，さらに修道院を廃止した。しかし，教義面の改革が進んだのは長男の国王エドワード6世の治世であった。その次の国王（⑦　　　　　　）はスペイン王室と結んでカトリックを復活しようと企てたが，国王（⑧　　　　　　）の治世になり，1559年の（⑨　　　　　　）法でイギリス独自の教会体制が確立した。

(1) 贖宥状を売り出した教皇はだれか。　（　　　　　　　　）
(2) イングランドの新教徒は何と呼ばれたか。
　　　　　　　　　　　　　　　　　　　（　　　　　　　　）

得点UP

▶ドイツの宗教改革
①ルター…九十五か条の論題を発表。
②ヴォルムスの帝国議会…カール5世がルターを呼び出す。
▶スイスの宗教改革
①ツヴィングリ…チューリヒで開始。
②カルヴァン…ジュネーヴで開始。「予定説」。

注意

▶カルヴァン派の国による呼び名
①プレスビテリアン→スコットランド
②ピューリタン→イングランド
③ユグノー→フランス
④ゴイセン→オランダ
▶首長法と統一法
　首長法は，1534年にヘンリ8世が発布。統一法は，1559年にエリザベス1世が発布。

☑ サクッとCHECK

● 次の文が正しければ○，誤っていれば×を書きなさい。
❶ ルネサンスを保護したフィレンツェの富豪はフッガー家である。　　　　　　（　　　）
❷ ミケランジェロは，彫刻「ダヴィデ像」や絵画「最後の審判」を制作した。　（　　　）
❸ スイスで最初に宗教改革を開始したのはツヴィングリである。　　　　　　（　　　）
❹ ドイツ農民戦争を指導した人物はミュンツァーである。　　　　　　　　　（　　　）
❺ 統一法を制定し，イギリス国教会を確立したのはヘンリ8世である。　　　（　　　）
● 次の各問いに答えなさい。
❻ 『君主論』を著し，イタリア統一の方法を模索した人物はだれか。　（　　　　　）
❼ 教会の腐敗を風刺したエラスムスの著作は何か。　　　　　　　　（　　　　　）
❽ カトリック教会が勢力回復のため，1545年に開いた会議は何か。　（　　　　　）
❾ カトリック改革の一環としてイグナティウス=ロヨラらが結成したのは何か。（　　　　　）
❿ カトリックに対し，新教徒の人々は何と呼ばれたか。　　　　　　（　　　　　）

解答⊙ 別冊 15 ページ

重要 **1** ［ルネサンス］次の文章中の空欄に入る適語を答えなさい。また，あとの問いに答えなさい。

［成蹊大一改］

　中世末期の西ヨーロッパでは，文化や思想の面にも新しい動きが現れ，個性の自由な発揮と古い束縛からの解放が求められた。このような人間中心の生きかたへの転換が，文学・芸術・思想・科学の分野に革新を引きおこした。この文化活動はルネサンスと呼ばれる。イタリアのルネサンスの先駆けとなったダンテは，叙事詩『神曲（しんきょく）』を書いた。また（①　　　　　　　）は『デカメロン』を著し，近代小説の先駆者となった。建築では，ルネサンス様式がおこり，（②　　　　　　　　　）が最初に設計・竣工（しゅんこう）したローマのサン゠ピエトロ大聖堂は，ルネサンス様式の代表例である。16 世紀にかけて巨匠が現れ，イタリアにおけるルネサンスの最盛期を迎えた。（③　　　　　　　　　　　　）は，自然科学の分野にも通じた万能人（ばんのうじん）であり，「モナ゠リザ」や「最後の晩餐（さいごのばんさん）」を描いている。ラファエロは数多くの聖母子像を描いた。（④　　　　　　　）は「ダヴィデ像」などの彫刻を制作した。

　イタリアよりやや遅れて，西ヨーロッパ諸国にもルネサンスの動きが見られた。16 世紀初頭，これらの国ではキリスト教的人文主義者が輩出した。エラスムスは，『愚神礼賛（ぐしんらいさん）』を著し，教会・聖職者や学者の腐敗を風刺した。文学でも各国に優れた作品が生まれた。イギリスでは，14 世紀末にチョーサー，16 世紀にはモア，エリザベス 1 世時代には（⑤　　　　　　　）が出て『ハムレット』などの傑作を残した。スペインではセルバンテス，フランスではラブレーの著作が名高い。美術では，ネーデルラント地方やドイツに優れた画家が 15 世紀から 16 世紀にかけて多数輩出した。

　ルネサンス時代には，技術開発や発明も盛んに行われた。そのなかでも活版印刷術・羅針盤・火器は，その後の文化・社会の発展に大きく寄与した。科学はキリスト教の教義としばしば対立したが，その合理性ゆえにしだいに定着した。16 世紀に（⑥　　　　　　　　　）が地動説を数学的に裏づけたが，地動説に基づく宇宙観を唱えた（⑦　　　　　　　　）は，宗教裁判によって処刑された。その後 17 世紀には，（⑧　　　　　　　）が地動説の立場から惑星運行の法則を発見した。

(1) 下線部に関する説明として誤っているものを，次のア～エから選べ。　　　　　（　　　）

　　ア ルネサンスとは「再生」の意味であり，14 世紀にイタリアで始まった。

　　イ フィレンツェは，メディチ家の保護のもと，イタリアのルネサンス最大の中心となった。

　　ウ ルネサンスの学者や芸術家の多くは，大商人や権力者の保護のもとで活動した。

　　エ ラファエロの庇護者となったカール 5 世は，フランスにルネサンスを導入した。

(2) ルネサンス時代に属さない画家の名を，次のア～エから選べ。

　　　　　　　　　　　　　　　　　　　　　　　　　　　　　　　　　　　　（　　　）

　　ア デューラー　　　**イ** ファン゠アイク兄弟

　　ウ ブリューゲル　　**エ** ドラクロワ

重要 **2** ［宗教改革］略年表の中の空欄に入る適語を，あとの**ア～エ**からそれぞれ選びなさい。また，あとの問いに答えなさい。

[(1)佛教大・(2)～(5)愛知教育大一改]

1517	a ルター，九十五か条の論題を発表
1521	贖宥状を販売したローマ教皇 ① ，ルターを破門
	b ヴォルムス帝国議会
1523	② ，チューリヒで宗教改革を開始
1524	ドイツ農民戦争(～25年)
1530	シュマルカルデン同盟成立
1534	c イエズス会結成
	ヘンリ8世，首長法発布→イギリス国教会成立
1541	d カルヴァン，ジュネーヴで宗教改革を開始
1545	トリエント公会議(～63年)
1555	e アウクスブルクの和議
1559	③ ，統一法発布

① ア グレゴリウス7世
　 イ レオ10世
　 ウ ボニファティウス8世
　 エ インノケンティウス3世
② ア エラスムス
　 イ ジョン=ボール
　 ウ ツヴィングリ
　 エ ウィクリフ
③ ア エリザベス1世
　 イ メアリ1世
　 ウ メアリ2世
　 エ アン女王

①（　　　）②（　　　）③（　　　）

記述 (1) 右の版画は，下線部 **a** の背景となった当時の状況を表したものである。その内容を簡潔に説明せよ。

（　　　　　　　　　　　　　　　　）

(2) 下線部 **b** でルターに自説の撤回を求めた神聖ローマ皇帝を，次から選べ。

（　　　）

ア ハインリヒ4世　　**イ** ヨーゼフ2世　　**ウ** エドワード6世　　**エ** カール5世

(3) 下線部 **c** の創設者として最も適当なものを，次の**ア～エ**から選べ。　（　　　）

ア トマス=アクィナス　　**イ** ベネディクトゥス
ウ ラス=カサス　　　　　**エ** イグナティウス=ロヨラ

(4) 下線部 **d** に関する記述として正しいものを，次の**ア～エ**から選べ。　（　　　）

ア 予定説を唱えた。　　　**イ** 『新約聖書』のドイツ語訳を行った。
イ 長老主義を廃止した。　**エ** 『愚神礼賛』を著した。

(5) 下線部 **e** に関する**X・Y**の正誤の正しい組み合わせを，あとの**ア～エ**から選べ。（　　　）

X：ルター派が公認された。　　　**Y**：個人の信仰の自由が認められた。

ア X—正　Y—正　　**イ** X—正　Y—誤　　**ウ** X—誤　Y—正　　**エ** X—誤　Y—誤

Hints

1 (1)ルネサンスは，14世紀からイタリアのフィレンツェを中心に始まった。
　 (2)ルネサンスの時代に属さない画家とは，19世紀に「キオス島の虐殺」を描いた人物である。
2 ③イ．メアリ1世はカトリック教徒で，スペインの皇太子と結婚しカトリック復活を企てた。
　 (1)当時の教皇はサン=ピエトロ大聖堂の改築資金を調達しようとしていた。

近世ヨーロッパの形成

STEP ① 基本問題

解答 ➔ 別冊 15 ページ

1 ［主権国家］次の略年表は，イギリス・オランダ・スペインの主権国家体制の形成に関する流れを示したものである。空欄に入る適語を答えなさい。

1485	イギリスでヘンリ 7 世が即位し，（①　　　　　　　）朝成立
1516	カルロス 1 世が即位し，スペインで（②　　　　　　　）朝が始まる
1568	オランダ独立戦争が始まる
1571	スペイン海軍が（③　　　　　　　）の海戦でオスマン帝国を破る
1581	オランダ独立宣言。ネーデルラント連邦共和国の成立
1588	イギリスの国王（④　　　　　　　）のとき，スペインの無敵艦隊（アルマダ）を破る

2 ［イギリス革命］次の文章中の空欄に入る適語を答えなさい。

エリザベス 1 世の後を継いだ（①　　　　　　　）は，王権神授説を唱えて専制政治を行い，次の（②　　　　　　　）のときには議会と対立したため，1628 年に議会は王に（③　　　　　　　）を認めさせた。その後も王は議会を無視したため内乱がおこり，独立派の（④　　　　　　　）が 1649 年に国王を処刑して共和政をしいた。（④）が実権を握った議会はオランダの覇権に対抗するため，1651 年に（⑤　　　　　　　）法を制定し，イギリスの商権を拡大させたが，その独裁体制は国民の不満を招き，1660 年には王政が復活した。王位に就いた（⑥　　　　　　　）は専制政治を行い，議会と衝突したので，議会は（⑦　　　　　　　）法を定めて官職を国教徒に限ることにし，また，（⑧　　　　　　　）法を定めて自由を確保しようとした。次の国王（⑨　　　　　　　）もカトリックと絶対王政の復活に固執したので，議会は，オランダからウィレム 3 世とメアリを迎えた。2 人は議会がまとめた（⑩　　　　　　　）を受け入れ，ウィリアム 3 世・メアリ 2 世として王位に就き，議会は（⑩）を（⑪　　　　　　　）として制定した。

64

Guide

▶イタリア戦争

神聖ローマ帝国・スペイン王家（ハプスブルク家）とフランスの支配権争いで，主権国家体制のはじまりとなる。

▶イギリス革命関連の国王

①ジェームズ 1 世…ステュアート朝を創始。

②チャールズ 1 世…権利の請願。革命で処刑。

③チャールズ 2 世…王政復古。議会が審査法・人身保護法を可決。

④ジェームズ 2 世…ウィレム 3 世が招かれた後，フランスに亡命。

⚠ 注意 **政党の誕生**

トーリ党は王権を重視。ホイッグ党は議会の権利を主張。

 18 世紀の戦争

①スペイン継承戦争…フランス対オーストリアなど。ユトレヒト条約。

②オーストリア継承戦争…プロイセン・フランス対オーストリア・イギリス。プロイセンがシュレジエンを獲得。

③七年戦争…プロイセン・イギリス対オーストリア・フランス・ロシア。

3 ［フランスと東欧］次の文章中の空欄に入る適語を答えなさい。

フランスは国王（①　　　　　　　　）のとき絶対王政の最盛期を迎えていたが，スペイン継承戦争では多くの海外領土を失い，ナントの王令の廃止は国内産業の衰退を招いた。プロイセンはフリードリヒ゠ヴィルヘルム1世のもとで発展を遂げ，18世紀半ばに，（②　　　　　　　　　　　）はオーストリアの王位継承問題をきっかけにオーストリアと戦った。一方，ロシアではロマノフ朝のもとで農奴制が強化されていき，大規模な農民反乱がおこるようになった。皇帝（③　　　　　　　　）はシベリア経営をすすめるとともに，北方戦争でスウェーデンを破った。18世紀後半の皇帝（④　　　　　　　　）は，ポーランド分割にかかわった。ポーランド側は第2回のときには義勇軍が抗戦したが，ロシアに敗れ，第3回の分割によりポーランドは国家として滅亡した。

4 ［大西洋三角貿易］次の文章を読み，あとの問いに答えなさい。

大西洋三角貿易を通じ，大きな利益と植民地を得ていたイギリス，フランス両国は，1701年のスペイン継承戦争以後，植民地と世界商業の覇権をめぐって激しく対立した。

(1) 三角貿易を示した右図の①・②に入る貿易品を，次のア〜エからそれぞれ選べ。

①（　　　　） ②（　　　　）

ア　絹織物　　　　イ　茶・陶磁器

ウ　武器・雑貨　　エ　砂糖・綿花・タバコ・コーヒー

(2) スペイン継承戦争の講和条約は何か。（　　　　　　　　　）

第1章
第2章
第3章
第4章
総合

得点UP　ヨーロッパでの戦争と英仏の植民地戦争

①ファルツ戦争…ウィリアム王戦争（北米）

②スペイン継承戦争…アン女王戦争（北米）—ユトレヒト条約

③オーストリア継承戦争…ジョージ王戦争（北米）—アーヘンの和約

④七年戦争…フレンチ゠インディアン戦争（北米），プラッシーの戦い（インド）—パリ条約

参考　各国のアジア拠点

①ポルトガル…ゴア・マカオ

②スペイン…マニラ

③オランダ…バタヴィア

④イギリス…ボンベイ・マドラス・カルカッタ

⑤フランス…ポンディシェリ・シャンデルナゴル

☑ サクッとCHECK

● 次の文が正しければ○，誤っていれば×を書きなさい。

❶ クロムウェルは審査法を制定して，独裁政治を行った。　　　　　　　　　　（　　　）

❷ 統一法を制定し，イギリス国教会を確立したのはヘンリ8世である。　　　　（　　　）

❸ アンボイナ事件をきっかけに，イギリスはオランダを駆逐した。　　　　　　（　　　）

❹ スペインは，フェリペ2世の時代に最盛期を迎えた。　　　　　　　　　　　（　　　）

❺ フランスでブルボン朝を開いたのは，アンリ4世である。　　　　　　　　　（　　　）

● 次の各問いに答えなさい。

❻ 1494年から始まり，主権国家体制の契機となった戦争は何か。　　　　　　（　　　　　　　）

❼ チャールズ1世の専制に対して，議会が提出したものは何か。　　　　　　　（　　　　　　　）

❽ 1648年に，フランスの貴族らがおこした反乱を何というか。　　　　　　　（　　　　　　　）

❾ 国際法理論を創始した人物はだれか。　　　　　　　　　　　　　　　　　　（　　　　　　　）

❿ 『諸国民の富（国富論）』を著したイギリスの経済学者はだれか。　　　　　（　　　　　　　）

重要 **1** ［主権国家の形成］次の文章を読み，あとの問いに答えなさい。   ［関西学院大一改］

　15 世紀末ごろからヨーロッパ各国で近代国家が形成されはじめ，その過程で a 絶対王政が生まれた。こうした新しい政治体制と国際秩序形成のきっかけとなったのが b イタリア戦争である。このようななかでスペインは，カルロス 1 世が神聖ローマ皇帝に選出され，広大な支配領域を獲得した。彼の息子であるフェリペ 2 世のもとでスペインは全盛期を迎えたが，c オランダ独立戦争の勃発などで国力は衰退に向かった。

　一方フランスは，百年戦争を終えた後，16 世紀には中央集権国家への道を歩みはじめたが，拡大するユグノーと呼ばれるカルヴァン派とカトリック教徒の間で d ユグノー戦争が勃発した。17 世紀になり e ルイ 13 世の治世になると，王権は強化されていった。

(1) 下線部 a について，絶対王政に関する説明として誤っているものを，次の**ア～エ**から選べ。　　　　　　　　　　　　　　　　　　　　　　　　　　　　　　　　　　　　　（　　　）

　　ア ルイ 13 世に仕えたフィルマーは，絶対王政を正当化する王権神授説を唱えた。

　　イ ルイ 14 世は「朕は国家なり」と称したといわれる。

　　ウ ヘンリ 7 世の設けた星室庁裁判所は，絶対王政の確立を促した。

　　エ 国家が積極的に経済活動に介入する，重商主義が採用された。

(2) 下線部 b について，イタリア戦争に関する説明として誤っているものを，次の**ア～エ**から選べ。　　　　　　　　　　　　　　　　　　　　　　　　　　　　　　　　　　　（　　　）

　　ア イタリア支配をめぐる，神聖ローマ皇帝とフランス王の戦いである。

　　イ フランソワ 1 世は，スレイマン 1 世と同盟を結んだ。

　　ウ 1559 年のウェストファリア条約で終結した。

　　エ この戦争以降，ルネサンスの中心はアルプス以北の諸国に移った。

(3) 下線部 c について，オランダ独立戦争をめぐるでき事について，時代順に並べた正しい組み合わせを，次の**ア～エ**から選べ。　　　　　　　　　　　　　　　　　　　　（　　　）

　　ア オランダ独立宣言→ユトレヒト同盟結成→イギリスによる無敵艦隊（アルマダ）の撃退

　　イ ユトレヒト同盟結成→オランダ独立宣言→イギリスによる無敵艦隊（アルマダ）の撃退

　　ウ ユトレヒト同盟結成→イギリスによる無敵艦隊（アルマダ）の撃退→オランダ独立宣言

　　エ オランダ独立宣言→イギリスによる無敵艦隊（アルマダ）の撃退→ユトレヒト同盟結成

(4) 下線部 d について，ユグノー戦争に関する説明として誤っているものを，次の**ア～エ**から選べ。　　　　　　　　　　　　　　　　　　　　　　　　　　　　　　　　　　　（　　　）

　　ア シャルル 9 世と，その母親で摂政のカトリーヌ゠ド゠メディシスの治世下におこった。

　　イ サンバルテルミの虐殺では，ユグノーがカトリックを急襲した。

　　ウ ナントの王令によって，ユグノーに信仰の自由が認められた。

　　エ アンリ 4 世は，ユグノーの指導者からカトリックとなった。

(5) 下線部 e の治世に関する説明として誤っているものを，次頁の**ア～エ**から選べ。（　　　）

ア フィリップ 4 世が設立した全国三部会の招集が停止された。

イ 大貴族やユグノーを抑えて，王権の強化に努めた。

ウ 宰相リシュリューが，三十年戦争に介入した。

エ フランス東インド会社が再建され，アジア進出が進められた。

2 ［17〜18世紀のヨーロッパ文化］次の各問いに答えなさい。 ［南山大一改］

(1) イギリスの科学者による発見として誤っているものを，次の**ア〜エ**から選べ。 （　　　）

ア 気体の体積と圧力の関係　　**イ** 血液循環の原理

ウ 惑星運行の法則　　　　　　**エ** 万有引力の法則

(2) 17〜18 世紀の学者や思想家に関する記述として正しいものを，次の**ア〜エ**から選べ。

（　　　）

ア デカルトは実験と観察から一般法則を導く演繹法(えんえき)による合理論を確立した。

イ 『哲学書簡』で知られるヴォルテールはフリードリヒ 2 世の宮廷に招かれた。

ウ ケネーは，『社会契約論』を著して自由と平等，人民主権を主張した。

エ ルソーは，『人間不平等起源論』を著して，国家の廃止を説く無政府主義を主張した。

(3) 17〜18 世紀の文化に関する記述として誤っているものを，次の**ア〜エ**から選べ。（　　　）

ア イギリスのデフォーは『ガリヴァー旅行記』を著した。

イ イギリスのロックは，不法な統治に対する人民の抵抗権を擁護した。

ウ 17 世紀後半から，シノワズリ(中国趣味)がヨーロッパで流行した。

エ プロイセンのポツダムに，サンスーシ宮殿が建てられた。

図1

(4) 右の図 1 は「夜警(やけい)」という題の絵である。この絵の作者を，次の

ア〜エから選べ。 （　　　）

ア ルーベンス　　　**イ** ベラスケス

ウ レンブラント　　**エ** ドラクロワ

図2

(5) 17 世紀フランスの代表的な喜劇作家を，次の**ア〜エ**から選べ。

（　　　）

ア コルベール　　**イ** モリエール

ウ コルネイユ　　**エ** ラシーヌ

(6) 右の図 2 のヴェルサイユ宮殿に代表される美術様式を何というか。

（　　　　　　　　）

Hints

1 (3) オランダ独立を支援するイギリスに対抗するためにスペインは無敵艦隊(アルマダ)を送ったが，敗れた。

　(4) ユグノー戦争は，シャルル 9 世とカトリーヌ＝ド＝メディシスのもとでおこった内乱である。

2 (1) **ア**はボイル，**イ**はハーヴェー，**ウ**はケプラー，**エ**はニュートンによる発見である。

　(6) これにかわり，18 世紀に広まった繊細優美な美術様式を，ロココ様式という。

重要 **1** ［名誉革命］次の文章中の空欄に入る適語を答えなさい。また，あとの問いに答えなさい。

［愛知教育大一改］

　クロムウェルの独裁体制に不満が高まり，（①　　　　　　　　　　）を即位させて王政が復活したが，専制政治が強化され，カトリックの復興が企てられた。そこで議会は，ₐ審査法と人身保護法を可決して王に対抗した。国王（②　　　　　　　　）の代も継続して絶対王政への動きが強まったので，議会は，国王大権と国教会を重んじる（③　　　　　）党と議会の権利に力点を置く（④　　　　　　）党の両党の妥協の結果，新たにオランダ総督のウィレム3世夫妻を国王として招き，「無血革命」を成功させた。議会は，国民の生命・財産の保護・言論の自由などを定めた権利の宣言（権利宣言）を，ウィレム3世夫妻のウィリアム3世・メアリ2世としての王位就任と同時に承認させ，ᵦ権利の章典として制定した。ここに，イギリス立憲議会の基礎が築かれることになった。

記述 (1) 下線部 a について，審査法と人身保護法の内容を簡潔に説明せよ。

　　審査法（　　　　　　　　　　　　　　　　　　　　　　　　　　）

　　人身保護法（　　　　　　　　　　　　　　　　　　　　　　　　　）

(2) 下線部 b についての記述として誤っているものを，次のア～エから選べ。　（　　　）

　　ア　王権に対する議会の優位が確立された。

　　イ　以後のイギリス立憲政治における原点となった。

　　ウ　「王は君臨すれども統治せず」という伝統が生まれた。

　　エ　王は議会の承認・同意があれば，税金を課し，平時に常備軍をもつことができる。

重要 **2** ［ドイツ・フランス］次の文章中の空欄に入る適語を答えなさい。また，あとの問いに答えなさい。

　ヨーロッパの経済・社会・政治のすべての領域が停滞した時期に，ドイツで発生した戦乱をₐ三十年戦争という。この戦乱はプロテスタントとカトリックの対立が原因で発生したが，のちには政治的な対立が強いものとなった。この戦争は1648年のᵦウェストファリア条約をもって終結したが，戦場となったドイツの荒廃はすさまじく，ドイツの近代化は大幅に遅れることとなった。しかし，北方の꜀プロイセンは戦争の被害が比較的浅かったため，（①　　　　　　　　　　）家のもと急速に台頭しはじめた。フリードリヒ2世の代に𝒹オーストリア継承戦争に参戦し，その後のₑ七年戦争で，ヨーロッパの強国になった。

　フランスの絶対王政の体制は，コルベールを財務総監に任命したルイ14世の代に最盛期を迎えた。しかし，ルイ14世が1685年に（②　　　　　　　　）を廃止したため，多数のユグノーの商工業市民が亡命し，フランスの産業は大きな打撃を受けた。また，ルイ14世が行った侵略戦争のなかでも，ᶠスペイン継承戦争は北米植民地にも飛び火することとなったが，1713年に（③　　　　　　　）条約で終結し，ɡフランスとスペインの領土ないし植民地の一部は，イギリスに割譲された。

(1) 下線部 a に関する記述として誤っているものを，次のア〜エから選べ。　　　　（　　　）

　　ア　ハプスブルク家が，ベーメンの住民にカトリックを強制したことがきっかけで発生した。

　　イ　カトリック側では，傭兵隊長ヴァレンシュタインが活躍した。

　　ウ　デンマーク国王グスタフ＝アドルフは，プロテスタント側で参戦した。

　　エ　フランスはカトリック国であるが，反皇帝側に立って戦争に参加した。

(2) 下線部 b で，独立が国際的に承認された 2 つの国はどこか。（　　　　・　　　　）

(3) 下線部 c で地方行政を担当した領主層を，一般に何と呼ぶか。　　（　　　　　）

(4) 下線部 d の後，プロイセンが獲得した領土はどこか。　　　　　　（　　　　　）

(5) 下線部 e に関する記述として誤っているものを，次のア〜エから選べ。（　　　）

　　ア　オーストリアのマリア＝テレジアはフランスと同盟した。

　　イ　ロシアはオーストリア側についた。

　　ウ　スペインとイギリスはプロイセンを援助した。

　　エ　1756 年から 1763 年の 7 年間続いた。

難問 (6) 下線部 f について，スペイン継承戦争と並行しておきた，北アメリカにおける英仏の植民地戦争を何というか。

　　　　　　　　　　　　　　　　（　　　　　　　　）

難問 (7) 下線部 g について，スペインがイギリスに割譲したうちの一つを，右の地図中のア〜エから選べ。　　　　（　　　）

3　［ロシア］次の文章中の空欄に入る適語を答えなさい。また，あとの問いに答えなさい。

　　ロシアでは皇帝（①　　　　　　　　）の代に，南ロシアから a シベリアにかけて領土が拡大したが，その死後は内紛が続いた。その混乱を収めたミハイルが（②　　　　　　）朝を創始し，専制支配と農奴制を強化した。その後，皇帝（③　　　　　　）の改革によって近代化が進められ，b 対外政策においてはシベリア経営を発展させる一方，オスマン帝国を圧迫してアゾフ海に進出した。次いで（④　　　　）戦争でスウェーデンを破り，バルト海沿岸に勢力を確立した。18 世紀後半，皇帝（⑤　　　　　　　　）が多くの改革を試みたが，1773 年には c 農民の大反乱が勃発し，農奴制はかえって強化された。

(1) 下線部 a を占領したコサックの首領はだれか。　　　　　　　　（　　　　　）

(2) 下線部 b に関連して，ロシアが 1689 年に清朝との間に締結した条約は何か。

　　　　　　　　　　　　　　　　　　　　　　　　　　　（　　　　　　　　）

(3) 下線部 c を指導したのはだれか。　　　　　　　　　　　　　（　　　　　）

Hints

1　(2) 権利の章典により，議会政治の基礎が確立した。

2　(1) 神聖ローマ皇帝側の傭兵隊長ヴァレンシュタインの活躍に対し，スウェーデン国王が参戦した。

　　(7) イギリスはスペインからジブラルタル・ミノルカ島を得た。

3　(2) 清の皇帝が康熙帝(こうき)のときに結ばれた。

重要 **1** 次の文章中の空欄に入る適語を答えなさい。また，あとの問いに答えなさい。 ［近畿大一改］

　オスマン帝国は a バルカン半島に進出したのちビザンツ帝国を滅ぼした。さらに（ ① ）朝を滅ぼしてメッカ・メディナ両都市の保護権を得て，オスマン帝国のスルタンは，スンナ派を守護する勢力の中心となった。スルタンの軍隊は，（ ② ）制のもとに集められた部隊と，b イェニチェリと呼ばれる歩兵部隊からなっていた。オスマン帝国最盛期のスレイマン 1 世はフランスと結んで神聖ローマ帝国に対抗する一方で，（ ③ ）の海戦でヴェネツィア・スペインなどの連合艦隊を破り，c 北アフリカにも支配を広げた。オスマン帝国では，（ ④ ）と呼ばれるイスラーム法に基づいて統治が行われた。その一方で，d 帝国内の異教徒による共同体にも法に基づく自治が認められ，イスラーム教徒との共存がはかられた。

(1) 下線部 a について，ニコポリスの戦いでバルカン諸国を破ったオスマン帝国の君主はだれか。

難問 (2) 下線部 b に関連して，キリスト教徒の子弟を徴発し，ムスリムとして教育して官僚，軍人とする制度を何というか。次からの**ア**〜**エ**から選べ。

　　ア カピチュレーション　　**イ** イクター　　**ウ** マンサブダール　　**エ** デヴシルメ

(3) 下線部 c に関連して，スレイマン 1 世の代に北アフリカとの交易で栄え，ニジェール川流域を支配していたイスラーム王国を，次の**ア**〜**エ**から選べ。

　　ア ソンガイ王国　　**イ** マリ王国　　**ウ** モノモタパ王国　　**エ** ガーナ王国

(4) 下線部 d の制度は，オスマン帝国下で何と呼ばれたか。

①	②	③	④
(1)	(2)	(3)	(4)

2 次の文章を読み，あとの問いに答えなさい。 ［中部大一改］

　中国では古代以来，王朝による体制が築かれてきた。a 17 世紀に入ると，清朝第 4 代皇帝（ ① ）が台湾を領土とする一方で国内の反乱を鎮め，統治の基礎を固めた。第 5 代（ ② ）の時代には，b 皇帝直属の諮問機関が設置され，皇帝中心の政治が目ざされた。また，c 清朝は大規模な編纂事業をおこすなど，国家の事業として中国文化を集大成しようとした。

(1) 文中の①，②に入る皇帝名の正しい組み合わせを，次の**ア**〜**エ**から選べ。

　　ア ①雍正帝　②乾隆帝　　**イ** ①雍正帝　②康熙帝

　　ウ ①康熙帝　②乾隆帝　　**エ** ①康熙帝　②雍正帝

(2) 下線部 a の時期におこったでき事として正しいものを，次の**ア**〜**エ**から選べ。

　　ア タイで，アユタヤ朝が成立した。　　**イ** アメリカで，ボストン茶会事件がおきた。

　　ウ コルテスが，メキシコを征服した。

　　エ オスマン帝国が，ウィーン包囲戦（第 2 次）に失敗した。

(3) 下線部 b に関連して，清朝第 5 代皇帝の時に設置された皇帝直属の諮問機関は何か。

(4) 下線部 c に関する記述として正しいものを，次のア～エから選べ。

　　ア 『大蔵経』が印刷された。　　イ 『四庫全書』がまとめられた。

　　ウ 『詩経』がまとめられた。　　エ 『天工開物』が著された。

(1)	(2)	(3)	(4)

---

3 次の文章を読み，あとの問いに答えなさい。 〔(1)(3)早稲田大・(2)名古屋大一改〕

　ヨーロッパでは 16 世紀後半から 17 世紀中ごろにかけて，カトリックと a プロテスタントの対立の激化から宗教戦争がおこった。フランスでは 16 世紀半ばにユグノーと呼ばれるカルヴァン派勢力が拡大し，16 世紀後半に b ユグノー戦争という内乱が勃発した。ドイツでは，1555 年のアウクスブルクの和議以降は平静が保たれていたが，カトリック・プロテスタント両派の諸侯が同盟や連盟を結成して対立し，1618 年，ベーメン（ボヘミア）の新教徒がハプスブルク家によるプロテスタント弾圧に反抗したのをきっかけに三十年戦争が始まった。c この戦争は，宗教的・地域的な対立をこえ，外国勢力も介入する大規模な国際戦争として展開され，1648 年のウェストファリア条約で終結した。多くのヨーロッパ諸国・諸邦が独立国家として国際会議に参加し，その結果として戦争の講和条約がまとめられたことは，ヨーロッパの近代的な外交による主権国家体制を示すものとなった。

(1) 下線部 a に関連して，ルターやルター派についての記述として誤っているものを，次のア～エから選べ。

　　ア ルターは，『キリスト者の自由』を著した。

　　イ ルターは教皇レオ 10 世から破門され，皇帝カール 5 世にヴォルムスの帝国議会に呼び出されたが，自説を撤回しなかった。

　　ウ ルターは，ザクセン選帝侯の保護のもとで『新約聖書』のドイツ語訳を完成した。

　　エ ルター派は，領邦教会制度を否定し，教会・修道院の廃止や儀式の改革を進めた。

記述 (2) 下線部 b の最中におきたサンバルテルミの虐殺について簡潔に説明せよ。

難問 (3) 下線部 c に関連して，三十年戦争とウェストファリア条約に関する記述として誤っているものを，次のア～エから選べ。

　　ア 傭兵隊長ヴァレンシュタインが，カトリック側に立って戦った。

　　イ スウェーデン国王グスタフ゠アドルフは，プロテスタント側に立って戦った。

　　ウ ウェストファリア条約で，フランスはアルザスとロレーヌの一部を獲得した。

　　エ ウェストファリア条約で，デンマークは北ドイツ沿岸の西ポンメルンなどを獲得した。

(1)	(2)	
		(3)

13 産業革命と環大西洋革命

STEP ① 基本問題

解答⊕ 別冊18ページ

1 ［産業革命］次の文章中の空欄に入る適語を答えなさい。また，あとの問いに答えなさい。

18世紀のイギリスでは，インド産の（① ＿＿＿＿）織物が（② ＿＿＿＿）織物にかわって需要が高まり，（①）工業の部門で産業革命が進展し，紡績・動力関連の新技術の開発・発明が促進された。19世紀には，交通革命により，世界各地の交流発展が促進された。産業革命の結果，（③ ＿＿＿＿）主義経済体制が確立し，資本家と労働者の2大階級が形成される一方，大都市では社会問題や労働問題が発生した。

(1) 表中の④〜⑥に入る人物を答えよ。

(2) 綿工業の中心地として発達したイングランド中西部の都市はどこか。（ ＿＿＿＿）

人物	発明・改良
（④ ＿＿＿＿）	蒸気機関の改良
（⑤ ＿＿＿＿）	力織機
（⑥ ＿＿＿＿）	飛び杼

2 ［アメリカ独立戦争］次の文章を読み，あとの問いに答えなさい。

北アメリカ植民地でイギリス本国の支配が強まると a植民地の不満は高まった。1775年，レキシントンとコンコードでの武力衝突から b独立戦争が始まり，翌年7月4日に c独立宣言が発せられた。イギリスは，フランス・スペインの参戦や武装中立同盟の結成などから，ついに dアメリカ合衆国の独立を承認した。1787年に合衆国憲法がつくられ，1789年には初代大統領にワシントンが就任した。

(1) 下線部 a について，次のア〜ウの独立戦争までのでき事を年代の古い順に並べよ。（ ＿＿ → ＿＿ → ＿＿ ）
    ア 印紙法制定　　イ ボストン茶会事件　　ウ 第1回大陸会議

(2) 下線部 b について，独立戦争に義勇兵として参加したフランスの自由主義貴族はだれか。（ ＿＿＿＿ ）

(3) 下線部 c について，独立宣言の根拠となった『統治二論』の著者はだれか。（ ＿＿＿＿ ）

(4) 下線部 d について，アメリカの独立を承認した条約は何か。（ ＿＿＿＿ ）

Guide

▶イギリス産業革命の背景
①**資本の蓄積**…広大な海外市場の獲得。
②**労働力**…18世紀の囲い込み（第2次）による労働者の増加。
③**資源**…石炭・鉄鉱石など。

▶イギリス産業革命の織機・紡績機の発明
ジョン゠ケイの飛び杼→ハーグリーヴズの多軸紡績機（ジェニー紡績機）→アークライトの水力紡績機→クロンプトンのミュール紡績機→カートライトの力織機

▶独立宣言と合衆国憲法
①**独立宣言**…ジェファソンらが起草。ロックの思想を基盤に基本的人権・革命権を主張。
②**合衆国憲法**…世界最初の近代的成文憲法。人民主権を規定・連邦主義・三権分立の原則。

⚠ 注意 印紙法と茶法
印紙法は「代表なくして課税なし」をスローガンに対抗。茶法の制定でボストン茶会事件発生。

3 ［フランス革命］次の文章中の空欄に入る適語を答えなさい。また，あとの問いに答えなさい。

　フランスでは1789年に1615年以来の全国三部会(ぜんぶかい)が開かれ，（①　　　　　　）が成立した。7月のバスティーユ牢獄(ろうごく)襲撃から革命がおこり，（①）は封建的特権の廃止を決定し，（②　　　　　　）を採択し，人間の自由・平等などを主張した。ヴァレンヌ逃亡事件後，ジロンド派内閣はオーストリアに宣戦布告した。8月10日事件で王権は停止され，国民公会で（③　　　　　　）派が台頭し，a国内外の危機打開のため，（③）派の（④　　　　　　）はb急進的な政策を強行する一方，恐怖政治を行ったため，テルミドールの反動で失脚した。

(1) 下線部aについて，第1回対仏大同盟をつくったイギリスの首相はだれか。　　　　　　　（　　　　　　　）

(2) 下線部bについて，これらの中心となった国民公会内の組織を何というか。　　　　　　　（　　　　　　　）

🔼 **得点UP**　**フランス革命の流れ**

①**国民議会**…"球戯場の誓い"→バスティーユ牢獄の襲撃→封建的特権の廃止宣言→人権宣言採択→ヴァレンヌ逃亡事件→憲法発布

②**立法議会**…ジロンド派内閣が革命戦争開始→王権停止（8月10日事件）

③**国民公会**…第一共和政開始→ルイ16世の処刑→山岳派（ジャコバン派）独裁開始→ロベスピエールの恐怖政治に対するテルミドールの反動

④**総裁政府**…ナポレオンのエジプト遠征→ブリュメール18日のクーデタで革命の事実上の終結

4 ［ナポレオン゠ボナパルト］次の表は，ナポレオンが行った戦争についてまとめたものである。表中の空欄に入る適語を答えなさい。

戦いの名称	相手国
（①　　　　　）の海戦	イギリス
アウステルリッツの戦い	オーストリア・ロシア
（②　　　　　）戦争	プロイセン・オーストリア・ロシア
（③　　　　　）の戦い	イギリス・プロイセン・オランダ

☑ サクッとCHECK

● 次の文が正しければ○，誤っていれば×を書きなさい。

❶ イギリスの産業革命が始まった理由の1つには，三圃制(さんぽせい)農法の普及がある。　　　（　　　）

❷ ミュール紡績機を発明したのは，カートライトである。　　　（　　　）

❸ 北アメリカ植民地の人々は，ボストンで大陸会議を開いた。　　　（　　　）

❹ フランスの国民議会が宣言した封建的特権の廃止で，地代(小作料)は無償で廃止になった。　　　（　　　）

❺ ナポレオンは，イギリスを排除して大陸市場を独占するために，大陸封鎖令を発した。　　　（　　　）

● 次の各問いに答えなさい。

❻ イギリスについで，2番目に産業革命が始まった国はフランスとどこか。　　　（　　　　　　　）

❼ イギリスが1765年につくった，植民地への課税強化のための法律は何か。　　　（　　　　　　　）

❽ アメリカ独立宣言起草の中心人物で，第3代大統領になった人物はだれか。　　　（　　　　　　　）

❾ 国民議会による封建的特権の廃止で，無償で廃止された教会への税は何か。　　　（　　　　　　　）

❿ ナポレオンがローマ教皇との和解に続き，アミアンの和約で講和した国はどこか。（　　　　　　　）

重要 **1** ［産業革命］次の文章を読み，あとの問いに答えなさい。

　工業生産を手作業から機械による生産へと変化させた_a産業革命は，イギリスで始まった。当時，イギリスでは_bさまざまな機械が発明・改良され，生産は飛躍的に増加し，各地に_c大都市が出現した。しかし，大都市では深刻な労働問題・社会問題が発生し，それに対して，さまざまな社会主義思想も生まれた。その後，イギリス以外のヨーロッパやアメリカ，日本などでも産業革命がおこり，これらの国々は国力を強めていった。

(1) 下線部 **a** について，イギリスで産業革命が始まった原因や背景に関する説明として誤っているものを，次の**ア〜エ**から選べ。すべて正しい場合は**オ**を選べ。　　　（　　　）

　ア 17世紀のピューリタン革命や名誉革命を経て，自由な生産活動を妨げる特権やギルドが除去された。

　イ 18世紀の囲い込みによって農地の大規模化が進み，農業革命がおこった結果，土地を失った多くの中小農民が都市に流入し，工場労働者となった。

　ウ 18世紀までにオランダやフランスとの覇権争いに優位に立ち，広大な植民地を海外市場として獲得した。

　エ 石炭や鉄鉱石などの資源が豊富に存在した。

(2) 下線部 **b** について，当時発明・改良された①〜④と最もつながりの深い人物を，あとの**ア〜エ**から選べ。①（　　　）②（　　　）③（　　　）④（　　　）

　① 蒸気機関車　　② ミュール紡績機

　③ 蒸気船　　　　④ 水力紡績機

　ア アークライト　　**イ** クロンプトン　　**ウ** スティーヴンソン

　エ フルトン

(3) 下線部 **c** について，綿工業の中心都市となったマンチェスターの位置を，右の地図中の**ア〜エ**から選べ。　　　（　　　）

2 ［中南米の独立］次の文章を読み，あとの問いに答えなさい。　　　　　　　［東北福祉大一改］

　植民地支配のもとにあった中南米でも，アメリカ独立革命やフランス革命の影響もあって，18世紀末から独立運動がはじまった。フランス領サン゠ドマングではトゥサン゠ルヴェルチュールを指導者として解放運動がはじまり，1804年には世界で最初の黒人共和国である_aハイチが誕生した。ナポレオン戦争の影響もあって（　①　）の中南米支配がゆらぐ中，1819年にはボリバルを指導者として，_bベネズエラやコロンビアを含む大コロンビアの独立が宣言された。これに先立つ1816年にはサン゠マルティンが（　②　）の独立に関わり，その後，チリやペルーも解放した。（　③　）では，カトリック司祭のイダルゴが民衆蜂起を指導し，これを契機として1821年に独立した。また，（　④　）の植民地であったブラジルは，ナポレオンの侵攻により避難していた(④)亡命王室を利用して，1822年に独立を宣言した。

(1) 文章中の空欄に入る国名を答えよ。

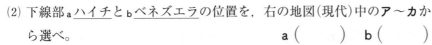

① ( ) ② ( )
③ ( ) ④ ( )

(2) 下線部aハイチとbベネズエラの位置を，右の地図(現代)中の**ア～カ**から選べ。　　　　　　　　　a ( )　b ( )

第1章 第2章 第3章 第4章 総合

重要 3 [フランス革命] 次の文章を読み，あとの問いに答えなさい。

［成蹊大一改］

　フランスでは1789年5月に全国三部会が開かれると，_a特権身分と第三身分は議決方式をめぐって対立した。第三身分の議員たちはみずからを国民議会と称して憲法が制定されるまでは解散しないと宣言した。国王は軍隊を動員してこれを解散させようとしたため，パリの民衆はバスティーユ牢獄(ろうごく)を襲った。これが革命の発端となり，_b同年8月には議会で封建的特権の廃止を宣言した。その後，革命の動きはc国民公会が成立して急進化したが，テルミドールの反動でその勢いはやや緩和された。1802年に終身統領となった_dナポレオン＝ボナパルトは1804年，国民投票により皇帝に即位した。

(1) 下線部**a**について，革命前夜のフランスの身分制度に関する記述として誤っているものを，次の**ア～エ**から選べ。　　　　　　　　　　　　　　　　　( )

ア 聖職者は第一身分とされ，一部は大土地所有者であることもあった。

イ 第二身分は貴族階級であり，重要官職を握り，免税などの特権を享受していた。

ウ 第三身分は平民身分のことであり，全国三部会から離れたのは第三身分のみであった。

エ シェイエスは，『第三身分とは何か』で第三身分こそが真のフランス国民だと主張した。

(2) 下線部**b**について，この時点での封建制の廃止の内容に関する記述として正しいものを，次の**ア～エ**から選べ。　　　　　　　　　　　　　　　　　( )

ア 地代(小作料)はすべて無償で廃止された。

イ 賦役，領主裁判権や十分の一税は無償で廃止された。

ウ 教会財産や亡命貴族の財産は没収されて国有財産となり，農民に無償で分配された。

エ 国王ルイ16世の存在は否定されて，王妃とともに処刑が決定された。

(3) 下線部**c**について，この時期におこったでき事を，次の**ア～カ**から選べ。( )

ア 人権宣言　　　**イ** 革命暦の制定　　**ウ** ヴェルサイユ行進　　**エ** 宗教協約

オ 球戯場の誓い　　**カ** ヴァレンヌ逃亡事件

(4) 下線部**d**がかかわったことがらとして正しいものを，次の**ア～エ**から選べ。( )

ア メートル法の採用　　**イ** メキシコ出兵　　**ウ** 大陸封鎖令　　**エ** 最高価格令

Hints

1 (2)紡績機では，アークライト・クロンプトンのほか，多軸紡績機(ジェニー紡績機)を発明したハーグリーブズが有名。

2 ②チリと隣接する国である。

3 (3)革命政府は，キリスト教に反する政策を行った。

(4)ナポレオンは，イギリスに経済的打撃を与える政策を行った。

解答⊖ 別冊 19 ページ

重要 **1** ［アメリカ独立戦争］次の文章中の空欄に適語を入れ，あとの問いに答えなさい。

　イギリス本国の議会は，北アメリカ植民地に駐留するイギリス軍の経費の一部を植民地に負担させることを意図して，印紙税を植民地に課すことを決定した。これに対して，イギリス議会に代表者を送っていなかった北アメリカ植民地側は大きく反発することになり，「代表なくして（①　　　　　）なし」というスローガンが唱えられた。1773 年には（②　　　　　　　　　　）事件がおき，イギリス本国と北アメリカ植民地との間の緊張が高まるなか，1774 年には，植民地の代表がフィラデルフィアに集合し，（③　　　　　　　　　　　）を開催した。翌年の 1775 年には，ₐアメリカ独立戦争が始まり，1776 年 7 月 4 日には，ジェファソンらが起草した独立宣言が発表された。そして，1783 年，ᵦイギリスはアメリカ合衆国の独立を承認した。

(1) 下線部 **a** について，アメリカ独立戦争に関する説明として誤っているものを，次の**ア〜エ**から選べ。すべて正しい場合は**オ**を答えよ。　　　　　　　　（　　　）

　ア トマス゠ペインは，『コモン゠センス』で独立の正当性を訴えた。

　イ フランスのラ゠ファイエットやポーランドのコシューシコが独立軍に参加した。

　ウ イギリス軍はヨークタウンの戦いに勝利した。

　エ 1783 年のパリ条約で，独立が承認された。

(2) 下線部 **b** について，このとき，アメリカ合衆国がイギリスから獲得した領土を，右の地図中の**ア〜エ**から選べ。

　　　　　　　　（　　　）

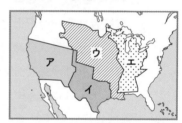

2 ［環大西洋革命］次の文章を読み，あとの問いに答えなさい。　　　　　　［大妻女子大一改］

　南北アメリカ大陸とヨーロッパでは，18 世紀後半から 19 世紀にかけて，環大西洋革命と呼ばれる一連の社会，政治変革が連動しておこった。その中にはアメリカ独立革命，フランス革命，ₐイギリスの産業革命，ᵦ中南米諸国の独立などが含まれる。アメリカ独立革命がイギリス本国政府に対する北アメリカ植民地側の不満に由来したのに対して，꜀フランス革命は王権に対する民衆の反抗をきっかけに始まった。1789 年 7 月 14 日，パリ市民がバスティーユ牢獄を襲撃し絶対王政に挑戦したあと，8 月 4 日にはₔ封建的特権の廃止が決定され，8 月 26 日には人権宣言が採択された。しかし複雑な政治的対立が絡み合ったため，ₑ安定した民主政治を打ち立てることはできず，ナポレオンの台頭を招いた。ナポレオンは国内的には革命の混乱を収束させる一方で，ꜰヨーロッパ諸国を相手にした戦争で敗退した。

(1) 下線部 **a** に関する記述として正しいものを，次の**ア〜ウ**から選べ。　　　（　　　）

　ア 綿織物の国内需要が高かった上，三角貿易でも用いられる国際商品だったため，国産化が進められた。

　イ 囲い込みの結果，農業革命が実現して，独立自営農民の自立を支えた。

　ウ アークライトは力織機を発明した。

(2) 下線部 b に関連して，中南米諸国の独立運動の担い手となった，白人入植者の子孫を何というか。　　　　　　　　　　　　　　　　　　　　　　　（　　　　　　　）

(3) 下線部 c について，次の問いに答えよ。

記述 ① 右の図は，18 世紀に描かれたフランスの版画である。この版画が表していることについて簡潔に説明せよ。

（　　　　　　　　　　　　　　　　　　　　　　　　　　）

② フランス革命に関する記述として誤っているものを，次の**ア〜エ**から選べ。　　　　　　　　　　　　　（　　　）

　ア たび重なるイギリスとの戦争などが財政悪化を招き，革命につながった。

　イ ルイ 14 世は，75 年ぶりに全国三部会を召集した。

　ウ 第三身分議員は，全国三部会から分離して国民議会を樹立した。

　エ パリの女性を中心とした市民がヴェルサイユまで行進し，改革に否定的な王家をパリに移転させた。

(4) 下線部 d に関して述べた次の**X〜Z**の正誤の正しい組み合わせを，あとの**ア〜カ**から選べ。

（　　　）

　X：国民議会で封建的特権が廃止された結果，各地の農民の暴動はおさまった。

　Y：領主裁判権や教会への十分の一税を，無償で廃止した。

　Z：農民層の革命支持を拡大すべく，農民が支払う地代（小作料）を無償で廃止した。

　ア X—正　Y—正　Z—誤　　　**イ** X—正　Y—誤　Z—正　　　**ウ** X—正　Y—誤　Z—誤

　エ X—誤　Y—正　Z—誤　　　**オ** X—誤　Y—正　Z—正　　　**カ** X—誤　Y—誤　Z—正

(5) 下線部 e について，次の**A〜C**のでき事を年代の古い順に並べよ。

（　　　→　　　→　　　）

　A ジロンド派が政権を握ると，革命に敵対的なオーストリアに宣戦した。

　B 私有財産の廃止を唱えたバブーフは逮捕された。

　C 議会ではジャコバン派が力を増し，ルイ 16 世は革命広場で処刑された。

(6) 下線部 f に関連して，ナポレオンがセントヘレナ島に流された直接のきっかけとなった戦いを，次の**ア〜エ**から選べ。　　　　　　　　　　　　　（　　　）

　ア ワーテルローの戦い　　　　**イ** 解放戦争（諸国民戦争）

　ウ アウステルリッツの戦い　　**エ** ヴァルミーの戦い

Hints

1 ② 1773 年に制定された茶法が，この事件を引きおこした。

　(2) ミシシッピ川以東の地域である。

2 (2) 先住民のインディオと白人の混血はメスティーソ，白人と黒人の混血はムラートと呼ばれた。

　(3) ① 第三身分の人物の上に第一身分の聖職者と第二身分の貴族が乗っている絵である。

14 近代欧米世界の形成と動向

STEP ① 基本問題

解答⊖ 別冊19ページ

1 ［ウィーン体制とその崩壊］次の文章を読み，あとの問いに答えなさい。

　フランス革命とナポレオン戦争後の戦後処理のために ₐウィーンで開かれた会議で， ᵦ革命前の状態に戻すことを原則とするウィーン体制が成立した。この体制を維持する c同盟も結成され，自由主義の動きをおさえこもうとした。しかし， d ギリシアをはじめとする独立，改革の動きは，ウィーン体制を動揺させ，その後の e七月革命，そして f 1848年革命を経て崩壊した。

(1) 下線部 a の会議を主導したオーストリア外相はだれか。
（　　　　　　　）

(2) 下線部 b の原則を漢字 4 字で答えよ。（　　　　　　　）

(3) 下線部 c について，ロシア皇帝の提唱で結成された同盟は何か。
（　　　　　　　）

(4) 下線部 d について，ギリシアが独立戦争をおこした国はどこか。
（　　　　　　　）

(5) 下線部 e について，七月革命に関する説明として誤っているものを，次のア～エから選べ。　　　　　（　　）

ア　ルイ18世がアルジェリアへ遠征した。

イ　シャルル10世は，ルイ18世の後に即位した。

ウ　ルイ゠フィリップによる七月王政が成立した。

エ　革命後，ベルギーがオランダから独立した。

(6) 下線部 f について，1848年革命にあてはまらないものを，次のア～エから選べ。　　　　　（　　）

ア　二月革命　　イ　デカブリスト（十二月党員）の反乱

ウ　三月革命　　エ　「諸国民の春」と呼ばれる民族運動

2 ［ロシアの南下政策］次の文章中の空欄に入る適語を答えなさい。

　1848年革命後，ロシアの（①　　　　　　　）は南下政策を推進し，1853年，オスマン帝国と（②　　　　　　　）戦争を始めた。しかしロシアは，（②）戦争で敗北し南下政策の一時中断を迫られることになった。その後，ロシア゠トルコ戦争では勝利し，（③　　　　　　　）条約で（④　　　　　　）を保護下に置き，バルカン半島に進出した。

Guide

得点UP

▶**正統主義**
　フランス革命前の領土や主権を復権させようとする考え。

▶**ウィーン体制**
①**フランス・スペイン**
　ブルボン家が復活。
②**イギリス**…ケープ植民地とスリランカを獲得。
③**神聖ローマ帝国**…復活せず。ドイツ連邦が成立。
④**オーストリア**…北イタリアを獲得。
⑤**スイス**…永世中立国となる。

▶**ウィーン体制成立後の自由主義的革命**
①**ドイツ**…学生団体（ブルシェンシャフト）の改革要求。
②**イタリア**…カルボナリなどの自由主義的改革運動。
③**ロシア**…デカブリスト（十二月党員）の反乱

注意　フランスの七月革命と二月革命
　シャルル10世による圧政後，七月革命によりルイ゠フィリップの七月王政が成立（1830年）。二月革命では七月王政の制限選挙に対する不満から革命がおき，共和政の臨時政府が樹立（1848年）。

3 ［イタリア・ドイツの統一］次の文章中の空欄に入る人物名を答えなさい。また，あとの問いに答えなさい。

クリミア戦争後，イタリアではガリバルディやサルデーニャ王国の首相（①　　　　　　）などの活躍により，<u>aイタリア王国が成立した</u>。ドイツでは（②　　　　　　）の<u>b強力な政策</u>のもと，ドイツ帝国が成立し，（③　　　　　　　）が皇帝の位についた。

(1) 下線部 a について，ヴェネツィア併合に続いて併合し，国家統一が完成した地域を，右の地図中の**ア〜エ**から選べ。
（　　　）

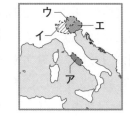

(2) 文章中の（②）と下線部 b に関わりのないものを，次の**ア〜エ**から選べ。
（　　　）
　ア 文化闘争　　**イ** 三帝同盟　　**ウ** 三国協商　　**エ** 再保障条約

4 ［アメリカの発展］次の問いに答えなさい。
(1) アメリカがフロリダを買収した国を次から選べ。（　　　）
　ア フランス　　**イ** スペイン　　**ウ** メキシコ　　**エ** ロシア
(2) 南北戦争の説明で誤っているものを，次の**ア〜エ**から選べ。
（　　　）
　ア 北部は保護関税政策と連邦主義を主張した。
　イ 南部ではアメリカ連合国が結成された。
　ウ ゲティスバーグの戦いで北軍が勝利した。
　エ 南北戦争後，リンカンは奴隷解放宣言を出した。

第 1 章　第 2 章　第 3 章　第 4 章　総合

得点UP

▶**イタリア統一の流れ**
　1859 年におきた戦争でロンバルディアを獲得→1860 年に中部イタリアの併合後，「青年イタリア」出身のガリバルディが両シチリア王国を占領し，これをサルデーニャ王に献上→1866 年，ヴェネツィア併合→1870 年，教皇領を併合して国家統一が実現するも，トリエステ・南チロルなどはオーストリア領にとどまる（未回収のイタリア）。

▶**ドイツの政策**
①**内政**…文化闘争，社会主義者鎮圧法制定，社会保険制度実施。
②**外交**…ビスマルク体制
・**三帝同盟**…ドイツ・オーストリア・ロシア
・**三国同盟**…ドイツ・オーストリア・イタリア
・**再保障条約**…ドイツ・ロシア

☑ サクッとCHECK

● 次の文が正しければ○，誤っていれば×を書きなさい。
❶ 神聖同盟を提唱したのは，ニコライ 2 世である。（　　　）
❷ 四国同盟の結成国は，ロシア・オーストリア・プロイセン・イギリスである。（　　　）
❸ ロシアで農奴解放令を出した皇帝は，アレクサンドル 2 世である。（　　　）
❹ 1870 年にイタリア王国に併合されたのは，ヴェネツィアである。（　　　）
❺ アメリカは，フランスからミシシッピ川以西のルイジアナを買収した。（　　　）
● 次の各問いに答えなさい。
❻ ウィーン会議でイギリスがオランダから獲得したのは，スリランカとどこか。（　　　　　）
❼ ロシアでおこった自由主義的改革を要求した動きを何の反乱というか。（　　　　　）
❽ イギリスで 1830 年代後半からおきた人民憲章を掲げた政治運動を何というか。（　　　　　）
❾ プロイセン=フランス戦争後にフランスに樹立された自治政府を何というか。（　　　　　）
❿ カリフォルニアで発見され，アメリカの西漸運動を促進した鉱物は何か。（　　　　　）

重要 **1** ［ウィーン体制］次の文章を読み，あとの問いに答えなさい。 ［早稲田大一改］

　19 世紀前半のヨーロッパの国際秩序の大枠を決定づけた_aウィーン会議後に成立したウィーン体制下においても，ヨーロッパ諸国では_b政治と社会の変化を求める運動が完全に途絶えることはなかったが，_cロシアは保守主義の立場からその抑圧に努めた。フランスではシャルル 10 世の反動的な政策に対し，1830 年にパリで_d七月革命がおこり，その影響は各地に広がっていった。中南米諸国が独立するなど，国際関係にも大きな変化が生じた。一方，_eイギリスは政治的，経済的な世界進出に乗り出して，ウィーン体制から距離をとるようになった。他方で，反動的なウィーン体制は，_fオーストリアやドイツといった地域に重心をおくようになった。

(1) 下線部 **a** による領土や体制の改変として誤っているものを次の**ア〜エ**から選べ。（　　　）

　　ア イギリスは，ケープ植民地の領有を認められた。

　　イ ドイツでは，北ドイツ連邦が新たに組織された。

　　ウ ロシア皇帝がポーランド王を兼任することとなった。

　　エ スイスは，永世中立国となった。

(2) 下線部 **b** に関連して，次の**ア〜エ**の 19 世紀前半のヨーロッパでおこったでき事を，年代の古い順に並べよ。（　　→　　→　　→　　）

　　ア フランス二月革命　　　　　　　**イ** フランクフルト国民議会の開催

　　ウ デカブリスト（十二月党員）の反乱　**エ** ベルギー独立

(3) 下線部 **c** について，次の問いに答えよ。

　　① 神聖同盟を提唱したロシアの皇帝はだれか。（　　　　　　　）

　　② オスマン帝国がロシアとのアドリアノープル条約で独立を認めた国はどこか。（　　　　　　）

(4) 下線部 **d** について，次の問いに答えよ。

　　① この革命を題材として右の絵を描いた画家はだれか。（　　　　　　）

　　② この革命の影響に関する記述として誤っているものを次の**ア〜エ**から選べ。（　　　）

　　　　ア ベルギーがオランダから独立し，立憲王国が成立した。

　　　　イ ポーランドで，ロシア支配からの離脱を求める反乱がおきた。

　　　　ウ ドイツ各地で反乱が発生し，ザクセンやヘッセンなどで憲法が制定された。

　　　　エ 中部イタリアで反乱がおこり，プロイセン軍に鎮圧された。

(5) 下線部 **e** の国のでき事についてまとめた次の空欄に入る適語を答えなさい。

　　アイルランド併合→審査法廃止→（①　　　　　　　　）解放法→第 1 回（②　　　　　　）改正（1832 年）→工場法→（③　　　　　　　）運動がおこる→（④　　　　　）廃止→航海法廃止→東インド会社解散→自治領誕生→（⑤　　　　　　　）自由党内閣で教育法・労働組合法制定

(6) 下線部 f に関連して，19 世紀前半のこの地域の状況として誤っているものを，次の**ア～エ**から選べ。　（　　）

　　ア オーストリアは，同君連合のオーストリア＝ハンガリー帝国に再編された。

　　イ ドイツ地域では，学生団体（ブルシェンシャフト）による政治運動が弾圧を受けた。

　　ウ プロイセンが中心となって，ドイツ関税同盟が結成された。

　　エ プロイセンでは，三月革命のあとに欽定憲法が発布された。

[重要] **2** ［二月革命］次の文章中の空欄に入る適語を答えなさい。また，あとの問いに答えなさい。

　　1848 年，フランスで選挙法改正の要求拒否に対し，パリで（①　　　　　　　）がおこり，国王ルイ＝フィリップは亡命し，共和政の臨時政府が樹立された（a 第二共和政）。この革命の影響はオーストリア・（②　　　　　　　）に及び，b その他の国でも民族運動が活発化したので，ウィーン体制もこれで崩壊した。その後，1853 年に始まった（③　　　　　　　）戦争は，ロシアがオスマン帝国内に侵入したことがきっかけでおきたが，フランス・（④　　　　　　　）がオスマン帝国を支援したことで，ヨーロッパの有力国どうしの戦争となり，ロシアは敗れた。ロシアはまだ専制政治と農奴制がしかれていたが，この敗北で改革を迫られ，（⑤　　　　　　　　　　　　）は，1861 年に農奴解放令を出した。

(1) 下線部 a について，第二共和政に関する説明で誤っているものを，次の**ア～エ**から選べ。

　　　　　　　　　　　　　　　　　　　　　　　　　　　　　　　　（　　）

　　ア 国王ルイ＝フィリップはイギリスへ亡命した。

　　イ 臨時政府には社会主義者フーリエや労働者の代表も加えられた。

　　ウ 臨時政府は失業者のための国立作業場を設立した。

　　エ 1848 年の大統領選挙では，ルイ＝ナポレオンが当選した。

(2) 下線部 b について，ハンガリーでも民族運動が激化したが，この運動を指導した人物を，次の**ア～エ**から選べ。　（　　）

　　ア フーリエ　　**イ** コシューシコ　　**ウ** イェルマーク　　**エ** コシュート

(3) ③の戦争に関する説明として誤っているものを，次の**ア～エ**から選べ。　（　　）

　　ア ロシアは，オスマン帝国領内に住んでいるカトリック教徒を保護するという名目でオスマン帝国に侵攻した。

　　イ サルデーニャは，オスマン帝国側について戦った。

　　ウ この戦争の講和条約である 1856 年のパリ条約で，黒海の中立化がとり決められた。

　　エ イギリスの従軍看護師ナイティンゲールが活躍した。

Hints

1 (3)② バルカン半島にある国。
　　(5)⑤ 保守党はディズレーリが党主である。
2 (2) アメリカ独立戦争に参加した人物と名前が似ているので注意する。

重要 **1** ［**イタリアとドイツの統一**］次の文章中の空欄に入る適語を答えなさい。また，あとの問い
に答えなさい。

［甲南大一改］

　1860〜70 年代のヨーロッパにおいて，イタリアやドイツで近代的な統一国家ができた。イ
タリアでは，（① 　　　　　　　　　　）が指導する「青年イタリア」の運動などの流れをうけて，
ローマ共和国が建設されたが，フランスに倒された。_a当時のサルデーニャ王国は 1859 年以
降中部イタリアを併合して領土を拡大した。同じころ，（② 　　　　　　　　　）が両シチリア王
国を占領し，これをサルデーニャ王に譲った。この結果，イタリア王国が成立し，その後も
_b領土の拡大は続き，近代国民国家のイタリアがつくりあげられた。

　実質的には多数の領邦や都市に分散していたドイツでは，この統合を進めるために，
_c1834 年に経済的統一を進める組織がつくられ，さらに，1848 年には自由主義的な統一が模
索された。ドイツ統一の鍵となったのは（③ 　　　　　　　　　）で，首相に任命されると，『鉄
血政策』や_d『文化闘争』を実施した。_eプロイセン＝オーストリア戦争の後には_f新しい政治
同盟がつくられ，統一に向かう動きが進んだ。その後，プロイセンは，ドイツ＝フランス戦争
（プロイセン＝フランス戦争）に勝利して領土も獲得し，1871 年 1 月ドイツ帝国が成立した。

(1) 下線部 **a** に関連する記述として誤っているものを，次の**ア〜エ**から選べ。　　（　　　）

　　ア サルデーニャはプロンビエール密約で，イギリスに対オーストリア戦争の支援を約束
　　　させた。

　　イ このサルデーニャ王国の王とは，ヴィットーリオ＝エマヌエーレ 2 世である。

　　ウ サルデーニャはオーストリアと戦って，ロンバルディアを獲得した。

　　エ 自由主義的な改革を行った首相はカヴールである。

(2) 下線部 **b** について，このとき，オーストリア領にとどまったトリエステ・南チロルなどは
　何と呼ばれたか。　　　　　　　　　　　　　　　　　　　　　　（　　　　　　　　　　）

(3) 下線部 **c** に関連する記述として誤っているものを，次の**ア〜エ**から選べ。　　（　　　）

　　ア 1834 年の経済的統一とは，ドイツ関税同盟の結成のことである。

　　イ 経済的統一の主導権を握ったのは，ライン川中流の工業地帯の諸邦である。

　　ウ 三月革命のときには，自由主義者はフランクフルト国民議会に結集した。

　　エ フランクフルト国民議会では，大ドイツ主義が優位となった。

(4) ③の人物が，ロシア＝トルコ戦争後のサン＝ステファノ条約に対して，列国の利害を調整す
　るために開いた会議は何か。　　　　　　　　　　　　　　　　　（　　　　　　　　　　）

記述 (5) 下線部 **d** の内容について，簡潔に説明せよ。
　　（　　　　　　　　　　　　　　　　　　　　　　　　　　　　　　　　　　　　　　）

(6) 下線部 **e** について，管理問題がこの戦争の原因となった 2 つの州はどこか。
　　　　　　　　　　　　　　　　　　　　（　　　　　　　　・　　　　　　　　）

(7) 下線部 **f** について，この新しい政治同盟を何というか。　　（　　　　　　　　　　）

重要 **2** ［アメリカの発展］次の文章中の空欄に入る適語を答えなさい。また，あとの問いに答えなさい。

　アメリカは，1812年におきたアメリカ＝イギリス戦争で独立国としての意識を強め，経済的にも自立した。その後，第5代大統領（①　　　　　　　　　）は，a中南米諸国の独立を事実上容認し，ヨーロッパ諸国とアメリカとの相互不干渉を宣言した。また，「西漸運動」と呼ばれたb西部開発が加速され，1840年代にはメキシコと戦ってc領土を太平洋岸まで拡張したが，それとともに経済政策の違いからd南部と北部との対立が激化した。1860年，（②　　　　　　　　　）が大統領に当選すると南部諸州は連邦から分離し，南北戦争が始まったが，（③　　　　　　　　　）の戦いの勝利後北軍が優勢となり，1865年にアメリカは再統一された。南北戦争後，工業が目覚ましく躍進し，アメリカは19世紀末には世界一の工業国となった。

(1) 下線部aについて，大コロンビアの樹立に成功した，中南米北部の独立運動の指導者を答えよ。　　　　　　　　　　　　　　　　　　　　　　　　　　（　　　　　　　）

(2) 下線部bについて，西部開発によって迫害された先住民に関する説明として誤っているものを，次のア〜エから選べ。　　　　　　　　　　　　　　　　　（　　　　）

　ア　第7代のジャクソン大統領による強制移住法により，保留地に移された。

　イ　先住民の保留地はミシシッピ川より東の地域であった。

　ウ　先住民は白人に激しく抵抗したが，19世紀末までには抵抗運動はほぼ終わった。

　エ　100万人いたと推定された先住民の人口は，激減した。

(3) 下線部cについて，次の①〜④の獲得した領土にあてはまる地域を，右の地図中のア〜ケから選べ。

　①（　　　）②（　　　）③（　　　）④（　　　）

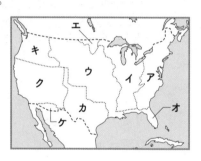

　① 1803年にフランスから買収した。

　② 1819年にスペインから買収した。

　③ 1845年に併合し，アメリカ＝メキシコ戦争がおきた。

　④ 1848年にメキシコから獲得した。

(4) 下線部dについて，南北の対立に関する説明として誤っているものを，次のア〜エから選べ。　　　　　　　　　　　　　　　　　　　　　　　　　　　　（　　　　）

　ア　北部は自由貿易と連邦主義，南部は保護貿易と奴隷制の存続を主張した。

　イ　奴隷制反対を唱える共和党が結成されると，対立は深まった。

　ウ　南北両州は，北緯36度30分以北に奴隷州をつくらないというミズーリ協定を結んだ。

　エ　南部諸州はアメリカ連合国をつくり，奴隷制擁護の憲法を制定した。

Hints

1　(4) 現在のドイツの首都で開かれた。

　　(6) プロイセンは下線部eの戦争の前に，2つの州をめぐる対立から，オーストリアとともにデンマークと開戦して勝利をおさめていた。

2　(3)④ アメリカがメキシコから獲得したのはカリフォルニアなどである。

15 アジア諸地域の動揺

解答⊙ 別冊20ページ

1 ［オスマン帝国の動揺］次の文章中の空欄に入る適語を，あとのア～コから選びなさい。

　ナポレオンのエジプト遠征後の混乱のなか，エジプトでは，（　①　）がエジプト総督となった。（①）は，オスマン帝国と2度にわたって戦い，1840年に開かれた（　②　）会議で，総督の地位の世襲権が認められた。この間，国内改革の必要性を痛感していたオスマン帝国は，（　③　）を1826年に全廃し，アブデュルメジト1世が（　④　）と呼ばれる西欧化改革を試みたが，成果は十分でなかった。そうしたなか，（　⑤　）は，南下政策を再開し，1853年，オスマン帝国内のギリシア正教徒保護を名目にして（　⑥　）戦争をおこした。しかし，オスマン帝国は，（　⑦　）・フランスの支援を得て（⑤）を退けた。その後，オスマン帝国では，1876年，（　⑧　）が発布されて責任内閣制がとられたが，1877年におこった(⑤)との戦争を理由に短期間で停止された。

①（　　　） ②（　　　） ③（　　　） ④（　　　）
⑤（　　　） ⑥（　　　） ⑦（　　　） ⑧（　　　）

ア 聖地　　　　　　　**イ** ロシア　　**ウ** イギリス　　**エ** ロンドン
オ クリミア　　　　　**カ** オスマン帝国憲法（ミドハト憲法）
キ アブデュルハミト2世　　　　　**ク** イェニチェリ
ケ タンジマート　　**コ** ムハンマド゠アリー

2 ［東南アジアの植民地化］ヨーロッパ諸勢力による東南アジア支配に関する説明として誤っているものを，次のア～エから選びなさい。　　　　　　　　　　　　　　　　　　　　　　（　　　）

ア オランダはジャワ島で導入した強制栽培制度で利益をあげたが，農村では飢饉が頻発した。

イ タイはチュラロンコン（ラーマ5世）のもとで近代化に成功し，植民地化を回避した。

ウ イギリスはビルマのコンバウン朝を破り，インド帝国に併合した。

エ フランスはマレー半島とベトナムに進出し，フランス領インドシナ連邦を成立させた。

Guide

得点UP

▶**アラブ人の民族主義運動**
①アラビア半島…ワッハーブ王国建国。
②エジプト…ムハンマド゠アリーがエジプト総督に。エジプト゠トルコ戦争に勝利。
▶**オスマン帝国の改革**
①アブデュルメジト1世…タンジマート推進。
②オスマン帝国憲法（ミドハト憲法）発令…アブデュルハミト2世がロシア゠トルコ戦争を理由に憲法停止。
▶**サン゠ステファノ条約とベルリン条約**
　サン゠ステファノ条約はロシア゠トルコ戦争後に締結され，ベルリン条約はベルリン会議でサン゠ステファノ条約の破棄後に結ばれた。
▶**東南アジアの植民地化**
①オランダ…ジャワ島で強制栽培制度。
②イギリス…マレー半島・ビルマ→海峡植民地，マレー連合州，ビルマのインド帝国編入。
③フランス…インドシナ半島にフランス領インドシナ連邦を成立。

3 ［清の動揺］次の表は，1840年におきたアヘン戦争から1894年におきた日清戦争までの清に関するでき事をまとめたものである。表中にあてはまる語句を答えなさい。また，あとの問いに答えなさい。

		でき事	関連人物	講和条約・関連事項
戦争		アヘン戦争	（①　　　　）	（②　　　　）条約
		第2次アヘン戦争 （アロー戦争）		天津条約 （③　　　　）条約
		清仏戦争		天津条約
		日清戦争		下関条約
革命運動		太平天国	（④　　　　）	（⑤　　　　）興漢 天朝田畝制度
改良政策		洋務運動	（⑥　　　）・ 李鴻章・左宗棠	中体（⑦　　　）
対ロシア		・アイグン条約…（⑧　　　　）江以北をロシア領に ・北京条約…（⑨　　　　）州をロシア領に ・イリ条約		

（問い）　表中の（②）条約でとり決められたことがらではないものを，次の**ア〜エ**から選べ。　　　　　　（　　　）

ア 上海など5港開港　　**イ** 香港島割譲
ウ 九竜半島南部割譲　**エ** 行商を通じた貿易，徴税の廃止

得点UP　諸条約の内容
①**南京条約**…アヘン戦争の講和条約→5港の開港，香港島の割譲，行商を通じた貿易，徴税の廃止。
②**天津条約**…第2次アヘン戦争（アロー戦争）中に結ばれたが，清が批准拒否→外交使節の北京常駐，新たに10港開港，キリスト教布教の容認。
③**北京条約**…天津条約の追加条約→天津の開港，イギリスに九竜半島の一部割譲，ロシアに沿海州割譲。

注意　アヘン戦争後に清が認めた不平等条約
望厦条約は対アメリカ，黄埔条約は対フランス。

☑ **サクッとCHECK**

● 次の文が正しければ○，誤っていれば×を書きなさい。
❶ アヘン戦争後の南京条約で領事裁判権を認めた。（　　　）
❷ アヘン戦争後に清がアメリカと締結した不平等条約は黄埔条約である。（　　　）
❸ 清は，第2次アヘン戦争（アロー戦争）中の天津条約の批准を拒否した。（　　　）
❹ 太平天国が掲げたスローガンは「扶清滅洋」である。（　　　）
❺ 太平天国滅亡後の一時安定した時期を「同治の中興」という。（　　　）
● 次の各問いに答えなさい。
❻ 自由貿易を要求したイギリスが使節として18世紀末に派遣したのはだれか。（　　　）
❼ 第2次アヘン戦争（アロー戦争）の講和条約は何か。（　　　）
❽ 太平天国との戦闘の際，漢人官僚が組織した義勇軍を何というか。（　　　）
❾ 清が外交を扱う役所として初めて設置したのは何か。（　　　）
❿ 日清戦争のきっかけとなった朝鮮でのでき事は何か。（　　　）

1 ［オスマン帝国の動揺］次の文章中の空欄に入る適語を入れなさい。また，あとの問いに答えなさい。

［聖心女子大一改］

17世紀後半には，オスマン帝国の軍事的優位は徐々に崩れはじめる。18世紀半ばには，アラビア半島でₐイスラーム教の改革運動がおこった。また，オスマン帝国はᵦムハンマド゠アリーがおこしたエジプト゠トルコ戦争にも敗れ，ロンドン会議では，彼のエジプト総督職の世襲権が認められた。キリスト教徒たちの分離運動もまた深刻な危機となった。まず，1830年，（①　　　　　　　　）がオスマン帝国からの独立を国際的に承認された。そのあともキリスト教徒の独立への動きが続き，しかも西洋列強が介入したことで国際的な紛争の様相を呈した。1853年には，ロシア側のギリシア正教徒保護の主張のもと，ロシアとの間で（②　　　　　　　）戦争がおこった。このとき，ｃイギリスやフランスがオスマン帝国側についたこともあって，ロシアは敗北した。

一方，19世紀に入るころから，オスマン帝国でも本格的な改革運動が着手されていた。特に，1839年から始まった（③　　　　　　　　）と呼ばれる西欧化改革は，司法・行政・財政・軍事など広範囲にわたるものであった。さらに，1876年にはアジアで初めてｄ憲法を定めて立憲君主制をとるに至った。ところが，改革の過程でスルタンへの権力集中が進んでおり，憲法を制定したスルタン自身がまもなくₑ憲法を停止し，専制支配へと傾いていった。

(1) 下線部 a について，改革運動に関する説明として誤っているものを，次のア〜エから選べ。　　　（　　　）

　ア　ムハンマドの教えに帰れ，というワッハーブ派によるイスラーム改革運動である。

　イ　ワッハーブ派は中央アラビアの豪族サウード家と協力してワッハーブ王国(サウード王国)を建国し，ダマスクスを首都とした。

　ウ　この運動はオスマン帝国の支配に反発するアラブ民衆に受け入れられた。

　エ　この運動は，現在も続くイスラーム改革運動のはじまりである。

(2) 下線部 b について，ムハンマド゠アリーに関する説明として誤っているものを，次のア〜エから選べ。　　　（　　　）

　ア　ムハンマド゠アリーはナポレオンのエジプト遠征後の混乱に乗じエジプト総督となった。

　イ　ムハンマド゠アリーは軍隊の近代化，教育制度の改革などの富国強兵を進めた。

　ウ　エジプト゠トルコ戦争は，ムハンマド゠アリーのシリア領有権の要求をオスマン帝国が拒否したことが原因でおこった。

　エ　近代化を強力に推し進めたのは，ムハンマド゠アリー朝の宰相ウラービーであった。

[記述] (3) 下線部 c について，イギリスやフランスがオスマン帝国を支援した理由を簡単に説明せよ。

　（　　　　　　　　　　　　　　　　　　　　　　　　　　　　　　　　）

(4) 下線部 d について，この憲法は何か。　　　（　　　　　　　　　　　）

(5) 下線部 e について，憲法が停止される原因となった戦争は何か。（　　　　　　　　　）

重要 **2** ［インド・東南アジアの植民地化］次の文章を読み，あとの問いに答えなさい。

　　1757年にイギリス東インド会社が_aフランスとベンガル太守連合軍を破ったことが，イギリスのインド支配のきっかけとなった。その後，マイソール戦争や_bマラーター戦争，_cヒンドゥー教改革派との戦いに勝ち，_dインドの植民地化を完成させた。しかし，イギリスの支配に対して人々の反感が強まり，1857年には_eインド人傭兵が反乱をおこしたが，東インド会社に鎮圧され，_fインドを支配していた帝国は滅亡した。1877年にはインド帝国が成立し，イギリス女王が_gインド帝国皇帝を兼ね，_h東南アジアでの植民地経営も活発に行われた。

(1) 下線部**a**について，この戦いを何というか。　　　　　　　　（　　　　　　　　　）

(2) 下線部**b**について，マラーター戦争でイギリスが支配権を確立した地域を，次の**ア～エ**から選べ。　　　　　　　　　　　　　　　　　　　　　　　　　　（　　　）

　　ア ベンガル　　**イ** 南インド　　**ウ** パンジャーブ　　**エ** デカン高原中西部

(3) 下線部**c**について，ヒンドゥー教改革派の新宗教は何か。　　　（　　　　　　　）

(4) 下線部**d**について，植民地統治下の南インドで実施された，農民から直接徴税する徴税制度を，次の**ア～エ**から選べ。　　　　　　　　　　　　　　（　　　）

　　ア ザミンダーリー制　　**イ** イクター制　　**ウ** プロノイア制　　**エ** ライヤットワーリー制

(5) 下線部**e**について，この反乱を何というか。　　　（　　　　　　　の大反乱）

(6) 下線部**f**について，この帝国は何か。　　　　　　　（　　　　　　　）

(7) 下線部**g**について，インド帝国の皇帝を兼ねたイギリス女王を，次の**ア～エ**から選べ。

　　　　　　　　　　　　　　　　　　　　　　　　　　　　　　　（　　　）

　　ア ヴィクトリア女王　　**イ** アン女王　　**ウ** エリザベス1世　　**エ** メアリ2世

(8) 下線部**h**について，次の①～④はヨーロッパ諸国の東南アジア進出について述べたものである。それぞれの文にあてはまる国名を答えよ。また，その国が進出した地域を，地図中の**ア～エ**から選べ。

　　①（　　　　，　　　　）②（　　　　，　　　　）
　　③（　　　　，　　　　）④（　　　　，　　　　）

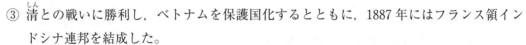

　① 3度にわたるビルマ戦争でビルマ（ミャンマー）を征服し，インド帝国に併合した。

　② ジャワ島に進出して強制栽培制度を導入し大きな利益をあげた。

　③ 清との戦いに勝利し，ベトナムを保護国化するとともに，1887年にはフランス領インドシナ連邦を結成した。

　④ マニラを根拠地としてプランテーションによる商品作物の生産が広がった。

Hints

1 (4)この憲法を起草したのは，大宰相のミドハト＝パシャである。

2 (5)戦いの名に，ペルシア語で兵士を意味する，東インド会社が編成したインド人傭兵を指す語がつく。
　　(7)大英帝国最盛期の女王である。

解答⊃ 別冊 22 ページ

1 ［清の動揺］次の文章を読み，①〜⑥にあてはまる語句を，ア〜オからそれぞれ選び，[A]
・[B]にあてはまる語句を答えなさい。また，あとの問いに答えなさい。 ［神奈川大一改］

　19 世紀初めになると，イギリスは，本国・中国・インドの 3 国間で a 三角貿易を展開した。
中国では，アヘンの吸飲が広がり，中国の銀が大量に国外に流出するようになった。1839 年
に，清朝政府はアヘンのとり締まりのために①（ア 陳独秀　イ 林則徐　ウ 安重根　エ 張学
良　オ 劉永福）を広州に派遣し，アヘンを没収・廃棄処分にして，アヘンのとり引きを禁止
した。イギリス政府は，逆に自由貿易の実現を求めて，1840 年にアヘン戦争をおこして勝利
し，1842 年に②（ア 北京条約　イ 北京議定書　ウ 天津条約　エ 南京条約　オ 黄埔条約）を
結んで 5 港の開港や賠償金の支払いなどを認めさせた。これを機に，列強諸国は中国に進出
していった。一方，国内では，洪秀全が指導した太平天国が「[A]」をスローガンに掲げ，ア
ヘン戦争や天災で苦しむ民衆の支持を得た。しかし，この動乱も郷勇と呼ばれる義勇軍やウ
ォードやゴードン率いる常勝軍により鎮圧された。また，b 太平天国軍の鎮圧に活躍した c 漢
人官僚を中心に「[B]」の立場をとる d 洋務運動という富国強兵運動が推進された。
　日本は，欧米列強の脅威をばねに 1868 年に明治維新を成し遂げ，アジアでいち早く近代化
を推し進めた。その時期，欧米諸国は朝鮮に対しても開国を迫り，高宗の摂政であった
③（ア 金玉均　イ 大院君　ウ 全琫準　エ 洪景来　オ 崔済愚）はこれを拒否して攘夷に努め
た。日本は，この機に乗じて 1875 年に④（ア 壬午軍乱　イ 江華島事件　ウ 盧溝橋事件
エ 甲申事変　オ 東学の乱(甲午農民戦争)）をおこし，翌 76 年に領事裁判権などを含む不平
等な日朝修好条規を結んで，釜山など 3 港を開港させた。朝鮮内部では，日本に接近して急
進的な改革を図ろうとする⑤（ア 金玉均　イ 大院君　ウ 全琫準　エ 洪景来　オ 崔済愚）ら
と，清との関係を維持して漸進的な改革を行おうとする閔氏一族などとの対立が深まり，た
びたび抗争がおきた。朝鮮半島の利権をめぐる日清間の対立も深まり，1894 年に新宗教の信
徒を中心とした農民反乱である⑥（ア 壬午軍乱　イ 江華島事件　ウ 盧溝橋事件　エ 甲申事
変　オ 東学の乱(甲午農民戦争)）がおこると，日清両軍は朝鮮に出兵して日清戦争に発展し
た。翌年の e 下関条約の結果，日本は大陸侵略の足場を朝鮮に築くこととなった。

　　①（　　　）　②（　　　）　③（　　　）　④（　　　）　⑤（　　　）　⑥（　　　）
　　A（　　　　　）　B（　　　　　）

(1) 下線部 a について，右の図は三角貿易のしくみを図示したもの
　　である。図中の A〜C に入る貿易品の正しい組み合わせを，次
　　のア〜エから選べ。　　　　　　　　　　　　　　　（　　　）

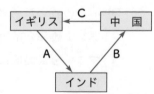

　　ア A―茶　　　　　B―アヘン　　　C―綿織物
　　イ A―アヘン　　　B―茶　　　　　C―綿織物
　　ウ A―綿織物　　　B―アヘン　　　C―茶
　　エ A―アヘン　　　B―綿織物　　　C―茶

(2) 下線部 b について，太平天国による戦闘に関する説明として誤っているものを，次のア～エから選べ。　　　　（　　）

ア　太平天国は，キリスト教の影響を受けた上帝会という宗教結社が母体である。

イ　広西で挙兵し，北上して北京を占領して首都とした。

ウ　天朝田畝制度という土地の均分をうたった政策をうち出した。

エ　湘軍・淮軍などが，太平軍を鎮圧した代表的な義勇軍であった。

(3) 下線部 c について，このときの漢人官僚にあてはまらない人物を，次のア～エから選べ。　　　　（　　）

ア　曾（曾）国藩　　イ　康有為　　ウ　左宗棠　　エ　李鴻章

(4) 下線部 d について，洋務運動の内容として誤っているものを，次のア～エから選べ。　　　　（　　）

ア　兵器や紡績工場を設立した。

イ　汽船会社を設立した。

ウ　西洋の道徳や倫理や社会制度も導入しようとした。

エ　鉱山開発や電信敷設などの事業を行った。

(5) 下線部 e について，下関条約の内容として誤っているものを，次のア～オから選べ。　　　　（　　）

ア　朝鮮の独立　　イ　賠償金の支払い　　ウ　通商上の特権の承認付与

エ　遼東半島・台湾・済州島の割譲　　　　オ　開港場での工場の設立

2 [19世紀のアジアでの条約] 19世紀にアジアで締結された条約に関する問いに答えなさい。

(1) 次のA～Eの条約の説明として正しいものを，下のア～オから選べ。

A　北京条約　　　　　B　アイグン条約　　　C　イリ条約
D　虎門寨追加条約　　E　天津条約(1858年)

A（　　）B（　　）C（　　）D（　　）E（　　）

ア　第2次アヘン戦争(アロー戦争)中に英仏米露・清間の条約。外国人の中国内地での旅行の自由などを規定。

イ　露・清間の条約。ペテルブルクで締結された。

ウ　英・清間の不平等条約。領事裁判権などを規定。

エ　露・清間の条約。ロシアは黒竜江以北を領有。

オ　第2次アヘン戦争(アロー戦争)の講和条約。調停役を果たした露は沿海州を獲得。

(2) (1)のA～Dの条約を，締結された年代の古い順に並べよ。

（　　→　　→　　→　　）

Hints

1 (4)洋務運動は，中国の伝統的な道徳倫理を根本に西洋技術を利用するという立場であった。

2 (1)虎門寨追加条約は，イギリスと締結した不平等条約である。

難問 **1** 次の文章中の空欄に入る適語を答えなさい。また，あとの問いに答えなさい。　〔慶応大一改〕

　1848 年，革命はヨーロッパ全土に波及していった。しかし，_aその地域毎に固有の課題があり，目ざす方向は必ずしも同じではなかった。革命の導火線となったのは，_bイタリアだった。フランスでは，パリで二月革命が勃発し，（　①　）はイギリスに亡命した。ドイツでも，ベルリンで三月革命がおこり，5 月には_cフランクフルト国民議会が開かれることになった。ウィーンでも三月革命がおこり，宰相（　②　）は（　③　）に亡命した。この影響を受けて，ハンガリーでは（　④　）人が（　⑤　）の指導で独立政府を樹立し，ベーメンでは（　⑥　）人の自治が認められ，_dポーランドでも民族運動が高揚した。

記述 (1) 下線部 **a** に関連して，1848 年革命について，フランスでおきたものとドイツでおきたものの相違について，「共和政」，「統一国家」の 2 つの語を用いて簡潔に説明せよ。

(2) 下線部 **b** に関連して，次の問いに答えよ。

　① 1861 年にイタリア王国が成立するまでの経緯に関する記述として誤っているものを，次の**ア**〜**エ**から選べ。

　　ア ローマ共和国は，マッツィーニらにより建設されたが，フランス軍に倒された。

　　イ サルデーニャ王国では，カヴール首相が近代的社会基盤の整備を行なった。

　　ウ サルデーニャ王国は，ナポレオン 3 世とプロンビエール密約を結んだうえでオーストリアとの戦争に勝利し，ロンバルディアを得た。

　　エ 両シチリア王国は，ガリバルディによって統治されていたが，侵攻してきたサルデーニャ王国軍との戦いに敗れて合併された。

　② 次の I，II の条件にあてはまる地名を，下の**ア**〜**カ**から選べ。

　　I　1861 年のイタリア王国の成立の後，1870 年の国家統一までの間に併合された。

　　II　1870 年の国家統一の際ではなく，第一次世界大戦後に併合された。

　　ア ヴェネツィア　　**イ** サヴォイア　　**ウ** トスカナ
　　エ トリエステ　　**オ** ナポリ　　**カ** ピエモンテ

(3) 下線部 **c** で議論されたオーストリアを含む統一ドイツの考え方を何というか。

(4) 下線部 **d** について，旧ポーランド領にワルシャワ大公国を設立させた条約は何か。

①	②	③
④	⑤	⑥

(1)		(2)①
② I	II	(3)	(4)

2 次の各問いに記号で答えなさい。 ［センター試験一改］

(1) 19世紀後半の時期のエジプトに関する説明として誤っているものを，次の**ア〜エ**から選べ。

ア ムハンマド゠アリーの子孫が，オスマン帝国スルタンの宗主権の下で，スーダンと併せて統治していた。

イ スエズ運河の建設やその株の保有をめぐって，ドイツによる財務の管理を受けるようになった。

ウ 1881〜82年にウラービーが民族主義的な反乱をおこしたが，鎮圧された。

エ 1882年にこの国を事実上の保護国としたイギリスからの独立を求める運動は，第一次世界大戦後まで続いた。

(2) 1880年代のフランスの対外関係に関する説明として正しいものを，次の**ア〜エ**から選べ。

ア ドイツにアルザス・ロレーヌを割譲した。

イ アルジェリアに派兵し，植民地化に着手した。

ウ チュニジアを保護国化した。

エ 第2次アヘン戦争（アロー戦争）で中国に派兵した。

(3) 1897年のオスマン帝国で実施された人口調査によると，イスタンブルの人口は90万人あまりであり，その宗教・宗派別割合は右の図のとおりである。図中の　a　に入る宗派の名として正しいものを，次の**ア〜エ**から選べ。

ア プロテスタント

イ ギリシア正教会

ウ ネストリウス派

エ ローマ゠カトリック教会

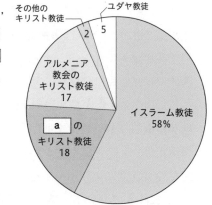

(4) 次の清に関する①〜③の文章中のそれぞれの下線部**ア〜ウ**が誤っているものがあればその記号を答え，すべて正しければ**エ**と答えよ。

① 清は，アヘン戦争でイギリスに敗れ，ア1840年，イギリスと南京条約を結んだ。この条約で，清はイギリスに，香港島の割譲，イ広州・厦門など5港の開港などを認めた。さらに，翌年，ウ虎門寨追加条約を結び，片務的最恵国待遇などを認めた。

② 太平天国軍は，民衆の支持を受けて北上し，ア北京を攻略して，太平天国の首都とした。太平天国の政策や主張には，清打倒，イ土地均分，男女平等，ウアヘン禁止，纏足禁止などがあった。

③ 太平天国軍を破ったのは，ア李鴻章の淮軍や曽（曾）国藩の湘軍などのイ郷勇であった。太平天国滅亡後は，一時的にウ「同治の中興」と呼ばれる国内秩序の安定期に入った。

(1)	(2)	(3)	(4)①	②	③

16 帝国主義とアジアの民族運動

1 [帝国主義] 次の文章中の空欄に入る適語を答えなさい。また，あとの問いに答えなさい。

　a第2次産業革命における急速な工業の進展による市場と原料供給地の必要性から，1880年代以降，諸列強はアジア・アフリカで植民地や勢力圏を打ち立てた。このような動きを（①　　　　　）という。

　イギリスは（②　　　　　　　）首相のもと（③　　　　　　　）会社の株の買収，ロシア=トルコ戦争への干渉，b南アフリカのトランスヴァール併合など積極的な対外政策を進めた。国内では，（④　　　　　　　）協会や労働組合による政党結成の動きが高まり，1906年，労働党が正式に誕生した。フランスでは，第三共和政下でインドシナ・アフリカに大植民地をつくりあげた。国内では，c共和政攻撃の動きがおこる一方，1905年に（⑤　　　　　　　）党が結成された。ドイツでは，dヴィルヘルム2世が積極的な対外政策を展開した。国内では，社会主義者鎮圧法の廃止後，e社会民主党が勢力を伸ばした。アメリカは，f積極的な外交政策により，中米やカリブ海域での覇権を確立した。

(1) 下線部aについて，第2次産業革命で主な動力源となったものを2つ答えよ。　　　　　　　（　　　・　　　）

(2) 下線部bについて，1899年におこった南アフリカ戦争時のイギリスの植民相はだれか。　（　　　　　　　　）

(3) 下線部cについて，元陸相が政権奪取をねらった事件を何というか。　　　　　　　（　　　　　　　　）

(4) 下線部dについて，ヴィルヘルム2世が行った政策として誤っているものを，次のア～エから選べ。　（　　　）
　　ア 再保障条約の更新拒否　　イ ビスマルクの宰相登用
　　ウ 海軍の大拡張　　　　　　エ 社会主義者鎮圧法の延長反対

(5) 下線部eについて，ドイツ社会民主党が中心的な役割を果たした国際的連帯組織を何というか。（　　　　　　　）

(6) 下線部fについて，カリブ海政策を推進したアメリカの大統領はだれか。　　　　　　（　　　　　　　　）

Guide

得点UP **帝国主義時代のロシア**

　フランスの資本に頼った帝国主義。
①ロシア社会民主労働党結成→ボリシェヴィキ（レーニン）とメンシェヴィキ（プレハーノフ）に分裂。
②血の日曜日事件→第1次ロシア革命（自治組織ソヴィエト結成）→首相ストルイピンの改革後，政府は南下政策をとる。

 各国の社会主義政党

①**イギリス**…労働党
②**フランス**…フランス社会党
③**ドイツ**…ドイツ社会民主党
④**ロシア**…ロシア社会民主労働党・社会革命党

 帝国主義時代のアメリカ大統領

①**マッキンリー**…アメリカ=スペイン戦争
②**セオドア=ローズヴェルト**…「根棒外交」，カリブ海政策
③**ウィルソン**…「宣教師外交」，パナマ運河の管理権獲得

2 ［アフリカ分割］次の文章中の空欄に入る適語を答えなさい。また，あとの問いに答えなさい。

　1884 年の _aベルリン゠コンゴ会議後，アフリカは列強によって，またたくまに分割された。イギリスは，（①　　　　　　　　）を保護国とするとともに，（②　　　　　　　　）ではマフディー運動を鎮圧して征服した。また，南部では，南アフリカ戦争で_b2 国を併合した。さらに，アフリカを縦断する_c3 C 政策を進めていき，フランスの横断政策と衝突して，1898 年に（③　　　　　　　）事件がおきたが，フランスの譲歩で解決した。その後両国は（④　　　　　　　　）を結びドイツに対抗した。イタリアなども加わり，20 世紀初めには，アフリカ大陸は_d2 つの独立国を残し，そのほとんどが分割された。

(1) 下線部 a を開催した人物はだれか。　　　　（　　　　　　　）

(2) 下線部 b について，この 2 つの国名を答えよ。
　　（　　　　　　　　共和国・　　　　　　　自由国）

(3) 下線部 c について，3 C 政策の都市にあてはまらない都市を，次の**ア**〜**エ**から選べ。　　（　　　）
　　ア カルカッタ　　**イ** カイロ
　　ウ ケープタウン　　**エ** カリカット

(4) 下線部 d の国名を答えよ。また，その位置を地図中の**ア**〜**ク**から選べ。

　　　　国名（　　　　　　）帝国　位置（　　　）
　　　　国名（　　　　　　）共和国　位置（　　　）

第1章 第2章 **第3章** 第4章 総合

得点UP

▶**ベルリン゠コンゴ会議**
　コンゴ地域をめぐる対立がきっかけで開催。コンゴ自由国（ベルギー国王の所有地）の設立を認めた。アフリカ分割の協定。

▶**アフリカ分割における列強の衝突**
①**ファショダ事件**…イギリスの縦断政策とフランスの横断政策とが衝突→フランスの譲歩で解決→英仏協商締結
②**モロッコ事件**…ドイツとフランスのモロッコをめぐる対立→モロッコはフランスの保護国へ

▶**門戸開放政策**
　アメリカのジョン゠ヘイが，中国の**門戸開放・機会均等・領土保全**の 3 原則を提唱。

☑ **サクッとCHECK**

● 次の文が正しければ○，誤っていれば×を書きなさい。

❶ イギリス首相ジョゼフ゠チェンバレンは南アフリカ戦争をおこした。　　　　　（　　　　）

❷ フランスのゾラは，ドイツのスパイ容疑で逮捕された。　　　　　（　　　　）

❸ 中国に対して，アメリカの国務長官ジョン゠ヘイは門戸開放政策を提唱した。　（　　　　）

❹ 1884 年のベルリン゠コンゴ会議は，コンゴ地域の扱いに関する問題がきっかけで開催された。（　　　　）

❺ ロシアとフランスの間でモロッコ事件がおきた。　　　　　（　　　　）

● 次の各問いに答えなさい。

❻ 植民地政策を積極的に進めたイギリスのケープ植民地の首相はだれか。　（　　　　　　）

❼ ロシア社会民主労働党が分裂した際，レーニンが率いた一派を何というか。　（　　　　　　）

❽ アメリカ゠スペイン戦争をおこしたアメリカ大統領はだれか。　（　　　　　　）

❾ エチオピアに侵入し，アドワの戦いで敗れた国はどこか。　（　　　　　　）

❿ イギリスの 3 C 政策に対抗して，ドイツが進めた政策を何というか。　（　　　　　　）

1 ［清朝末期と韓国の動向］次の文章中の空欄に適語を入れ，あとの問いに答えなさい。

日清戦争後の下関条約について_aロシア・フランス・ドイツは日本に圧力をかけ，（①　　　　　　　　）を清に返還させた。しかし，その後，列強諸国は実質的な_b中国分割を行った。清国内では，憲法の制定や議会の開設などの改革運動である_c戊戌の変法が進められたが，この改革に反対する保守派は（②　　　　　　　　）と結んで改革派を弾圧した。諸外国の中国進出に対する排外感情が高まるなか，（③　　　　　　　　）戦争がおきた。清朝もこの動きに乗じて各国に宣戦したが，8 か国連合軍に敗れた。また，韓国では日本の圧力が強まり，（④　　　　　　　　）をおこすなど抵抗運動がおきたが，日本は（⑤　　　　　　　　）年，韓国を併合した。

(1) 下線部 a について，このことを何というか。　　　（　　　　　　　　）

(2) 下線部 b に関連して，フランス，ドイツ，イギリスの勢力圏となった地域を，右の地図中のア〜エから選べ。

フランス（　　　）　ドイツ（　　　）

イギリス（　　　）

(3) 下線部 c について，この中心となった公羊学派の人物はだれか。

（　　　　　　　　）

重要▶ **2** ［清の改革と辛亥革命］次の文章を読み，あとの問いに答えなさい。　　　［法政大一改］

　　X　の政変後，民衆の間では，専制政治への不満と排外意識が高まり，_a義和団が武装蜂起を行う。義和団が北京に入ると清朝の保守派も列強に宣戦布告するが，日本とロシアを主力とする 8 か国連合軍によって，北京は制圧される。清朝は　Y　和約，すなわち北京議定書によって，巨額の賠償金の支払いと北京などにおける外国軍の駐屯を認めた。ますます対外従属を強める清朝に対し，打倒を目ざす革命団体が各地で結成された。華僑を中心にハワイで（①）を結成した（②）は組織的な運動を展開した。これに対抗するため_b清朝も政治改革にとり組んだが，1911 年，民営鉄道の国有化令を発布すると，各地で反対運動がおこった。（A）で湖北の新軍が蜂起するとたちまち全国に波及し，大半の省が清朝からの独立を宣言した（辛亥革命）。革命派は（②）を臨時大総統とし，（B）で中華民国臨時政府を樹立した。しかし，清朝に委任されて革命派との交渉に臨んだ_c袁世凱は，（③）（溥儀）の退位を条件に，みずから臨時大総統に就くことを革命派に認めさせた。

(1) 空欄　X　・　Y　にあてはまる語句を，次のア〜オからそれぞれ選べ。

X（　　　）　Y（　　　）

ア 甲午　イ 丁酉　ウ 戊戌　エ 辛丑　オ 壬午

(2) A・B にあてはまる地名を，次のア〜オから選べ。　　A（　　　）　B（　　　）

ア 広州　イ 南京　ウ 重慶　エ 四川　オ 武昌

(3) ①〜③にあてはまる語句を答えよ。　①（　　　　　）②（　　　　　）③（　　　　　）

(4) 下線部 **a** の義和団（ぎわだん）に関する説明として誤っているものを，次の**ア～エ**から選べ。すべて正しい場合は**オ**を選べ。　　　　　　　　　　　　　　　（　　）

　ア 武術を習得した集団がその中心であった。

　イ 農村の自衛組織を基盤に生まれ，貧農や失業者を含んでいた。

　ウ 鉄道施設やキリスト教会の破壊を行った。

　エ 山東省（さんとうしょう）を中心に活動した。

(5) 下線部 **b** の清朝による政治改革に関する説明として誤っているものを，次の**ア～エ**から選べ。すべて正しい場合は**オ**を選べ。　　　　　　　　　　　　（　　）

　ア 科挙（かきょ）を廃止した。　　**イ** 国会を開設し，憲法大綱を発表した。

　ウ 近代的軍隊を創設した。　　**エ** 改革は，地方の有力者や民衆の反発を招いた。

(6) 下線部 **c** の袁世凱（えんせいがい）に関する説明として誤っているものを，次の**ア～エ**から選べ。すべて正しい場合は**オ**を選べ。　　　　　　　　　　　　（　　）

　ア 北洋軍（ほくようぐん）を握る実力者であった。　　**イ** 第三革命の後，正式に大総統に就任した。

　ウ 帝位を目ざしたが内外の批判を浴びた。　　**エ** 死後は部下が各地で近代化政策を行った。

3 ［アフリカ分割］右の地図は，20世紀初めのアフリカ分割のようすを示したものである。あとの問いに答えなさい。

(1) イギリス領またはイギリスの保護国であった地域を，地図中の**ア～キ**から選べ。（　　）

(2) フランス領またはフランスの保護領であった地域を，地図中の**ア～キ**から選べ。（　　）

(3) ベルギー領であった地域を，地図中の**ア～キ**から選べ。　　　　　　　　（　　）

(4) マフディー（救世主）と自称するムハンマド＝アフマドに率いられたイスラーム教徒たちが，19世紀後半，ヨーロッパ勢力の進出に抵抗した地域に含まれる地点を，地図中の **a～f** から選べ。　　　　　　　　　　（　　）

(5) イギリスが1902年にブール人と戦って勝ち，白人優位の人種差別を行った地域に含まれる地点を，地図中の **a～f** から選べ。　　　　　　　　　　　　　　　（　　）

(6) 1911年ドイツ軍艦のフランス軍への威嚇（いかく）があった港を，地図中の **a・b・c・e** から選べ。（　　）

(7) 地図中の **A・B** は，20世紀初めの時点で独立を維持した国である。この2か国を，次の**ア～オ**からそれぞれ選べ。　　　　　　A（　　）　B（　　）

　ア モロッコ　　**イ** スーダン　　**ウ** エチオピア　　**エ** 南アフリカ連邦　　**オ** リベリア

Hints

2 (2) Aは現在の湖北省武漢（こほく・ぶかん）近郊，Bはかつて朱元璋（しゅげんしょう）が皇帝になり，明朝（みん）を建てた都市にあたる。

3 (1)(2) イギリスの保護国ではエジプト，フランス領では西アフリカやマダガスカルが有名。

　(4) スーダンでおきたマフディー派の抵抗である。

重要 **1** ［帝国主義］帝国主義や植民地支配に関する，次の各問いに答えなさい。　　［上智大一改］

(1) 当時のイギリスに関する説明として正しいものを，次の**ア～エ**から選べ。　　（　　　）

　　ア カイロ・ケープタウン・カリカットを結ぶ 3 C 政策を進めた。

　　イ 植民地のオーストラリア・フィリピン・南アフリカを 20 世紀初頭に自治領とした。

　　ウ スエズ運河の株を買収して，この運河の経営権を手に入れた。

　　エ 19 世紀末，本国では国際的連帯組織である第 2 インターナショナルが結成された。

(2) 当時のドイツに関する説明として誤っているものを，次の**ア～エ**から選べ。　　（　　　）

　　ア ヴィルヘルム 2 世が即位し，宰相ビスマルクを辞職させた。

　　イ ヴィルヘルム 2 世は「世界政策」のスローガンのもと，帝国主義政策を断行した。

　　ウ 元陸軍大臣が右翼や保守勢力に押されて政権奪取を企てた。

　　エ 皇帝の専制政治を批判する社会主義勢力が力をつけ，社会民主党が成立した。

(3) 3 B 政策に含まれる都市を，次の**ア～エ**から選べ。　　（　　　）

　　ア イスタンブル　　**イ** ボスニア　　**ウ** バタヴィア　　**エ** ビルマ

(4) アイルランド自治法を 1886 年，93 年に議会へ提出したイギリスの首相を，次の**ア～エ**から選べ。　　（　　　）

　　ア マクドナルド　　**イ** グラッドストン　　**ウ** ディズレーリ　　**エ** アスキス

(5) ハワイ併合，アメリカ＝スペイン戦争などの帝国主義政策を推進したアメリカの大統領を，次の**ア～エ**から選べ。　　（　　　）

　　ア ジャクソン　　**イ** マッキンリー

　　ウ タフト　　　　**エ** セオドア＝ローズヴェルト

(6) 国内では革新主義の政策を推進したが，外交では「棍棒外交」といわれる帝国主義政策を行ったアメリカの大統領を，次の**ア～エ**から選べ。　　（　　　）

　　ア マッキンリー　　　　　　　**イ** タフト

　　ウ セオドア＝ローズヴェルト　　**エ** ウィルソン

(7) 1899～1900 年にアメリカの国務長官ジョン＝ヘイが提案した対中国外交の 3 原則として正しいものを，次の**ア～エ**から選べ。　　（　　　）

　　ア 門戸開放・機会均等・領土保全　　**イ** 相互不侵略・内政不干渉・領土保全

　　ウ 主権尊重・機会均等・領土保全　　**エ** 主権尊重・相互不侵略・内政不干渉

(8) 17 世紀以降ブール人が入植していたケープ植民地が，19 世紀初頭にイギリス領になり，イギリス人に圧迫されると，ブール人は北部に移動して新しい国を建てた。その国名を，次の**ア～エ**から選べ。　　（　　　）

　　ア ナミビア　　　　**イ** トランスヴァール共和国

　　ウ ローデシア　　　**エ** アンゴラ

2 ［インド・西アジアの民族運動］次の文章中の空欄に入る適語を答えなさい。また，①～④に
あてはまる語句を**ア**～**エ**からそれぞれ選びなさい。 [明治大一改]

I 19世紀後半になると，インドではイギリスによる近代工業の発展とともに，労働者の数も
急速に増加して，待遇改善を求める動きも現れはじめていた。

　こうした動きを懐柔すべく，イギリスは1885年，ボンベイでインド人による国民会議
を開催させ，それ以来，インドでの民族主義運動は国民会議派が中心となって展開される
こととなった。こうしたなか，インド総督カーゾンは1905年，（　**A**　）を施行したが，そ
れは民族意識のもっとも進んだベンガル州の居住地城をヒンドゥー教徒とイスラーム教徒
との間で分割し，その宗教的対立を利用しつつ，民族運動激化を緩和しようと企図するもの
であったが，これはインド人を激怒させ，①（**ア** ジンナー　**イ** ティラク　**ウ** バネルジー
エ ガンディー）に率いられた国民会議の急進派は，②（**ア** ボンベイ　**イ** カルカッタ
ウ ラホール　**エ** デリー）の大会でボイコット（英貨排斥）・スワデーシ（国産品愛用）・ス
ワラージ（自治獲得）・民族教育の4綱領を採択した。だが，国民会議は国民会議派という
政治組織に変わり，民族運動は急進化したが，一部のインド人を行政に参加させるなど政
策を緩め，（**A**）も，イギリス国王ジョージ5世のもと，1911年に撤回された。

II 19世紀後半，オスマン帝国・エジプト・イランなどの西アジアでも，民族主義運動と立憲
運動が展開されつつあった。

　オスマン帝国では，スルタンである③（**ア** アブデュルメジト1世　**イ** アブデュルハミ
ト2世　**ウ** ムスタファ＝ケマル　**エ** セリム3世）が1878年，オスマン帝国憲法（ミドハト
憲法）の停止以降も専制政治を続けた。（③）は，オスマン帝国としての存続をパン＝イスラ
ーム主義に求め，イラン出身で，エジプトで活躍していた④（**ア** アフガーニー　**イ** ムハ
ンマド＝アブドゥフ　**ウ** ワッハーブ　**エ** ムハンマド＝アリー）をイスタンブルに招いたも
のの，それは単に帝国の一体性を維持するための道具にすぎなかった。1889年には「統一
と進歩団」が結成されたが，スルタンの弾圧を受け一時パリに拠点を移しながらも，専制
の打倒と立憲政治の復活を目ざした。この政治組織を結成した知識人・将校である
「（　**B**　）」は，1908年，サロニカで軍の反乱を組織し，オスマン帝国憲法（ミドハト憲法）
の復活を要求して，スルタンはこれを認めたため，第二次立憲政が成立した。オスマン帝
国を維持しながら始められた新政権は安定しなかったが，人々の間にはトルコ民族主義の
考え方が広まっていった。

A（　　　　　　　　　　　） B（　　　　　　　　　　　）
①（　　　） ②（　　　） ③（　　　） ④（　　　）

Hints

1 (1)第2インターナショナルは，1889年にドイツ社会民主党が中心となりパリで結成された。
　　(3)かつてはビザンティウムと呼ばれた都市である。
2 ②インド東部の都市。
　　④ウラービー運動やタバコ＝ボイコット運動に大きな影響を与えた人物である。

17 第一次世界大戦と世界の動向

STEP ① 基本問題

解答⊕ 別冊24ページ

1 ［第一次世界大戦］次の文章中の空欄に入る適語を答えなさい。また，あとの問いに答えなさい。

1908年にオーストリアが（①　　　　　　　）・ヘルツェゴヴィナを正式に併合し，1912～13年の（②　　　　　　　　　）戦争でセルビアが勢力を伸ばすと，両国の関係は悪化した。1914年，オーストリア帝位継承者夫妻の暗殺をきっかけにオーストリアはセルビアに宣戦し，ₐ第一次世界大戦が勃発した。戦況は膠着_{こうちゃく}状態となったが，ᵦアメリカが参戦し，戦況は連合国側に有利となった。1918年に入ると，同盟国は次々と降伏し，ドイツも水兵の反乱を機に休戦協定を締結し，大戦は終結した。

(1) 下線部 a について，第一次世界大戦前の主な同盟・協商関係を示した右の図の①・②にあてはまる国を答えよ。

① （　　　　　　　）

② （　　　　　　　）

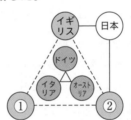

(2) 下線部 b の原因となったでき事を答えよ。

（　　　　　　　　　　　　　　　　　　　　　　　）

2 ［ロシア革命］次の文章中の空欄に入る適語を答えなさい。

第一次世界大戦が長期化するなか,ロシアでは（①　　　　　　　）が退位してロシア帝政は崩壊したが〔二月（三月）革命〕，臨時政府は戦争を継続したため，トロツキーや（②　　　　　　　）らが武装蜂起して政府を倒し，社会主義政権成立が宣言された。これが十月（十一月）革命である。（②）は共産党一党独裁体制を固め,内外の反政府勢力と軍事的に対抗しつつ（③　　　　　　　　）を実施して中小企業の国有化や食料の強制徴発_{ちょうはつ}を行うと，国民の生活は悪化し，飢饉_{ききん}も重なって多数の餓死_{がし}者がでた。そこで，政府は（④　　　　　　　　）を採用して企業の私的経営や農産物の自由販売を部分的に認め，経済の復興を図った。1919年に世界革命を目ざして（⑤　　　　　　　）を設立し，1922年にはソヴィエト社会主義共和国連邦が成立した。

Guide

得点UP

▶バルカン戦争

①バルカン同盟…セルビア・ブルガリア・モンテネグロ・ギリシアで結成。

②第1次バルカン戦争…バルカン同盟諸国がオスマン帝国に勝利。

③第2次バルカン戦争…バルカン同盟諸国内で戦争となり，ブルガリアが敗北。

④ヨーロッパの火薬庫

バルカン諸国は特定の列強と結びついており，バルカン半島での勢力関係は，列強間の対立を悪化させたため，バルカン半島はこのように呼ばれる。

▶第一次世界大戦と戦時外交

①物量戦を支えるための総力戦体制。

②新兵器（航空機・戦車・毒ガス）の使用。

③ロンドン条約，サイクス・ピコ協定などの秘密条約。

▶ドイツの賠償問題

1921年，賠償総額決定→1923年，フランス・ベルギーのルール工業地帯占領→インフレ→1924年，ドーズ案→1929年，ヤング案。

3 ［ヴェルサイユ体制］次の文章中の空欄に入る適語を答えなさ
い。また，あとの問いに答えなさい。

　1919年1月，パリ講和会議が開かれ，6月にドイツと _aヴェル
サイユ条約が締結され，これに続き他の _b旧同盟国とも個別に条
約を結んだ。また，国際連盟の設置も決定され，1921〜22年に
は _cワシントン会議が開かれ，アジア太平洋の国際秩序が定めら
れた。戦後しばらくは国際紛争が続発した。しかし，1924年以
降国際協調の気運が広まり，1925年の（①　　　　　）条約，
1928年の（②　　　　　）条約によって安定化がもたらされた。

(1) 下線部 **a** に関する説明として誤っているものを，次の**ア〜エ**
　　から選べ。　　　　　　　　　　　　　　　　（　　　）

　　ア ドイツには巨額の賠償金が課せられた。

　　イ アルザス・ロレーヌはフランスに割譲された。

　　ウ ドイツはすべての植民地を失った。

　　エ 軍備の廃絶が決定され，軍隊は完全に解体された。

(2) 下線部 **b** について，連合国がオスマン帝国と締結した条約を
　　何というか。　　（　　　　　　　　　　）

(3) 下線部 **c** について，右の表はこの会議
　　で定められた海軍主力艦の保有比率で
　　ある。表中の**A〜C**にあてはまる数字
　　を次の**ア〜ウ**から選べ。

　　ア 1.67　　**イ** 5　　**ウ** 3

(4) 戦後の賠償金支払いをめぐり，フランス・
　　ベルギーが占領したドイツの地方はどこか。（　　　　　　地方）

国　名	比　率
イギリス	A（　　）
アメリカ	5
日　本	B（　　）
フランス	C（　　）
イタリア	1.67

第1章　第2章　第3章　第4章　総合

注意 敗戦国との条約

① **オーストリア**…サン＝ジ
　ェルマン条約

② **ハンガリー**…トリアノン
　条約

③ **ブルガリア**…ヌイイ条約

④ **オスマン帝国**…セーヴル
　条約

参考 大戦後の欧米

① **アメリカ**…共和党大統領
　が3代続き，好景気。
　国際連盟未加入。

② **イギリス**…ロイド＝ジョ
　ージ内閣→第4回選挙
　法改正→労働党内閣成立

③ **ドイツ**…ヴァイマル憲法

 得点UP 日本と朝鮮の動向

① **日本**…大戦中，中国に
　二十一か条の要求，シベ
　リア出兵→大戦後，ドイ
　ツ権益の継承，国際連盟
　の常任理事国

② **朝鮮**…三・一独立運動→
　大韓民国臨時政府結成

☑ サクッとCHECK

● 次の文が正しければ○，誤っていれば×を書きなさい。

❶ 第一次世界大戦でフランス・イギリス両軍はドイツ軍を阻止した。（タンネンベルクの戦い）。　（　　　）

❷ ドイツ革命のきっかけとなった水兵の反乱はキール軍港でおきた。　（　　　）

❸ 第一次世界大戦の講和の原則となった「十四か条」には社会主義との協調が含まれている。　（　　　）

❹ レーニンが示した革命推進の方針を四月テーゼという。　（　　　）

❺ 孫文が第1次国共合作のときに掲げたスローガンは「連ソ・容共・扶助工農」である。　（　　　）

● 次の各問いに答えなさい。

❻ 第一次世界大戦後，連合国がオーストリアと結んだ講和条約は何か。　（　　　　　　）

❼ 門戸開放・機会均等・領土保全を中国に対して提唱した米国務長官はだれか。　（　　　　　　）

❽ 連合国間でオスマン帝国領の配分を決定した秘密協定は何か。　（　　　　　　）

❾ ワフド党を中心に独立運動がおこり，王国が成立した国はどこか。　（　　　　　　）

❿ アラブ・ユダヤ両民族の対立が深刻になっている地方はどこか。　（　　　　　　）

1 ［中国の動向］次の文章中の空欄に入る適語を，あとの**ア**〜**コ**から選びなさい。

　辛亥革命後，文学革命が始まり，（ ① ）が白話(口語)文学を唱え，（ ② ）は『狂人日記』などを著した。また，パリ講和会議で中国の二十一か条のとり消しが退けられると，北京の学生がこれに抗議し，（ ③ ）運動がおきた。1921 年，（ ④ ）を指導者とする中国共産党が結成され，1924 年，孫文は中国国民党を改組して共産党と提携した。また，上海から広がった（ ⑤ ）運動を機に国民政府が成立し，（ ⑥ ）が率いる国民革命軍が北伐を開始し，上海と南京占領後，新たに南京に（ ⑦ ）を建てた。その後，さらに華北に進撃し，北京を支配して北伐を完成した。敗れた（ ⑧ ）は日本の関東軍により爆殺され，その子（ ⑨ ）が国民政府を支持したため，中国の国民政府の全国統一は完成した。一方，中国共産党も勢力を伸ばし，1931 年瑞金を都に（ ⑩ ）を主席とする中華ソヴィエト共和国臨時政府を建てた。

① (　　) ② (　　) ③ (　　) ④ (　　) ⑤ (　　)
⑥ (　　) ⑦ (　　) ⑧ (　　) ⑨ (　　) ⑩ (　　)

ア 毛沢東　**イ** 国民政府　**ウ** 陳独秀　**エ** 張学良　**オ** 胡適
カ 魯迅　**キ** 五・四　**ク** 蔣介石　**ケ** 張作霖　**コ** 五・三〇

重要 **2** ［インドの民族運動］次の資料を読み，あとの問いに答えなさい。　　［青山学院大一改］

> 　1919 年 3 月 18 日に □A□ はインドの法律となった。…翌日，マドラスの集会に来ていたガンディーは，…C・ラージャーゴーパーラーチャーリーを訪ねて「夢のなかで，全国に総罷業(ハルタール)を呼びかけてみては，と思いついた」と語った。ハルタールとは経済活動を停止することで，商店主は店を開かず，勤め人は仕事に行かず，工場は閉鎖され，船舶の荷役作業は停止する。

(1) イギリスは第一次世界大戦後のインドの自治を約束したがその約束を破り，上記の資料にある民族運動弾圧の □A□ を発布した。これを何というか。　　　　(　　　　　　)

(2) 1919 年 4 月，イギリス軍が多数の住民を虐殺した事件がおきたシク教の中心都市(アムリットサール)は，現在のどの地方にあるか。　　　　　　　　　　(　　　　地方)

(3) 国民会議派のネルーたち急進派が，1929 年に「完全独立」決議した。この「完全独立」を指すことばをカタカナで何というか。　　　　　　　　　(　　　　　　)

(4) ガンディーが提唱した，非暴力を絶対的な原則とし，服従・協力を拒否することで不当な支配に抵抗する運動をカタカナで何というか。　　　　　　(　　　　　　)

(5) 右の写真で示されたガンディーの抵抗運動は，何と呼ばれているか。　　　　　　　　　　(　　　　　　)

3 ［アジアの民族運動］次の問いに答えなさい。

(1) イスラーム諸国の動向に関する次の文章中の空欄に入る適語を答え，**A**〜**D**にあてはまる地域を次頁の地図中の**ア**〜**カ**から選べ。

A （①　　　　　　　　　　　　　）は，ワッハーブ王国の再興を目ざし，ヒジャーズ王国を破ってサウジアラビア王国を建設した。　　　　　　　　　地域（　　　）

B 第一次世界大戦後自主権を回復したが，（②　　　　　　　　　）がクーデタによって実権を握り，1925年カージャール朝にかわるパフレヴィー朝を開いた。

地域（　　　）

C 第一次世界大戦後の講和条約に不満をもつ（③　　　　　　　　　　　）がトルコ大国民議会を組織し，スルタン制・カリフ制を廃止するとともに，1923年連合国と条約を締結し，アンカラを首都に共和国を樹立した。　　　　　　　　　地域（　　　）

D 1914年以来イギリスの保護国となっていたが，第一次世界大戦後，（④　　　　　　）党を中心に民族運動が活発となり，1922年エジプト王国が成立した。　　地域（　　　）

(2) 次のパレスチナ地方に関する文章中の空欄にあてはまる語句を答えよ。

　　パレスチナ地方は，第一次世界大戦中に，イギリスが戦争協力を条件に，アラブ人居住区の独占と独立を認めることを約束した（①　　　　　　　　　　　）協定やユダヤ人のパレスチナでの民族的郷土の設立を約束した（②　　　　　　　　）宣言などの矛盾する約束に加え，第一次世界大戦後イギリスの委任統治領となったことからアラブ・ユダヤ民族が長く対立する場となった。

(3) 東南アジアの民族運動について，次の問いに答えなさい。

① インドシナとインドネシアの民族運動に関する記述として誤っているものを，次のア〜エから選べ。　　　　　　　　　　　　　　　　　　　　　　　　（　　　）

　　ア インドシナでは，ホー=チ=ミンがベトナム青年革命同志会を結成した。

　　イ インドシナ共産党は，農村で武装闘争を展開した。

　　ウ インドネシアでは，インドネシア共産党がオランダから独立を唱えたが，弾圧でほぼ壊滅した。

　　エ インドネシアでは，スハルトを党首とするインドネシア国民党が結成された。

② アジア諸地域の民族運動について述べた次のa〜dの文にあてはまる国を，それぞれ答えよ。

　　a ファン=ボイ=チャウがドンズー（東族）運動をおこした。　　　（　　　　　　）

　　b アギナルドがスペインからの独立運動を指導した。　　　　　（　　　　　　）

　　c タバコ=ボイコット運動を展開し，立憲革命をおこした。　　　（　　　　　　）

　　d イスラーム同盟が結成され，独立運動の中心となった。　　　（　　　　　　）

Hints

2 (5) ガンディーは塩の専売に反対して，自ら塩をつくる作業を行った。

3 (3)① スハルトは第二次世界大戦後の1968年に就任した大統領。

1 ［第一次世界大戦］次の文章中の空欄にあてはまる人物名を答えなさい。また，あとの問い
に答えなさい。　　　　　　　　　　　　　　　　　　　　　　［(1)(4)(5)成蹊大・(2)(3)東洋大一改］

　　第一次世界大戦は，もともとは植民地の再分割を意図する帝国主義戦争であった。1917 年
に a アメリカが参戦し，同じ年にロシア革命も勃発したことで，戦後の国際秩序づくりにはア
メリカ大統領の（①　　　　　　　　　）や，ソヴィエト政府を樹立した（②　　　　　　　　　）らの思
想も一定の影響を及ぼすこととなった。もっとも，（②）が講和会議に招かれることはなく，
最終的に成立した b ヴェルサイユ体制は，c イギリスとフランスを中心とした帝国主義的な国
際秩序であった。戦争に勝利したとはいえ，両国は大きく疲弊し，この大戦を通じてロシ
ア・d オーストリア・ドイツというヨーロッパの 3 つの帝国も姿を消すこととなった。また，
アジア・太平洋地域でも戦後秩序を確立するため，1921 年に e ワシントン会議が開かれた。

(1) 下線部 a の 1920 年代に関する記述として誤っているものを，次の**ア**〜**エ**から選べ。

　ア 移民法が廃止され，外国人労働者の流入が始まった。　　　　　　　　　（　　　）

　イ 女性参政権(男女平等選挙権)が成立した。

　ウ ハリウッドで制作されるアメリカ映画は，アメリカの主要産業の 1 つとなった。

　エ ワスプ(WASP)はプロテスタントのイギリス系白人を指し，アメリカ社会の中心階層
　　となった。

(2) 下線部 b に関する記述として誤っているものを，次の**ア**〜**ウ**から選べ。　　（　　　）

　ア ドイツはすべての植民地を失い，アルザス・ロレーヌをフランスに割譲した。

　イ イラク，シリア，パレスチナはイギリスの委任統治のもとにおかれた。

　ウ アラビア半島では，イブン＝サウードがイギリスの支援を得て勢力を拡大した。

(3) 下線部 c に関する記述として正しいものを，次の**ア**〜**エ**から選べ。　　　（　　　）

　ア フランスは保護国のアフガニスタンと戦った後，アフガニスタンの独立を認めた。

　イ イギリスではアイルランドをアイルランド自由国としてイギリスから完全独立させた。

　ウ フランスのブリアン外相は，ドイツのルール地方の占領を目ざした。

　エ イギリスは自治領に本国と対等の地位を認め，イギリス連邦(コモンウェルス)を組織
　　した。

(4) 下線部 d から独立した国を，次の**ア**〜**エ**から選べ。　　　　　　　　　　（　　　）

　ア フィンランド　　**イ** エストニア　　**ウ** リトアニア　　**エ** チェコスロヴァキア

記述 (5) 下線部 e で締結されたアジア・太平洋地域の国際秩序を定めた 2 つの条約について，それ
　　らの条約名とその内容について簡潔に説明せよ。

　　（　　　　　　　　　　　　　　　　　　　　　　　　　　　　　　　　　　　　　　　）

重要 **2** ［中国の動向］次の文章を読み，あとの問いに答えなさい。 ［龍谷大一改］

　中国では，第一次世界大戦後の 1919 年，a中華革命党が名称をかえて中国国民党となり，1921 年，b中国共産党が結成された。両党は 2 度にわたるc国共合作を行ったが，一度目は北京政府に反対するための合作であった。しかし，蔣介石が北伐を進める過程で中国国民党内での政治対立が先鋭化したので，彼はそれを克服するために，（ ① ）に国民政府を樹立して自ら主席となった。その後，1928 年より蔣介石は北伐を再開し，d張学良が国民政府の東北支配を認めたため，e国民政府は中国の統一を達成した。一方の中国共産党は，1931 年に毛沢東を主席とする（ ② ）臨時政府を樹立した。

(1) ①・②に入る適語を答えよ。　　　　　①（　　　　　） ②（　　　　　　　　　）

(2) 下線部 a について，中国国民党の前身である，中華革命党を 1914 年に結成した人物はだれか。　　　　　　　　　　　　　　　　　　　　　　　　　　　　　　　（　　　　　）

(3) 下線部 b を結成した人物はだれか。　　　　　　　　　　　　　　　　（　　　　　）

(4) 下線部 c に関する記述として誤っているものを，次のア〜エから選べ。（　　　　　）

　　ア 第 1 次国共合作は，広州で開かれた中国国民党第 1 回全国代表大会で成立した。

　　イ 第 1 次国共合作は，国民党の改組の 3 大政策であった「連ソ・容共・扶助工農」をもとに実現した。

　　ウ 第 1 次国共合作の成立前に，共産党は，内戦停止・一致抗日を呼びかける八・一宣言を発表した。

　　エ 第 1 次国共合作は，国民党と共産党との対等な合作ではなく，共産党員の国民党への入党は認められたが，逆は認められなかった。

(5) 下線部 d に関する記述として誤っているものを，次のア〜エから選べ。（　　　　　）

　　ア 上海クーデタをおこして中国共産党を弾圧した。

　　イ 第二次世界大戦後は台湾で軟禁状態が続いていたが，台湾の民主化後に釈放された。

　　ウ 西安事件では蔣介石を監禁した。

　　エ 奉天軍閥張作霖の息子。父の死後，東北の実権を握った。

(6) 下線部 e について，国民政府による中国統一に関する記述として誤っているものを，次のア〜エから選べ。　　　　　　　　　　　　　　　　　　　　　　　　（　　　　　）

　　ア 日本は国民革命軍による中国統一を妨害するため，山東出兵を繰り返した。

　　イ 蔣介石は浙江財閥の協力を得て中国統一を目ざした。

　　ウ 北伐軍に敗れて撤退中の張作霖は日本軍(関東軍)によって爆殺された。

　　エ 国民革命軍は延安に向けて北伐を行った。

Hints

2 (3) 文学革命において，『新青年』を刊行した人物である。

　　(6) 中国東北地方に利権をもつ日本軍は，中国統一の意思をもった国民革命軍に対抗するため，中国の山東へ出兵した。

18 第二次世界大戦と新しい国際秩序の形成

STEP ① 基本問題

解答⊕ 別冊 25 ページ

1 ［世界恐慌］次の文章中の空欄に入る適語を答えなさい。また，あとの問いに答えなさい。

1929 年 10 月，ニューヨーク株式市場で株価が暴落し，世界恐慌となった。アメリカ大統領（①　　　　　　　　）は賠償・戦債支払いの 1 年間停止を宣言したが効果はなかった。世界恐慌に対し各国はさまざまな対策をとった。アメリカでは民主党のフランクリン=ローズヴェルトによって a ニューディールと呼ばれる政策が展開された。イギリスでは（②　　　　　　　　）が財政削減・金本位制の停止を実施し，1932 年のオタワ連邦会議では，スターリング=ブロックが結成された。また，このような深刻な不況と社会不安は b 政治上の変動をもたらした。

(1) 下線部 a について，ニューディールで制定されたものとして誤っているものを，次のア～エから選べ。　　（　　）

　ア　農業調整法　　イ　反トラスト法

　ウ　ワグナー法　　エ　全国産業復興法

(2) 下線部 b について，1930 年代のアメリカがラテンアメリカ諸国に対してとった外交政策は何か。　　（　　　　　政策）

2 ［日中戦争］次の文章中の空欄に入る適語をア～カから選びなさい。また，あとの問いに答えなさい。

1931 年，日本は（　①　）事件をきっかけに軍事行動をおこし，東北地方の大半を占領した。これが満州事変である。中国では1934 年，共産党軍が（　②　）の指導のもと大移動を開始し，内戦の停止と抗日民族統一戦線の結成を呼びかけた。（　③　）は拒絶したため a 張学良は（③）を幽閉し，抗日と内戦停止を説得した。（　④　）事件後，第 2 次国共合作が成立し，b 日中戦争が始まった。

　①（　　　）　②（　　　）　③（　　　）　④（　　　）

ア　劉少奇　　イ　毛沢東　　ウ　袁世凱　　エ　蔣介石

オ　盧溝橋　　カ　柳条湖

(1) 下線部 a のでき事を何というか。　　（　　　　　）

(2) 下線部 b の際に設立させた親日政権の首班はだれか。（　　　　　）

Guide

得点UP

▶各国の恐慌対策

①**アメリカ**…フランクリン=ローズヴェルトのニューディール（新規まき直し）。

②**イギリス**…マクドナルドのスターリング=ブロック。

③**フランス**…フラン=ブロック。

④**ドイツ・イタリア・日本**…ファシズムが台頭し，支配権の拡大の道へ進む。

▶日中戦争の関連語句

①**満洲事変**…日本軍が中国の東北地方の大半を占領→満洲国の成立→国際連盟脱退

②**中国共産党**…長征の途上，八・一宣言を出す。

③**西安事件**…張学良が国民党の蔣介石を捕らえ抗日と内戦停止を説得→第 2次国共合作成立

⚠ 注意 **柳条湖事件と盧溝橋事件**

柳条湖事件は日本の関東軍が柳条湖で鉄道を爆破し，満洲事変のきっかけとなった。盧溝橋事件は北京の盧溝橋付近でおこった日中両軍の衝突。日中戦争のきっかけとなった。

3 ［第二次世界大戦］次の文章を読み，あとの問いに答えなさい。

　1939年9月，a勢力拡大を進めてきたドイツのポーランド侵攻でb第二次世界大戦が勃発した。ドイツは，同じく孤立化を深めていた日本と接近しc協定を結んでいた。1941年12月，太平洋戦争が始まると，ドイツ・イタリアなどもアメリカと戦争状態に入った。しかし，ドイツはソ連とのスターリングラードの戦い，日本はd1942年のアメリカとの戦いの敗北以後戦況は悪化し，ドイツは1945年5月，日本は8月に無条件降伏した。

(1) 下線部aについて，ミュンヘン会談が開かれた1938年にドイツに割譲された地方を，右の地図中のア～エから選べ。（　　　）

(2) 下線部bの間のでき事として誤っているものを，次のア～エから選べ。（　　　）

　　ア　フランスの南半分はペタンのヴィシー政府が統治した。

　　イ　フランスのド＝ゴールは降伏を拒否し，イギリスに亡命した。

　　ウ　イギリスはチェンバレンの指導でドイツ軍上陸を阻止した。

　　エ　ドイツはバルカン半島に侵攻し，ギリシアを占領した。

(3) 下線部cについて，この協定に，イタリアも参加した協定を何というか。（　　　　　　　　　）

(4) 下線部dについて，日本の戦況悪化の契機となった戦いは何か。（　　　　　　　　　）

得点UP　**ナチスの台頭**

1933.1	ヒトラー内閣成立
10	国際連盟脱退
1935.1	ザール地方併合
3	再軍備宣言
1936.3	ラインラント進駐
10	ベルリン＝ローマ枢軸の形成
1937.11	日独伊三国防共協定
1938.3	オーストリア併合
9	ミュンヘン会談
1939.3	チェコスロヴァキア解体
8	独ソ不可侵条約
9	ポーランド侵攻

注意　**連合国の首脳会談**

①**大西洋上会談**…米・英→大西洋憲章

②**カイロ会談**…米・英・中→カイロ宣言

③**ヤルタ会談**…米・英・ソ→ヤルタ協定

第1章　第2章　第3章　第4章　総合

☑サクッとCHECK

● 次の文が正しければ○，誤っていれば×を書きなさい。

❶ 賠償・戦債支払いの1年間停止を宣言したのはウィルソンである。（　　　）

❷ ソ連は世界恐慌の影響をあまり受けなかった。（　　　）

❸ 中国共産党は長征の途上，八・一宣言で民族統一戦線の結成を呼びかけた。（　　　）

❹ ドイツがロカルノ条約を破棄して実施したのは再軍備宣言である。（　　　）

❺ イギリス首相で，ドイツ軍の上陸を阻止したのはネヴィル＝チェンバレンである。（　　　）

● 次の各問いに答えなさい。

❻ 1935年にアメリカで制定された，労働者の権利を保護する法律は何か。（　　　　　）

❼ ミュンヘン会談でドイツに割譲を認めた地域はどこか。（　　　　　）

❽ 日本が北方の安全確保のため，1941年にソ連と結んだ条約は何か。（　　　　　）

❾ 降伏を拒否し，フランスからイギリスへ亡命して抗戦を呼びかけたのはだれか。（　　　　　）

❿ 秘密条項としてドイツ降伏後のソ連の対日参戦などを決めた協定は何か。（　　　　　）

1 ［中国と日本の動向］次の文章中の空欄に入る適語を答えなさい。また，あとの問いに答えなさい。

　日本は，第一次世界大戦後の不況に加え，世界恐慌によりさらに追いうちをかけられた。この苦しい状況を打開するため，軍部は大陸への進出を図った。1931 年に日本軍は（①　　　　　　　）で鉄道を爆破し，それを口実に中国東北地方を支配した。これが，（②　　　　　　　）である。翌年には（③　　　　　　　）を建国した。これに対し，国際連盟の（④　　　　　　　）調査団は，日本の行動は a 侵略的行為であるという結論を下した。中国では b 国民党と共産党の内戦が続いていたが，（②）を機に中国の抗日運動が全国に広まり，1935 年，中国共産党は（⑤　　　　　　　）を出して，（⑥　　　　　　　）結成を呼びかけた。1936 年の（⑦　　　　　　）事件後，国共は 2 回目の c 協力体制をとった。翌 37 年，d 日中両軍の戦闘が始まり，その後，8 年間に及ぶ e 日中戦争が始まった。

記述 (1) 下線部 a について，この結果，1933 年 3 月，日本はどのような行動をとったか。
　　　　　　　　　　　　　　　　　　　　（　　　　　　　　　　　　）

(2) 下線部 b について，国民党と共産党の内戦に関する次の問いに答えよ。
　　① 1934 年国民政府の攻撃を受けた共産党軍が行った大移動を何というか。（　　　　　）
　　② 当時の共産党の指導者を答えよ。　　　　　　　　　　　（　　　　　）

(3) 下線部 c について，この協力体制を何というか。　　　　　（第 2 次　　　　　　）

(4) 下線部 d について，この戦闘がおきた地名を答えよ。また，その位置を右の地図中の**ア〜エ**から選べ。
　　　　　　　地名（　　　　　）　位置（　　　）

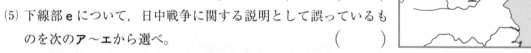

(5) 下線部 e について，日中戦争に関する説明として誤っているものを次の**ア〜エ**から選べ。　　　　　（　　　）
　　ア 1937 年末までに，日本は華北の要地と南京を占領した。
　　イ 中国はアメリカ・イギリス・ソ連の援助を受けた。
　　ウ 中国は，政府を南京から武漢，さらに広州へ移した。
　　エ 日本は東亜新秩序建設を掲げ，汪兆銘の親日政権を設立させた。

(6) 下線部 e について，日中戦争が長期化するなか，日本が，北方の安全確保のために連合国側のある国と結んだ条約は何か。　　　　　　　（　　　　　　　）

(7) 文章中の間におきたでき事として誤っているものを，次の**ア〜エ**から選べ。　　（　　　）
　　ア 中国の国民政府はイギリス・アメリカの援助で通貨を統一した。
　　イ スペインで軍人フランコによる内戦がおきた。
　　ウ イタリアのムッソリーニが，エチオピアに侵攻した。
　　エ イギリスで，チャーチルが首相になった。

重要 **2** ［戦後世界秩序の形成］次の文章中の空欄に適語を入れなさい。

1941年8月，英・米首脳会談で，戦後の国際秩序などに関する（①　　　　　　　　）が示され国際連合の基礎が確立された。1945年の（②　　　　　　　　　　）会議において国際連合憲章が採択され，10月に国際連合が発足した。国際連合は総会の決定により運営されるが，5大国を常任理事国とする安全保障理事会と多数の専門機関や補助機関から構成されている。戦後の国際金融・経済協力体制の構築のために（③　　　　　　　　　　）会議で連合国代表が国際復興開発銀行と（④　　　　　　　　　　　　　）の設立に合意した。また，アメリカドルを基軸通貨とする（⑤　　　　　　　）制（金ドル本位制）が採用された。

3 ［冷戦の始まり］次の文章中の空欄に適語を入れ，あとの各問いに答えなさい。　　［松山大一改］

第二次世界大戦後，「冷たい戦争」（冷戦）と称する，米ソを中心とする東西両陣営が対立することになった。1947年3月にアメリカ大統領トルーマンは，ソ連側の勢力拡大を阻止するための「（①　　　　　　　）」政策（トルーマン＝ドクトリン）を導入，続いて，ヨーロッパ諸国の戦後復興を支援する（②　　　　　　　　　　　）を発表し，積極的な経済支援を開始した。これに対し，ソ連側陣営は1947年に<u>aコミンフォルム</u>を結成し，1949年には（③　　　　　　　）を設立して東ヨーロッパ内での経済協力を目ざした。また，西側陣営では北大西洋条約機構を結成し，東側陣営は（④　　　　　　　　　　）機構を結成して対抗姿勢を示したが，<u>b1948年にはユーゴスラヴィアがコミンフォルムから除名されたのをはじめ</u>，この過程で東側陣営のソ連や東欧諸国は一つに団結していたわけではなかった。ドイツは分割統治され，同様に<u>c首都ベルリンも分割占領された</u>。1949年，西側のドイツ連邦共和国と東側のドイツ民主共和国がそれぞれ建国された。また，朝鮮半島では，朝鮮戦争が勃発（ぼっぱつ）し，朝鮮は大韓民国と朝鮮民主主義人民共和国が分離独立した。

(1) 下線部 **a** について，コミンフォルムの設立時に参加していた共産党のある国として正しいものを次の**ア〜エ**から選べ。　　　　　　　　　　　　（　　　　）

　　ア イタリア　　**イ** アルバニア　　**ウ** スペイン　　**エ** 中華人民共和国

記述 (2) 下線部 **b** について，ユーゴスラヴィアがコミンフォルムから除名された理由を説明せよ。

　　（　　　　　　　　　　　　　　　　　　　　　　　　　　　　　　　　　　　　）

(3) 下線部 **c** について，右の図は当時のベルリンの占領の模様を示したものである。図の斜線部分を占領していた国を次の**ア〜エ**から選べ。　　　（　　　　）

　　ア アメリカ　　**イ** イギリス
　　ウ フランス　　**エ** ソ連

ベルリンの占領区分

Hints
1 (1)国際連盟とのかかわりを考える。
3 (3)ベルリン封鎖を行った国である。

1 ［第二次世界大戦］次の文章中の空欄に入る適語を答えなさい。また，あとの問いに答えなさい。

［立命館大一改］

　右のカリカチュア(風刺画)は，不倶戴天(ふ ぐ たいてん)の敵と見なされたヒトラーとスターリンの間に(①　　　　　)年に結ばれた(②　　　　　　　)条約を風刺したものである。ファシストと共産主義者の「結婚」は世界中を驚かせ，ことにファシズムに対抗して結成された a 人民戦線に与えた衝撃は大きかった。社会民主主義者や共和主義者が共産主義者とともにこの戦線を形成していたからである。同年 9 月にヒトラー(ドイツ)が(③　　　　　　　　)を侵攻して第二次世界大戦が始

まったが，まもなくスターリン(ソ連)も(③)を侵攻し，かつ，エストニア・ラトヴィア・(④　　　　　　)のバルト 3 国をも侵攻し，さらに(⑤　　　　　　　　)と開戦したためソ連は b 国際連盟から除名された。しかし，2 人(国)の「結婚生活」は長続きしなかった。ドイツは，デンマーク・ノルウェー・オランダ・ベルギーを侵攻し，さらにパリに入城したが，対英戦争に行き詰まり，(⑥　　　　)年，c ソ連に宣戦した。ドイツは，モスクワの数十キロ手前まで攻め込んだが，その後は敗退し，ヴォルガ河畔の(⑦　　　　　　　　　　)の戦いで壊滅的な打撃をこうむった。その年の暮れ近くに，スターリンは，フランクリン゠ローズヴェルト・(⑧　　　　　　　)と，(⑨　　　　　　　)会談で共同作戦を練りあげ，その翌々年，さらに，(⑩　　　　　)会談で，ドイツの無条件降伏と戦後処理などについて話し合った。そして，ベルリンを陥落させ「新郎」を自殺に追い込んだのは，「新婦」の軍であった。

(1) 下線部 a の人民戦線に関連して，右の絵はある画家が人民戦線政府がファシズム勢力に敗れた 1936〜39 年のある国の内戦の惨状を素材にして描いた絵を表したものであるが，ある画家とある国の名称をそれぞれ答えよ。

　画家(　　　　　) 国名(　　　　　　)

(2) 下線部 b について，ソ連が国際連盟に加盟した年を次のア〜エから選べ。　　(　　　)

　ア 1920 年　　イ 1922 年　　ウ 1934 年　　エ 1939 年

(3) 下線部 c について，ドイツがソ連に宣戦した 2 か月あまり前に，ソ連がある枢軸国側の国(すうじく)と結んだ条約は何か。　　　　　　　　　　　　　　　　(　　　　　　)

2 [戦後の国際秩序] 次の文章を読み，あとの問いに答えなさい。 ［青山学院大一改］

　　1941年の大西洋憲章の構想をもとに国際連合が発足し，国際金融・経済体制の構築も目ざ
された。1944年7月の連合国代表が集まった会議で，国際通貨基金と国際復興開発銀行の設
立が合意され，ここで成立した体制により，第二次世界大戦後の世界経済は　A　が成立した。
敗戦国のドイツは，米・英・ソ・仏の4か国による分割占領と共同管理，ベルリンの分割管
理が実施された。また，（　①　）国際軍事裁判所が設置され，aナチス＝ドイツ指導者の戦争犯
罪責任が追及された。イギリスでは，1945年7月の選挙で　B　首相となり，重要産業の国有
化・社会福祉制度の確立を図った。フランスでは，1946年に（　②　）共和政が発足した。東ヨ
ーロッパやバルカン地域では，ソ連が自国の安全保障を確保するため，親ソ政権の樹立を進
め，bソ連型の人民民主主義に基づく社会主義が採用された。これに対し，アメリカ合衆国は，
ギリシアやトルコへの社会主義進出の阻止を目ざして，「封じ込め」政策（トルーマン＝ドクト
リン）を宣言した。また，ヨーロッパ諸国の経済的困窮が共産党拡大の原因ととらえ，（　③　）
を発表した。西ヨーロッパ諸国はこれを受け入れたが，ソ連・東欧諸国はこれを拒否し，
1949年に（　④　）を結成して，経済的な結束を強化した。

(1) ①〜④に入る適語を答えよ。　　　　　　　　　①（　　　　　　　　）　②（　　　　　　　　）
　　　　　　　　　　③（　　　　　　　　）　④（　　　　　　　　）

記述 (2) 　A　に入る内容を，「アメリカ」，「固定」の語を用いて答えよ。
　　（　　　　　　　　　　　　　　　　　　　　　　　　　　　　　　　　）

記述 (3) 　B　に入る内容を，2つの政党とそれぞれの党首に着目して答えよ。
　　（　　　　　　　　　　　　　　　　　　　　　　　　　　　　　　　　）

(4) 下線部aについて述べた文X・Yの正誤の正しい組み合わせを，あとのア〜エから選べ。
　　　　　　　　　　　　　　　　　　　　　　　　　　　　　　　（　　　　）

　　X：ミュンヘン会談によって，オーストリアを併合した。

　　Y：ミュンヘン一揆によって，政権を獲得した。

　　ア X—正　Y—正　　イ X—正　Y—誤　　ウ X—誤　Y—正　　エ X—誤　Y—誤

(5) 下線部bに関する記述として正しいものを，次のア〜エから選べ。　　（　　　　）

　　ア　国家をはじめ，一切の政治権力を否定した。

　　イ　土地改革と計画経済による工業化を目ざした。

　　ウ　農業・工業・国防・科学技術の分野での「四つの現代化」を掲げた。

　　エ　労働者の賃金低下の原因は機械であるとした。

Hints

1 (1)絵は「ゲルニカ」という作品。ゲルニカは，イベリア半島にある国の小都市。
　　(3)日本と結んだ条約である。
2 (3)選挙前はチャーチルが首相であった。
　　(4)ナチスは，ミュンヘン一揆をおこし，ヴァイマル政権の打倒・政権獲得を目ざしたが鎮圧された。

1 帝国主義に関する次の文章を読み，あとの問いに答えなさい。

［関東学院大一改］

　世界初の産業革命を達成したイギリスを追って，欧米の国々でも産業革命が進められた。19世紀後半になると，ドイツや a アメリカでは， b 第2次産業革命によって新しい産業が勃興した。主要国の資本主義が発展し，将来のための資源供給地や資源輸出先として，植民地の重要性が見直され，1880年代以降，諸列強はアジア・アフリカなどに殺到し，植民地や勢力圏を打ち立てた。イギリスは，1895年に植民相となった（　　）のもとで，白人植民者の多い植民地を c 自治領として間接統治を行い，非白人系植民地では直接支配を行った。後発帝国主義陣営は， d ほかの列強の植民地や勢力圏の再配分を要求して古くからの植民地保有国家との対立を深め，特にドイツは，世界政策を掲げる皇帝の親政が始まると， e 3B政策でイギリスの3C政策を脅かした。イギリスは「光栄ある孤立」を転換して，ドイツ・オーストリアを脅威と見るフランス・ f ロシアと提携して三国協商を成立させた。ドイツは， g オーストリア・イタリアと三国同盟を結んでいた。こうして諸列強は，イギリスとドイツを中心として，1910年以降軍備拡大を競い合った。

(1) 文章中の（　　）にあてはまる人物名を答えよ。

(2) 下線部 a に関する説明として誤っているものを，次のア～エから選べ。

　　ア 天然資源に恵まれたアメリカは，19世紀末には世界一の工業国となった。

　　イ アメリカ＝スペイン戦争に勝利し，カリブ海・太平洋のスペイン領植民地を獲得した。

　　ウ 国内のフロンティア消滅を契機にアメリカは海外進出を目ざし，アラスカを占拠した。

　　エ セオドア＝ローズヴェルト大統領は，パナマ運河建設に着手した。

記述 (3) 下線部 b に関して，第1次産業革命と第2次産業革命の違いを動力の面から説明せよ。

(4) 下線部 c に関して，自治領に含まれない地域を，次のア～エから選べ。

　　ア 南アフリカ連邦　　イ オーストラリア連邦　　ウ ニュージーランド　　エ インド

(5) 下線部 d に関して，植民地や勢力圏再配分の要求から生じたでき事を次のア～エから選べ。

　　ア ウラービー運動　イ ドンズー（東遊）運動　ウ マフディー派の抵抗　エ モロッコ事件

(6) 下線部 e に関して述べた X，Y の正誤の正しい組み合わせを，次のア～エから選べ。

　　X：3B政策とは，ベルリン・現イスタンブル・バグダードを結ぶ政策である。

　　Y：3C政策とは，ケープタウン・カイロ・カシミールを結ぶ政策である。

　　ア X―正　Y―正　　イ X―正　Y―誤　　ウ X―誤　Y―正　　エ X―誤　Y―誤

難問 (7) 下線部 f に関する説明として正しいものを，次のア～エから選べ。

　　ア ロシア皇帝ニコライ2世の提唱で，万国平和会議がパリで開催された。

　　イ ロシアの文豪トルストイは，著書『戦争と平和』で特権階級のモラルを批判した。

　　ウ ロシア十月（十一月）革命直後，全ロシア＝ソヴィエト会議で新政府の成立を宣言した。

　　エ ロシア革命後，ソヴィエト政権とドイツ間でセーヴル条約が締結された。

(8) 下線部 g に関する説明として誤っているものを，次のア～エから選べ。

ア イタリア統一を目ざしたサルデーニャ王国は，1859年にオーストリアと開戦し，ロンバルディアを得た。

イ イタリア王国は，オーストリア領であったヴェネツィアを1866年に併合した。

ウ イタリア王国は，1870年に国家統一を果たしたが，トリエステ・南チロルなどはオーストリア領にとどまり，「未回収のイタリア」と呼ばれた。

エ オーストリアは，イタリアとトルコの戦争に乗じて1912年オスマン帝国に宣戦した。

(1)		(2)	(3)				
	(4)		(5)	(6)		(7)	(8)

2 次の資料を読み，あとの問いに答えなさい。

〔上智大一改〕

> （前略）　a戦争の終了から時を隔てるほどに，二つの本質的に異なる方向，すなわち片や帝国主義的で反民主主義的な陣営と，片や反帝国主義的で民主主義的な陣営という方向が，いよいよ目立ってきた。（中略）　アメリカの軍事戦略計画は，米州大陸から著しく離れ，ソ連邦およびb新民主主義諸国に対する侵略目的に使用する予定の多数の基地と足場を，平時から考慮しておく，というものである。（中略）　アメリカの経済的膨張は，戦略計画の実現を補完する上で重要である。アメリカ帝国主義はc欧州諸国の戦後の困難を，とくに，これら諸国すなわち戦争で最も多く疲弊した同盟諸国の原料，燃料，食料の不足を，自国の高利貸のような援助条件を呑ませるために利用することに余念がない。（後略）

(1) 資料は，ソ連共産党の指導者の一人が行った，ある組織の結成時の「国際情勢報告」である。その組織をカタカナで答えよ。

(2) 下線部**a**に書かれた「戦争」の時には，両陣営は共通の敵を倒すために協力していた。その「戦時の共通の敵」でなかった国を，次の**ア**～**エ**から選べ。

　　ア イタリア　**イ** ドイツ　**ウ** スペイン　**エ** 日本

(3) 次の**ア**～**オ**のでき事を，年代の古い順に並べよ。

　　ア シベリア出兵開始　**イ** ソ連のポーランド侵攻　**ウ** 独ソ不可侵条約

　　エ ラパロ条約の締結　**オ** 国際連盟からのソ連の除名

(4) 下線部**b**の国にあてはまらないものを，次の**ア**～**エ**から選べ。

　　ア チェコスロヴァキア　**イ** ハンガリー　**ウ** ベルギー　**エ** ポーランド

(5) 下線部**c**のように，アメリカは戦後，他大陸まで軍事的関与をするような方針をとった。この方針を明言した宣言を何というか。

(1)		(2)	(3)	→	→	→	→
(4)	(5)						

19 米ソ冷戦と第三世界の台頭

STEP ① 基本問題

解答⊖ 別冊 27 ページ

1 ［戦後の欧米社会］次の文章中の空欄に入る適語を答えなさい。また，あとの問いに答えなさい。

第二次世界大戦後，アメリカ合衆国では，ワグナー法にかわって労働組合運動を制限する(①　　　　　　　　　　)法が制定された。また，(②　　　　　　　)により共産主義者が公職を追放された。1962 年ソ連が(③　　　　　　　)にミサイル基地を建設すると，アメリカは海上封鎖でこれに対抗し，a米ソ間の緊張が高まったが，ソ連側の譲歩によって解決した。

第二次世界大戦後，西ヨーロッパの復興はめざましく，その中で各国の経済上の協力体制がつくられ，1967 年に 3 つの機構を統合した(④　　　　　　　　　　)が成立した。

フランスでは，1958 年に(⑤　　　　　　　)を大統領とする第五共和政が発足し，米・ソの対立に加わらない独自外交を展開した。ドイツ連邦共和国(西ドイツ)は，1949 年に発足した(⑥　　　　　　)首相のもとで，「経済の奇跡」と呼ばれる経済成長をとげ，1969 年に首相となった(⑦　　　　　)がb社会主義国に対する友好的な外交を展開した。

(1) 下線部 a のでき事を何というか。 (　　　　　　　)
(2) 下線部 b の外交を何というか。 (　　　　　　　)

2 ［ソ連の雪どけと変容］次の文章中の空欄に入る適語を答えなさい。

ソ連では，(①　　　　　　　)の死後，1956 年のソ連共産党大会で(②　　　　　　　)第一書記が平和共存を唱え，(①)批判を行い，国際情勢は，緊張緩和の方向へと向かった。しかし(②)が国内外で展開した政策は，それを批判する(③　　　　)などの社会主義諸国との対立を生み，また東欧諸国内の反体制運動を表面化させた。とくに，(②)の退陣後，(④　　　　　　)では 1968 年に(⑤　　　　　　)と呼ばれた市民運動がおこったが，ソ連は他の東欧諸国とともに軍事介入を行い，この国の自由化の動きをおさえた。

Guide

得点UP

▶**キューバ危機**
ソ連がキューバにミサイル基地を配備し，アメリカのケネディ大統領は撤去を要求して海上封鎖を実行した。ソ連の譲歩により軍事衝突は回避され，以降，両国の核軍縮が進展した。

▶**米ソ軍縮**
米・英・ソで部分的核実験禁止条約調印(1963 年)→核拡散防止条約調印(1968年)→米ソで第 1 次戦略兵器制限交渉(SALT) 開始(1969 年)→戦略兵器削減交渉(START) 開始(1982年)→中距離核戦力(INF)全廃条約調印(1987 年)

▶**東欧の自由化運動**(反ソ暴動)
①**ポーランド(ポズナニ)暴動**…1956 年 6 月 発生。以後ゴムウカが統一労働者党第一書記になる。
②**ハンガリー暴動**…1956年 10 月発生。ブダペストでの反乱にソ連軍が出動して全土を制圧。

 フルシチョフ時代

1956 年，ソ連共産党第20 回大会で**スターリン批判**を発表，平和共存路線を展開し，**中ソ対立**がおこる。一方，1956 年，ポーランドとハンガリーの反ソ暴動鎮圧。キューバ危機。

3 ［第三世界の台頭］次の文章を読み，あとの問いに答えなさい。

　1954年，中国の周恩来首相とインドのネルー首相が会談し，a 領土主権の尊重などの原則を発表した。また，翌年には29か国の代表が参加して b インドネシアで会議を開催し，平和十原則を採択した。

　エジプトでは c スエズ運河の国有化宣言がされたことから，スエズ戦争（第2次中東戦争）がおこり，以降，エジプトはアラブ民族主義の指導的地位に就いた。アルジェリアでは独立闘争が激化し，d フランス第五共和政のもと独立を達成した。また，e ガーナがサハラ以南で最初の黒人共和国として成立したのをはじめ，f 1960年にはアフリカに多くの独立国が誕生した。

(1) 下線部 a の原則を何というか。　　　（　　　　　　　）

(2) 下線部 b の会議は何か。　　（　　　　　　　　　）

(3) 下線部 c を宣言した大統領はだれか。　　（　　　　　　）

(4) 下線部 d について，当時のフランスの大統領はだれか。
　　　　　　　　　　　　　　　　（　　　　　　　　）

(5) 下線部 e を指導した人物はだれか。　　（　　　　　　）

(6) 下線部 f の年は何と呼ばれたか。　　（　　　　　　）

(7) 次の**ア〜ウ**のでき事を，年代の古い順に並べよ。
　　　　　　　（　　　　→　　　　→　　　　）

　　ア 東南アジア諸国連合（ASEAN）結成
　　イ アフリカ統一機構（OAU）結成
　　ウ 第1回非同盟諸国首脳会議

第1章　第2章　第3章　第4章　総合

得点UP

▶**開発独裁**
　強権的支配のもとで近代化や工業化を強行していく独裁政治体制。
①**大韓民国**…朴正熙（パクチョンヒ）
②**インドネシア**…スハルト
③**フィリピン**…マルコス
④**シンガポール**…リー=クアンユー

▶**中国の動向**
①毛沢東（もうたくとう）による「**大躍進**（だいやくしん）」運動→失敗
②**中ソ対立**…平和共存の是非をめぐり中ソが対立
③毛沢東（もうたくとう）による「**プロレタリア文化大革命**（りゅうしょう）」→劉少奇・鄧小平（とうしょうへい）らが失脚
④鄧小平らによる改革・開放路線→「**四つの現代化**」

📖**参考** **非同盟諸国首脳会議**
　1961年ティトー・ナセル・ネルーの呼びかけで，ユーゴスラヴィアのベオグラードで開催された会議。平和共存，民族解放の支持，植民地主義反対を宣言した。

☑ サクッとCHECK

● 次の文が正しければ○，誤っていれば×を書きなさい。
❶ ソ連は西側管理地区の通貨改革に反対し，ベルリン封鎖を実施した。　　　　　　　　（　　　　）
❷ アメリカは，1951年にオーストラリア・ニュージーランドと SEATO を締結した。　（　　　　）
❸ 南アフリカ共和国では，アパルトヘイトと呼ばれる人種隔離政策がとられた。　　　（　　　　）
❹ インドネシア・マレーシア・タイ・フィリピン・シンガポールで ASEAN が結成された。（　　　　）
❺ ジョンソン大統領はベトナム戦争を終結させた。　　　　　　　　　　　　　　　　（　　　　）

● 次の各問いに答えなさい。
❻ キューバ危機がおこった時のアメリカの大統領はだれか。　　　　　　　（　　　　　　　）
❼ 第三世界で行われるようになった，強権的支配のもとで政治・社会運動を抑制
　しながら工業化をはかる体制を何というか。　　　　　　　　　　　　　（　　　　　　　）
❽ チェコスロヴァキアの民主化運動を指導した人物はだれか。　　　　　　（　　　　　　　）
❾ 大韓民国が成立したときの大統領はだれか。　　　　　　　　　　　　　（　　　　　　　）
❿ 1966年，毛沢東が改革派に対抗しておこした改革運動を何というか。　　（　　　　　　　）

1 ［アジア諸国の動向］次の文章中の空欄に入る適語を答えなさい。また，あとの問いに答え
なさい。　　　　　　　　　　　　　　　　　　　　　　　　　　　　　　　　　［関西学院大一改］

　20 世紀後半の東アジアの諸国が歩んだ道のりは決して平坦なものではなかった。朝鮮半島
は日本の植民地支配から脱したとはいえ，アメリカとソ連による管理区域が南北に分断され
たため，大韓民国と，a朝鮮民主主義人民共和国が分立することになった。さらに，1950 年
から行われた朝鮮戦争後，北緯 38 度線を挟む軍事境界線で南北朝鮮の分断が継続すること と
なった。朝鮮戦争はb中華人民共和国にも大きな影響を与えた。人民義勇軍の派遣のために多
くの国力を注ぎ込んだ中国は，社会主義化への道を急速に歩むことになる。その行き着いた
先が文化大革命であり，これは中国に未曾有の混乱をもたらすこととなった。アジアのいく
つかの地域では，開発独裁と呼ばれる政治体制が見られた。大韓民国もクーデタによって実
権を握った（① 　　　　　　）が大統領となり，独裁体制をとりながらも経済発展をもたらした
が，側近に暗殺された。cインドネシアのスハルト政権，長期政権であったフィリピンの
（② 　　　　　　）政権も開発独裁の例としてあげることができる。スハルトは，d東南アジ
ア諸国連合の創設にも尽力した。

(1) 下線部 a に関する説明として誤っているものを，次のア〜エから選べ。　　（　　　）

　ア　金日成（キムイルソン）は主体思想というスローガンを唱えた。
　イ　大韓民国と同時に国連に加盟した。
　ウ　金正日（キムジョンイル）は朝鮮共産党の総書記となって，金日成を後継した。
　エ　朝鮮民主主義人民共和国の核開発をめぐって，6 か国協議が開かれた。

(2) 下線部 b に関するでき事を年代順に並べた正しい組み合わせを，次のア〜エから選べ。
　　　　　　　　　　　　　　　　　　　　　　　　　　　　　　　　　　　　（　　　）

　ア　「大躍進」運動→劉少奇の国家主席就任→核実験成功→中ソ対立（国境での軍事衝突）
　イ　中ソ対立（国境での軍事衝突）→「大躍進」運動→劉少奇の国家主席就任→核実験成功
　ウ　「大躍進」運動→核実験成功→劉少奇の国家主席就任→中ソ対立（国境での軍事衝突）
　エ　核実験成功→「大躍進」運動→劉少奇の国家主席就任→中ソ対立（国境での軍事衝突）

(3) 下線部 c に関する説明として正しいものを，次のア〜エから選べ。　（　　　）
　ア　オランダは，日本のポツダム宣言受諾時にインドネシアの独立を認めた。
　イ　1960 年代に国連から脱退し，それ以後復帰していない。
　ウ　スカルノは共産党とは協調路線をとった。
　エ　スハルト大統領の退任後，副大統領のメガワティが昇格した。

(4) 下線部 d の発足時に参加していなかった国を，次のア〜エから選べ。　（　　　）
　ア　マレーシア　　イ　フィリピン　　ウ　ラオス　　エ　タイ

重要 **2** ［パレスチナ紛争］次の文章を読み，あとの問いに答えなさい。　　　　〔中央大一改〕

　アラブ諸国は 1945 年 3 月，ₐアラブ連盟を結成し，アラブの統一行動を目ざした。第二次世界大戦後のイギリスによる委任統治権の放棄を機に，国際連合がパレスチナをユダヤ人国家とアラブ人国家に分割する案を決議したが，両勢力の思惑は実現するに至らず，1948 年，ついにｂパレスチナ戦争（第 1 次中東戦争）が勃発した。この戦争はアラブ側の大敗に終わり，国際連合はユダヤ人国家イスラエルだけを独立国とした。その後，イスラエルとアラブ諸国との間ではｃ数度の戦争が繰り返され，ｄイスラエルが多くの地域を占領する一方，アラブ人がパレスチナから追われ，難民となった。

(1) 下線部 **a** について，アラブ連盟の結成に参加した国として誤っているものを，次の**ア〜オ**からすべて選べ。　　　　　　　　　　　　　　　　　　　　　　（　　　　）

　ア イラン　　**イ** イラク　　**ウ** シリア　　**エ** サウジアラビア　　**オ** リビア

(2) 下線部 **b** について，1947 年の国連決議からパレスチナ戦争（第 1 次中東戦争）の勃発に至る経緯に関する説明として正しいものを，次の**ア〜オ**から選べ。　　（　　　　）

　ア ユダヤ人側とアラブ人側の双方ともパレスチナを分割するという国連決議を受け入れず，双方がパレスチナ全域を領土とする国家の樹立を宣言し，戦争へと突入した。

　イ ユダヤ人側はパレスチナを分割するという国連決議を受け入れて国家樹立を宣言したが，アラブ人側はそれを受け入れず，戦争となった。

　ウ アラブ人側はパレスチナを分割するという国連決議を受け入れて国家樹立を宣言したが，ユダヤ人側はそれを受け入れずにパレスチナ全域を領土とする国家の樹立を宣言したため，戦争となった。

　エ ユダヤ人側とアラブ人側の双方ともパレスチナを分割するという国連決議を受け入れたが，アラブ過激派によるテロ事件をきっかけとした報復合戦から戦争に突入した。

　オ ユダヤ人側とアラブ人側の双方ともパレスチナを分割するという国連決議を受け入れたが，ユダヤ人側で内部の強硬派が独走し，これをおさえきれずに戦争に突入した。

(3) 下線部 **c** について，中東戦争に関する次の①・②について，正しければ**ア**を，誤っていれば**イ**で答えよ。

　① スエズ戦争（第 2 次中東戦争）において，イスラエルは単独で，複数のアラブ諸国と戦った。　　　　　　　　　　　（　　　　）

　② 第 3 次中東戦争は，イスラエルによる奇襲攻撃で始まり，6 日間で終結した。　　　　　　　　　　　　　　　　（　　　　）

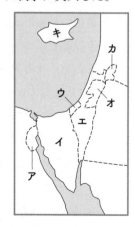

(4) 下線部 **d** について，イスラエルがパレスチナ戦争（第 1 次中東戦争）の休戦時点で国際的に認められた領土とは別に占領したことのある地域を，右の地図中**ア〜キ**からすべて選べ。（　　　　　　　）

Hints

1 ① 李承晩（イ スンマン）が 1960 年の民主化を求めるデモで失脚した後，1961 年のクーデタで実権を握った人物。

2 (4)イスラエルは，シナイ半島，ガザ地区，ヨルダン川西岸，ゴラン高原を占領した。

重要 **1** ［冷戦時代の世界］次の文章を読み，あとの問いに答えなさい。   ［東京経済大一改］

　　第二次世界大戦後ほどなくアメリカとソ連の関係は急速に悪化し，世界は冷戦と呼ばれる緊張関係に陥った。なかでも敗戦国のドイツでは，1949 年に a2 つのドイツ国家が成立し，東西冷戦の激化を象徴する事態となった。冷戦は一方で，アメリカとソ連が b核兵器や宇宙技術に関して自国の優位を追求するあまり，激しい軍拡競争を繰り広げた時代であった。他方で1950 年代以降，国際政治においては，両国の対立とは別のさまざまな動きが現れてくる。1つは東西両陣営のなかに見られる意見の相違，あるいは対立関係である。フランスは，大統領ド゠ゴールのもとで，必ずしもアメリカの方針とは一致しない独自外交を展開した。東側陣営では，ソ連と中国の対立が表面化した。さらに，c東欧の社会主義諸国において高まった自由化の動きに対し，ソ連は軍事力をもって鎮圧した。もう 1 つ，国際政治の多様化に関して見逃せないのが，アジアおよびアフリカ地域の動向である。1955 年，インドネシアのバンドンに 29 か国のアジア・アフリカ諸国が集まって会議が開催された。dこの会議で出された宣言は，欧米諸国中心の国際政治秩序の転換を目ざすものであった。これ以降，多くのアジア・アフリカ諸国が e民主主義や人権を主張しつつ，植民地支配や権益維持にこだわる欧米諸国を排し，自立性を強めていくことになるのである。

(1) 下線部 a について，2 つのドイツ国家の記述として誤っているものを，次のア～エから選べ。　　　　　　　　　　　　　　　　　　　　　　　　　　　　（　　　）

　　ア　ドイツ連邦共和国(西ドイツ)の経済復興は「経済の奇跡」と呼ばれた。

　　イ　ドイツ連邦共和国(西ドイツ)はアデナウアー首相のもとで，再軍備を実現した。

　　ウ　ドイツ民主共和国(東ドイツ)はベルリンの壁を建設した。

　　エ　東西両ドイツは，建国と同時に相互に承認しあった。

(2) 下線部 b に関連して，核兵器の脅威を訴える科学者を中心に 1957 年に開催され，核兵器禁止の世論形成に寄与した会議を何というか。　　　　（　　　　　　　）

(3) 下線部 c について，東ヨーロッパ諸国でおきた民主化運動に関する記述として誤っているものを，次のア～エから選べ。　　　　　　　　　　　（　　　）

　　ア　チェコスロヴァキアにおける民主化運動は「プラハの春」と呼ばれたが，ソ連軍を中心とするワルシャワ条約機構軍によって弾圧された。

　　イ　ハンガリーでは，社会主義体制とソ連からの離脱を求める大衆運動が全国に拡大したが，ソ連はこれを軍事介入によって鎮圧した。

　　ウ　ルーマニアでは，民主化運動の指導者であったチャウシェスクの指導の下，民主化が目ざされたが，ソ連によって弾圧された。

　　エ　ポーランドでは，生活改善と民主化を求める人々がポズナニで暴動をおこしたが，ソ連の介入を受けることなく，ポーランド軍のみで自らこの運動を鎮圧した。

(4) 下線部 d について，この会議で出された宣言を何というか。　　（　　　　　　　）

(5) 下線部 e に関連して，欧米諸国からの独立を求めるアジア・アフリカ諸国に関する記述として正しいものを，次のア〜エから選べ。（　　　）

　ア　スエズ戦争（第2次中東戦争）に際し，アメリカ，イギリス，フランスは，エジプトに軍事行動をおこしたが，国際的な非難にさらされた。

　イ　アルジェリアはフランスからの独立を達成し，これに反対したフランス第五共和政は崩壊した。

　ウ　ガーナは，フランス連合のなかの最初の黒人国家として，エンクルマの指導の下で独立を達成した。

　エ　コンゴでは，ウランや銅などの鉱物資源を確保したいベルギーの干渉の結果，動乱が引きおこされた。

2 ［ベトナム戦争］次の文章を読み，あとの問いに答えなさい。　　　　　　　　　［津田塾人一改］

　東西対立は，アジア・太平洋地域にも広がった。（　①　）が率いるベトナム民主共和国（北ベトナム）は，独立を認めないフランスと戦って 1954 年 5 月に（　②　）で勝利し，同年 7 月に a ジュネーヴ休戦協定が結ばれた。しかし，東南アジアにおける共産主義勢力の拡大を阻止しようとするアメリカは，ゴ゠ディン゠ジエム政権の（　③　）国の成立を支援し，中ソの支援を受けたベトナム民主共和国（北ベトナム）と対立した。ジエム政権は強権的な反共政策をとったため，これに反発して南ベトナム解放民族戦線が組織され，北ベトナムと連携してゲリラ戦を展開した。こうした動きに対し b アメリカの軍事介入が本格化していった。

(1) ①〜③に入る適語を答えよ。　①（　　　　　　　　）　②（　　　　　　　　　　）
　　　　　　　　　　　　　　　③（　　　　　　　　）

記述 (2) 下線部 a の内容について，簡潔に説明せよ。
　（　　　　　　　　　　　　　　　　　　　　　　　　　　　　　　　　　　　）

(3) 下線部 b について，次の問いに答えよ。

　① 1965 年に，トンキン湾事件を口実としてジョンソン政権下で開始された北ベトナムへの軍事行動を何というか。漢字 2 字で答えよ。　　　　　　　　（　　　　）

　② ベトナムでの軍事行動を縮小し，1973 年にベトナム（パリ）和平協定を締結して南ベトナムからの撤退を実現したアメリカの大統領はだれか。　　　　（　　　　）

　③ アメリカ軍がベトナムから撤退したあと，1976 年に南北を統一して成立した国は何か。
　　　　　　　　　　　　　　　　　　　　　　　　　　　　　　　（　　　　　　）

Hints

1 (1) ドイツ連邦共和国（西ドイツ）は，アデナウアー政権下で経済復興を成し遂げ，再軍備や NATO への加盟を果たした。
　(5) スエズ戦争（第2次中東戦争）でエジプトに出兵したのは，イスラエル，イギリス，フランスである。
2 (3) ② 1972 年に中国を訪問し，関係正常化に合意した大統領である。
　③ 首都はハノイで，北ベトナムの憲法を基礎とする新憲法を制定した。

第4章 地球世界の課題

20 冷戦の終結とグローバル化の進展

STEP ① 基本問題

解答➔ 別冊28ページ

1 ［東欧社会主義圏とソ連の解体］次の文章中の空欄に入る適語を答えなさい。また，あとの問いに答えなさい。

　1980年代に入り，ポーランドでは，（①　　　　　　）を指導者として自主管理労組「（②　　　　）」が組織され，1989年に（②）を中心とする連立政権が誕生した。一方，ソ連では，1985年に書記長に就任した（③　　　　　　　）が政治・社会の改革ₐペレストロイカを推進した。しかし，ᵦ旧体制が先に崩壊したのは，ソ連の改革の影響を受けた東欧諸国のほうで，その多くの場合がᵪ平和的に崩壊していった。さらに，改革を進めつつも社会主義体制の維持にこだわったソ連も，𝒹改革急進派の台頭や連邦内のほとんどのₑ共和国が離脱したことで，ᵩ解体に至った。

(1) 下線部ₐのペレストロイカについて，次の各問いに答えよ。

① 下線部ₐのきっかけとなる大事故をおこした原子力施設の名称を答えよ。　　（　　　　　　　　　　）

② 下線部ₐの一環として行われた情報公開のことを何というか。　　　　　　（　　　　　　　　　　）

③ 下線部ₐの推進の過程で，1989年に撤退するまで軍隊を派遣していた国はどこか。　（　　　　　　　　　　）

(2) 下線部ᵦについて，1989年にドイツ民主共和国（東ドイツ）でホネカー書記長退陣後におきた象徴的なでき事を答えよ。
　　　　　　　　　　（　　　　　　　　　　）

(3) 下線部ᵪについて，例外として，1989年に旧指導者が処刑された国はどこか。　　　（　　　　　　　　　　）

(4) 下線部𝒹について，改革派の旗手であり，ロシアの初代大統領となった人物はだれか。　（　　　　　　　　）

(5) 下線部ₑについて，1991年ソ連邦から独立した国のうち，バルト3国ではないものを，次のア～エから選べ。（　　　）

　　ア エストニア　　イ ウクライナ
　　ウ リトアニア　　エ ラトヴィア

(6) 下線部ᵩについて，ソ連の解体を決定づけた，1991年12月に結成された組織の名称を答えよ。（　　　　　　　　）

Guide

得点UP

▶**東欧社会主義圏の解体**
①**ポーランド**…ワレサの指導による「連帯」が改革要求。「連帯」を中心とする連立政権が発足。
②**東ドイツ**…ホネカー書記長が失脚し，ベルリンの壁が開放→ドイツ統一の実現。
③**ハンガリー・チェコスロヴァキア・ブルガリア・ポーランド**で無血革命。
④**ルーマニア**…チャウシェスク夫妻の処刑による独裁体制終結。
▶**中国の動向**
　毛沢東（もうたくとう）の死後，鄧小平（とうしょうへい）による「四つの現代化」の推進→民主化を求める学生らを武力で鎮圧（天安門（てんあんもん）事件）。
▶**アジア・アフリカの動向**
①**ベトナム**…「ドイモイ」政策で市場開放。
②**カンボジア**…シハヌークを国王とするカンボジア王国樹立。
③**エチオピア**…ハイレ=セラシエ皇帝の専制が倒れる。

2 ［諸地域の紛争］次の(1)～(6)にあてはまる地域を，下の世界各地の紛争地域を示した地図中の**ア～ク**から選びなさい。

(1) 2002 年，21 世紀初の独立国となった国である。

（　　）

(2) イスラエル建国により紛争が続いている。

（　　）

(3) イラクが隣国のクウェートに侵攻したことが原因で湾岸戦争がおこった。

（　　）

(4) 1992 年から，セルビア人・クロアティア人・イスラーム教徒の 3 勢力の争いで内戦が激化した。

（　　）

(5) 内戦により国土が荒廃し，1991 年以降は政府が存在しない状態が続いている国。

（　　）

(6) カトリックとプロテスタントの宗教上の争いが原因で，紛争が拡大していった地域。

（　　）

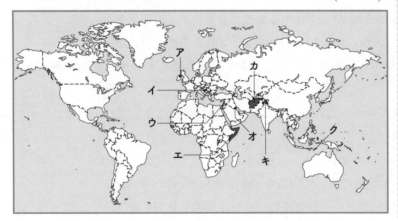

得点UP パレスチナ紛争

①パレスチナ戦争（第 1 次中東戦争）…イスラエル建国に反対するアラブ連盟が開戦。
②スエズ戦争（第 2 次中東戦争）…エジプトのスエズ運河国有化に対して，英・仏・イスラエルが開戦。
③第 3 次中東戦争…イスラエルが圧勝しシナイ半島・ゴラン高原などを占領。
④第 4 次中東戦争…エジプト・シリアが先制攻撃→第 1 次石油危機

参考 イスラエルの領土

■第一次世界大戦後のイギリス委任統治領
////国連パレスチナ分割案(1947年)による領土
---パレスチナ戦争での停戦ライン(1949年)
▒第3次中東戦争での占領地（1982年4月，エジプトにシナイ半島を返還）

☑ サクッとCHECK

● 次の文が正しければ○，誤っていれば×を書きなさい。

❶ 1979 年，ソ連はアフガニスタンに軍を派遣したことで西側諸国から批判された。 （　　）
❷ 事故がおきたチョルノービリ（チェルノブイリ）原子力発電所はウクライナにある。 （　　）
❸ ベルリンの壁が開放されたのは 1989 年のことである。 （　　）
❹ 1989 年，中国政府が武力で鎮圧した，学生らの民主化運動は五・四運動である。 （　　）
❺ 民衆の反対運動でスハルト大統領が退陣させられた国はフィリピンである。 （　　）

● 次の各問いに答えなさい。

❻ 反体制運動で妻とともに処刑されたチャウシェスクは，どこの国の大統領か。 （　　　　）
❼ ソ連邦から独立したエストニア・ラトビア・リトアニアの 3 国を何というか。 （　　　　）
❽ 中国で開放経済を進めた中心人物はだれか。 （　　　　）
❾ エリツィンを大統領とするロシアを中心に結成された組織は何か。 （　　　　）
❿ 神不在の時代における虚無主義の哲学を探究したドイツの哲学者はだれか。 （　　　　）

解答➔ 別冊 29 ページ

重要 **1** ［第三世界の諸問題］次の文章を読み，あとの問いに答えなさい。

［関西学院大一改］

　　第二次世界大戦後，_aアジア・アフリカの植民地が国家として独立するにあたっては，宗主国との戦争や，民族的・宗教的な対立による_b内戦を経験することになった。東西両陣営の対立ももち込まれたため，どちらにも属さない_c第三勢力（第三世界）を形成しようとする動きが見られた。また中印国境紛争などの矛盾もあらわになった。経済発展の面でもアジア・アフリカ・ラテンアメリカの多くの国はとり残され，北の豊かな先進工業国との_d経済格差が問題となった。冷戦終結後も，旧ソ連領内の_eチェチェンやジョージア（グルジア）などを含めて，各地で内戦や地域紛争が頻発し，多数の難民が生じている。中東でも上からの近代化政策への反発から_fイスラーム復興運動が広がり，アラブ諸国の分裂もあって政治的混迷を深めている。

(1) 下線部 **a** における諸国家の独立に関する記述として誤っているものを，次の**ア〜エ**から選べ。　　　　　　　　　　　　　　　　　　　（　　　）

　ア ベトナム民主共和国が独立を宣言し，これを認めないフランスと戦争になった。

　イ 英領マラヤ連邦が成立したが，反対するマラヤ共産党が武力闘争を行った。

　ウ カンボジアがフランスから独立し，王政のもとで社会主義を掲げた。

　エ インドでは，ガンディーの指導のもとでヒンドゥー教徒とイスラーム教徒が統一して独立した。

(2) 下線部 **b** について，イギリスからの独立後ビアフラが分離独立を宣言し，内戦となった国を，次の**ア〜エ**から選べ。　　　　　　　　　　　　（　　　）

　ア モザンビーク　　**イ** シエラレオネ　　**ウ** ナイジェリア　　**エ** チャド

(3) 下線部 **c** の動きに関する記述で誤っているものを，次の**ア〜エ**から選べ。　（　　　）

　ア 中国の毛沢東とインドのネルーが会談し，平和五原則を発表した。

　イ コロンボでアジア5か国の首脳会議が開かれ，核兵器使用禁止などを宣言した。

　ウ バンドンでアジア゠アフリカ会議（バンドン会議）が開催された。

　エ ベオグラードで第1回非同盟諸国首脳会議が開催された。

(4) 下線部 **d** について，南北対話の促進を目的とする国連機関を，次の**ア〜エ**から選べ。（　　　）

　ア UNESCO　　**イ** UNCTAD　　**ウ** WTO　　**エ** FAO

(5) 下線部 **e** における第1次チェチェン紛争に介入した人物を，次の**ア〜エ**から選べ。（　　　）

　ア ゴルバチョフ　　**イ** エリツィン　　**ウ** プーチン　　**エ** メドヴェージェフ

(6) 下線部 **f** について，イスラーム復興運動に関する記述として誤っているものを，次の**ア〜エ**から選べ。　　　　　　　　　　　　　　　　　　（　　　）

　ア イランではスンナ派が革命をおこし，イラン゠イスラーム共和国が成立した。

　イ アルジェリアでは，イスラーム救国戦線（FIS）の総選挙での勝利後に内戦状態になった。

　ウ アフガニスタンでは，アメリカ軍などの攻撃によりターリバーン政権が崩壊した。

　エ 中央アジアのタジキスタンでイスラーム反政府武力闘争が勃発した。

2 ［ヨーロッパ統合］次の文章を読み，あとの問いに答えなさい。 ［法政大一改］

　ヨーロッパ統合への第一歩は，1950年にフランスの外相（ ① ）が提唱した（①）=プランであった。そして，1952年に（ **A** ）が発足した。これは，フランス・ドイツ連邦共和国（西ドイツ），（ ② ）と（ ③ ）3国の6か国間のエネルギー資源と工業資源の完全な統合と共同運営を企図するもので，その2つの資源が，国をこえて共同で管理されることとなった。統合の次の段階は1957年に，上記6か国が（ **B** ）に調印したことである。これによって，1958年に（ **C** ）と（ **D** ）が発足した。限られていた経済統合の対象が，（**C**）の発足によってすべての製品・サービスに拡大された。加盟6か国は，域内の経済上の障壁を撤廃するとともに，域外に対しては共通の関税を設け，域内の経済を守ろうとした。ただし，イギリスは参加せず，これに対抗する工業製品の共同市場を提案し，1960年に（ **E** ）を結成した。このように，イギリスは参加しなかったものの，1967年には（**A**）と（**C**）と（**D**）は（ **F** ）へと合併し，経済統合のみならず，より広く政治統合をも目ざすようになった。

　1973年にはアイルランドと，（**E**）の構成国であったイギリスと（ ④ ）が新しく加盟した。また1974年に軍事政権が倒れ民主政に復帰した（ ⑤ ）が1981年に，1978年に民主的君主政に移行した（ ⑥ ）と，1974年に独裁体制が倒されアフリカ植民地の独立を認めた（ ⑦ ）が1986年に加わり，1970年代に民主化を達成した南ヨーロッパの諸国が加盟した。1970年代と80年代のはじめ西ヨーロッパは，一方では景気の後退や長期失業者問題などに直面したが，（**F**）は巨大な統一市場へと発展しつづけ，1987年に発効した（ **G** ）によって，1992年までに完全市場統合を目ざすことが決定した。1992年に結ばれた（ **H** ）によって，ヨーロッパ中央銀行の設立，単一通貨の導入，共通の外交・安保政策の推進などが目標として構想された。（**H**）の結果，（**F**）はさらに発展し，1993年に（ **I** ）が正式に発足した。

(1) ①〜⑦に入る適語を，あとの**ア**〜**コ**から選べ。　①（　　　）②（　　　）③（　　　）
　　　　　　　　　　　　　　　　　　　　　　④（　　　）⑤（　　　）⑥（　　　）⑦（　　　）

　ア イタリア　　**イ** ギリシア　　**ウ** シューマン　　**エ** ポルトガル　　**オ** スウェーデン
　カ スペイン　　**キ** デンマーク　**ク** トルーマン　　**ケ** ベネルクス　　**コ** マーシャル

(2) **A**〜**I**に入る適語を，あとの**ア**〜**ケ**から選べ。
　　　　　　　　　　A（　　　）**B**（　　　）**C**（　　　）**D**（　　　）**E**（　　　）
　　　　　　　　　　F（　　　）**G**（　　　）**H**（　　　）**I**（　　　）

　ア 単一欧州議定書　　　　　　　　　　　　**イ** マーストリヒト条約
　ウ ヨーロッパ共同体（EC）　　　　　　　　**エ** ヨーロッパ経済共同体（EEC）
　オ ヨーロッパ原子力共同体（EURATOM）　　**カ** ヨーロッパ自由貿易連合（EFTA）
　キ ヨーロッパ連合（EU）　　　　　　　　　**ク** ヨーロッパ石炭鉄鋼共同体（ECSC）
　ケ ローマ条約

Hints

❶ (5)ロシアの初代大統領となった人物。
❷ (1)④⑤⑥⑦1970〜80年代にアイルランド・イギリス・デンマーク・ポルトガル・スペインがECに加盟。

STEP ③ チャレンジ問題 7

解答⊖ 別冊 29 ページ

1 東西冷戦に関する次の問いに答えなさい。 ［南山大一改］

(1) 第二次世界大戦終結から東西冷戦が本格化した 1947 年までの国際情勢について述べた文として正しいものを，次のア～エから選べ。

　ア イギリスのチャーチルは北海から黒海まで鉄のカーテンがおりていると述べた。

　イ 第二次世界大戦でソ連軍が占領したポーランド・ハンガリー・チェコスロヴァキア・ユーゴスラヴィアでは，親ソ的な社会主義政権が成立した。

　ウ 第五共和政が発足したフランスでは，共産党が一時政権に参加した。

　エ イタリアでは，共産党が政権に加わったが，1947 年に政権から排除された。

(2) トルーマン=ドクトリンについて述べた **X・Y** の正・誤の正しい組み合わせを，あとのア～エから選べ。

　X：ギリシア・トルコの共産化を阻止するため，両国への援助が表明された。

　Y：トルーマン=ドクトリンは「巻き返し」と呼ばれた。

　ア **X**—正　**Y**—正　　イ **X**—正　**Y**—誤

　ウ **X**—誤　**Y**—正　　エ **X**—誤　**Y**—誤

(3) 1948 年に西ヨーロッパ連合条約（ブリュッセル条約）を結んだ国に含まれないものを，次のア～エから選べ。すべて含まれる場合はオを選べ。

　ア イギリス　　イ ルクセンブルク　　ウ デンマーク　　エ フランス

(4) 北大西洋条約機構に関する次の文章中のア～エのうち，誤っているものを選べ。すべて正しい場合はオを選べ。

　　ア1949 年にィカナダを含む西側ゥ12 か国は集団安全保障体制を支える軍事機構として北大西洋条約機構（NATO）を結成した。ェ1995 年のコソヴォ地方の紛争で，NATO 軍は国連の決議なしに空爆を行った。

(5) 戦後の東西関係について述べた文として誤っているものを，次のア～エから選べ。すべて正しい場合はオを選べ。

　ア 1973 年にドイツ民主共和国（東ドイツ）とドイツ連邦共和国（西ドイツ）は国連に同時加盟を果たした。

　イ 1970 年代に米ソ間で第 1 次，及び第 2 次 START が締結された。

　ウ 1975 年に全欧安全保障協力会議が開かれ，ヘルシンキ宣言が採択された。

　エ 1980 年ごろ，米ソ関係は「新冷戦」（「第二次冷戦」）と呼ばれる緊張状態に入った。

(6) マルタ島で冷戦の終結が宣言される以前のでき事を，次のア～エから選べ。

　ア 湾岸戦争が勃発した。　　　　　　イ ベルリンの壁が開放された。

　ウ 韓国がソ連と国交を樹立した。　　エ ワレサがポーランド大統領に就任した。

(1)	(2)	(3)	(4)	(5)	(6)

2 次の文章を読み，あとの問いに答えなさい。

［同志社大一改］

戦争や紛争は，冷戦の終結後も引き続き生じた。例えば，中東において a1990 年に隣国の石油資源をねらって侵攻した国家に対して，アメリカ軍を中心とする多国籍軍が激しい攻撃を加えた。またヨーロッパでは，b自治州のアルバニア系住民による分離独立の運動に対して，政府が武力弾圧を敢行（かんこう）したが，1999 年にはアメリカも参加する NATO が空爆によって介入した。

ロシアでは，cイスラーム教徒が多い北カフカスの共和国が分離独立を主張したが，エリツィン大統領はこれを武力で制圧した。アジアでは，dスハルト退陣後の国民投票で分離独立を認められた地方において，独立反対派との間で争乱状態となり，国連の暫定（ざんてい）統治機構の設置を経て，2002 年に独立が達成された。経済発展からとり残され，民主化が停滞する地域において，紛争は深刻さを増し，e1990 年代前半に，中央アフリカ内陸部において部族間対立が激しい内戦に発展し，多数の死者や難民が生じた。

(1) 文章中の下線部 a 〜 e が表す内容と最も関係がある事象を，次のア〜オから選べ。

　　ア コソヴォ地方の紛争　　**イ** チェチェン紛争　　　**ウ** 東ティモールにおける動き

　　エ ルワンダ内戦　　　　　**オ** 湾岸戦争

(2) 次の①〜⑤が表す内容と最も関係がある人物を，あとのア〜オから選べ。

　① 1951 年に石油国有化を進めるなどの民族主義的政治を行ったが，53 年にクーデタで失脚した。

　② サハラ以南のアフリカにおいて，1957 年にイギリスから独立して共和国を樹立し，その後の新興独立国家建設の先鞭（せんべん）をつけた。

　③ 1959 年に親米的な独裁政権を倒し，南北アメリカ最初の社会主義国を建設した。

　④ 東欧で，1968 年に自由化・民主化を進めたが，軍事介入したソ連に改革を阻止された。

　⑤ ラテンアメリカにおいて，1970 年に選挙による社会主義政権の樹立に成功し，農地改革や資源の国有化にとり組んだが，アメリカの支援を受けた軍部のクーデタで倒れた。

　　ア アジェンデ　　**イ** エンクルマ　　**ウ** カストロ　　**エ** ドプチェク　　**オ** モサデグ

(3) 次の問いに答えよ。

　① 1955 年に平和十原則を採択した第 1 回アジア=アフリカ会議（バンドン会議）が開催された都市を，右の地図中のア〜エから選べ。

　② 発展途上国のなかでも，産油国や新興工業経済地域などの経済開発に成功した国と，経済発展からとり残された最貧国との間の格差の問題を何というか。

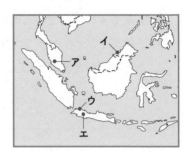

①	a	b	c	d	e	(2)①		②	
③		④		⑤		(3)①		②	

解答⊙ 別冊 30 ページ

重要 **1** 次の文章を読み，あとの問いに答えなさい。　　　　　　　　　　　　　［聖心女子大一改］

　「外交」のありかたは時代とともに大きく変化してきた。古代ギリシアのポリスは前 5 世紀以降，アテネを中心とする（ ① ）同盟と，スパルタを中心とする同盟に分かれて争ったが，相手方の外交使節に対しては，通行の安全を保障していた。古代ローマで，a属州の統治にあたって重視されたのはb「法の支配」であった。これに対し，ローマ帝国の東西分割により成立したビザンツ帝国では外交の技術が発達した。（ ② ）を首都とし，ギリシア正教会を支配するこの国は，巧みな外交でc周辺諸勢力を味方につけていったが，オスマン帝国の（ ③ ）に滅ぼされた。1616 年，フランス国王ルイ 13 世の宰相となった（ ④ ）は，持続的な外交交渉の重要性を認め，ヨーロッパで最初の外務省を創設した。これ以後，フランス語は主要な外交用語となり，三十年戦争を終結させた（ ⑤ ）条約をめぐる交渉でも使用されたといわれる。

　ナポレオン戦争後に開かれたウィーン会議では，（ ⑥ ）の主導のもと，d「ヨーロッパ協調」体制の幕開けとなった。第一次世界大戦は，外交のやりかたを大きくかえ，1917 年，ソヴィエト政権は，「（ ⑦ ）に関する布告」を発表して，無賠償・無併合の講和を訴えた。アメリカの大統領（ ⑧ ）も 14 か条を発表し，秩序維持のための国際機構の設立を提唱した。

　第二次世界大戦中の 1941 年，e連合国指導者は戦後構想として（ ⑨ ）憲章を発表し，これにもとづき開催された（ ⑩ ）会議で，新たな平和維持機関としてf国際連合の設立を決めた。

(1) ①～⑩に入る適語を答えよ。

(2) 下線部 a について，現在のイギリスにあたる地域に存在した属州の名称を答えよ。

(3) 下線部 b について，212 年から帝国の全自由人にローマ市民権が付与されることになった勅令を何と呼ぶか。

(4) 下線部 c についてバルカン南東部に移住し，681 年にビザンツ帝国との協定で建国を認められた，アジア系遊牧民の名称を答えよ。

(5) 下線部 d について，この時期キリスト教の精神にもとづき平和を守ることを誓って，ヨーロッパの諸君主が結成した神聖同盟の主唱者はだれか。

(6) 下線部 e について，この時の連合国指導者のうち，イギリス首相はだれか。

(7) 下線部 f について，5 大国がつねに参加し，国際紛争解決のための強力な権限を与えられた組織を何と呼ぶか。

(1)①		②		③		④		⑤	
⑥		⑦		⑧		⑨		⑩	
(2)			(3)			(4)			
(5)			(6)			(7)			

2 次の文章A〜Cを読み，あとの問いに答えなさい。　　　　　　　　　　　　　　［早稲田大一改］

A　漢の武帝は，匈奴に対抗して（　①　）を西方の大月氏に派遣して内陸アジアに影響力を及ぼした。またベトナム北部に兵を進めるとともに，朝鮮にも軍を送って直轄地とし，国威を輝かせた。しかしその治世の後半は増大する軍事費によって財政難となり，<u>aさまざまな再建策を施行した。</u>

B　義和団戦争ののち清朝は，<u>b科挙の廃止</u>，留学生の派遣，西洋式軍隊の整備など諸改革を実施した。これに対して革命派は，清朝の打倒を目ざしてさまざまな革命団体を結成した。1905年，孫文はこれらを結集して（　②　）を組織した。そして<u>c三民主義</u>を発表し，四大綱領を掲げた。

C　1934年，蔣介石の攻撃によって中国共産党が根拠地とした（　③　）が陥落すると，共産党軍は西方に向けて移動を開始し，陝西および甘粛地方に拠点を移した。のちに長征と呼ばれるこの移動中に開かれた幹部会議で，<u>d毛沢東</u>は中国共産党の指導権を確立した。

(1) ①〜③に入る適語を答えよ。

(2) 下線部aに関する記述として正しいものを，次のア〜エから選べ。

　ア　夏と秋に2回徴税する両税法を実施して，国庫収入を安定させた。

　イ　農民に低利で穀物や資金を貸し付け，収穫時に返済させる青苗法を実施した。

　ウ　均輸法および平準法を施行し，さらに塩・鉄・酒の専売を行った。

　エ　5家を隣，5隣を里，5里を党とする三長制を実施して財政の確保をはかった。

(3) 下線部bに関する記述として誤っているものを，次のア〜エから選べ。

　ア　楊堅は，九品中正に替え，学科試験による官吏登用法である科挙を創始した。

　イ　武則天（則天武后）のもとで科挙出身官僚が多用され，政治・経済などの隆盛に寄与した。

　ウ　趙匡胤は皇帝自身が試験を行う殿試を創始し，専制政治体制の確立を目ざした。

　エ　クビライは科挙を採用し，多くの官僚を登用して漢人や南人を統治した。

(4) 下線部cの中に含まれないものを，次のア〜エから選べ。

　ア　民族主義（排満主義）　　イ　民権主義（共和政国家の樹立）

　ウ　民憲主義（憲法制定）　　エ　民生主義（貧富の是正，土地均分）

(5) 下線部dと同じ1976年に死去した中国共産党指導者に関する記述として正しいものを，次のア〜エから選べ。

　ア　軍人として長征，抗日戦，朝鮮戦争などで活躍し，文化大革命を積極的に推進した。

　イ　大躍進政策の失敗を克服するため国家主席となって調整政策を進めたが，批判された。

　ウ　1954年にインドのネルー首相と会談し，「平和五原則」を共同宣言した。

　エ　共産党の最高実力者として，四つの現代化政策や経済開放政策などを推進した。

(1)	①		②		③	
(2)		(3)		(4)		(5)

難問 **3** 次の文章中の空欄に入る適語を答えなさい。また，あとの問いに答えなさい。 ［東洋大一改］

　　イスラームは，ムハンマドが神への信仰を説いたことに始まる。アラブ人は，カリフの指導の下で a巨大な帝国をつくり，その支配は bイベリア半島まで及んだ。10世紀ごろから帝国は，地方政権が並立し，それらの政権は，アラブ人だけではなく， cペルシア人，トルコ人，ベルベル人など多様な人々が担った。10世紀後半になると（　A　）のマムルーク軍団がアフガニスタンで自立して（　B　）をつくり，インドへ侵略した。この王朝を継いだ（　C　）もインドへ侵略し，将軍のアイバクは（　D　）をつくった。13世紀にはモンゴルの支配を受けた影響でイスラーム世界の領域は拡大した。17世紀には，バルカン半島などを支配した（　E　），イランの（　F　），インドの（　G　）がイスラーム世界に並び立った。18世紀には， d新しいイスラーム運動が始まった。19世紀から20世紀前半は，イスラーム世界の大半が e西欧諸国の植民地となった。

(1) 下線部 a について，イスラーム帝国に関する説明で正しいものを，次のア〜エから選べ。

　　ア 帝国は，ビザンツ帝国を滅ぼして，その領土の大部分を継承した。

　　イ 帝国の指導者は，ムハンマドの死後4代は，正統カリフと呼ばれている。

　　ウ 帝国を支配したウマイヤ家とアッバース家の両家系とも，ムハンマドの子孫である。

　　エ 帝国支配下のキリスト教徒の大部分は，征服後100年ほどでイスラームに改宗した。

(2) 下線部 b において，イスラームに支配される前にあった王国を，次のア〜エから選べ。

　　ア フランク王国　　**イ** ヴァンダル王国　　**ウ** ランゴバルド王国　　**エ** 西ゴート王国

(3) 下線部 c の人々に関する説明として誤っているものを，次のア〜エから選べ。

　　ア サーマーン朝は，主としてイラン系の人々で政権を担った。

　　イ ブワイフ朝は，主としてシーア派を信奉するトルコ系の人々がその政権を担った。

　　ウ セルジューク朝は，主としてトルコ系の人々がその政権を担った。

　　エ ムワッヒド朝は，主としてベルベル系の人々がその政権を担った。

(4) 下線部 d について，新しいイスラーム運動に関する説明で誤っているものを，次のア〜エから選べ。

　　ア 18世紀の中ごろ，イブン゠アブドゥル゠ワッハーブによって始められた。

　　イ サウード家がこの運動を支持して，ワッハーブ王国を建国した。

　　ウ ワッハーブ王国は，エジプトに進出してオスマン帝国と戦った。

　　エ エジプト総督ムハンマド゠アリーが派遣した軍が，ワッハーブ王国をいったん滅ぼした。

(5) 下線部 e について，フランスの植民地であった国を，次のア〜エから選べ。

　　ア イエメン　　**イ** ヨルダン　　**ウ** レバノン　　**エ** リビア

A	B	C	D
E	F	G	

(1)	(2)	(3)	(4)	(5)

4 次の文章を読み，あとの問いに答えなさい。 ［慶応大一改］

　世界史を学ぶ醍醐味の１つに「革命」がある。広義の革命は，「流通革命」などのように，「ものごとの状態や価値が急激かつ根本的に変化すること」という意味で用いられる。世界史上のでき事から例を取れば，大航海時代の開始によりもたらされた（　①　）革命や商業革命，さらに産業革命とその結果としての（　②　）革命などがこれにあたる。これに対し狭義の革命は，「被支配階級が国家権力を奪取し，政治・経済・社会体制を急激かつ根本的に変革すること」と定義されてきた。17世紀のイギリス革命を皮切りに，アメリカ独立革命，ₐフランス革命が代表的である。中でもフランス革命は，わずか10年の間に３つの憲法が制定され，政治体制が目まぐるしく入れ変わるなど複雑な経過をたどった。1791年には（　③　）により立憲君主政を定めた憲法が制定され，立法議会が誕生したが，翌年には（　④　）がこれに代わり，王権の停止と共和政を宣言した。革命は，（　⑤　）派主導の後，（　⑥　）派による恐怖政治を経て，ロベスピエールが失脚すると終息に向かった。その後ウィーン体制のもとで王政復古による反動的な政治が続いた。これに対し，1830年にパリの民衆が蜂起し，新たな国王が迎えられたのが（　⑦　）革命であり，さらに1848年には再びパリで二月革命が発生し，第二共和政に移行した。1848年のパリに端を発した革命の波は，ウィーンやベルリンでの（　⑧　）革命など欧州各地に波及した。20世紀には，革命の波は欧米から周辺地域に拡大し，ₐ第三世界においてもさまざまな革命が勃発した。19世紀初頭に多くの国が独立を達成した中南米諸国では，マデロや南部の農民大衆の指導者（　⑨　）の活躍によりメキシコ革命が勃発し，（　⑩　）独裁政権は倒れた。またアジアでも，1911年には中国で辛亥革命が発生し近代化の胎動が見られた。しかし，２度の世界大戦を経て独立したアジア諸国の多くは，大衆参加による革命よりはむしろ，ₐ「開発独裁」と呼ばれる上からの近代化を選択していくこととなった。

(1) ①〜⑩にあてはまる適語を答えよ。

(2) 下線部ａに関連して，革命後の激動の時代を背景に，虐げられた人々の生活を描いた長編小説『レ゠ミゼラブル』の作者を，次のア〜エから選べ。

　　ア　ゲーテ　　イ　トルストイ　　ウ　ヘミングウェイ　　エ　ユゴー

(3) 下線部ｂに関連して，次のア〜エのでき事を年代の古い順に並べよ。

　　ア　イラン革命　　イ　キューバ革命　　ウ　青年トルコ革命　　エ　メキシコ革命

記述 (4) 下線部ｃは，どのような政治体制を指しているか説明せよ。

(1)	①		②		③		④	
	⑤		⑥		⑦		⑧	
	⑨		⑩		(2)	(3)	→	→	→
(4)								

127

5 次の文章A・Bを読み，あとの問いに答えなさい。 ［共通テスト一改］

A 古代の文明の多くは大河のそばで誕生したといわれているが，大きな河がない<u>メキシコ中央高原にも文明が誕生した</u>ように，このような一般的な理解にはあてはまらない例もある。文明の誕生に欠かせない要因の１つに食糧の豊富さがある。例えば，ジャガイモは ① 原産である。そのジャガイモのおかげで ② では，大幅に人口を増やすことになったが，1840年代のジャガイモ飢饉（ききん）が原因となり，大規模な移民を送り出すことになった。

B エンリケ３世は，カナリア諸島領有へ向けての基盤を築く傍ら（かたわ），ティムール朝の都に使節を派遣した。コロンブスも，カナリア諸島経由で ① に到達したが，その直後にスペインとポルトガルが勢力範囲を定めた条約が ③ である。エンリケ３世の時代は ④ に当たり，スペイン南部の支配を安定させるためにも地中海への進出を本格化させ，王権の財政基盤を拡充する必要があった。使節たちはティムール朝の都でマムルーク朝の使節団とも同席したが，宴席では当初，中国から来た ⑤ 朝の使節団の下座に座ったが，ティムールは，カスティリャ王の使節たちこそ上座を占めるべきだと命じたそうである。使節たちが厚遇されたのは，ティムールが自らをモンゴル皇帝に連なる者だと自認し，それゆえに ⑤ 朝を敵視していたためかもしれない。

(1) 下線部に関する記述として正しいものを，次のア～エから選べ。

　　ア 六十進法を生み出した。　　イ 太陽のピラミッドが建てられた。

　　ウ 甲骨文字が使用された。　　エ 遺体を「死者の書」とともに埋葬した。

(2) 文章中の ① にあてはまる地域として正しいものを，次のア～エから選べ。

　　ア アフリカ大陸　　イ アメリカ大陸　　ウ オセアニア大陸　　エ ユーラシア大陸

難問 (3) 文章中の ② には，かつて連合王国を形成していた国名が入る。ジャガイモ飢饉以降の ② に関する記述として正しいものを，次のア～エから選べ。

　　ア カトリック教徒解放法が制定された。　　イ ワット＝タイラーの乱がおこった。

　　ウ グラッドストンが，自治法案を提出した。　　エ ジロンド派が政権を掌握した。

(4) 文章中の ③ ， ④ に入る語句を，次のア～エからそれぞれ選べ。

　　ア ユトレヒト条約　　イ プロノイア制が導入された時期

　　ウ トルデシリャス条約　　エ レコンキスタが持続していた時期

(5) 文章中の ⑤ の王朝の歴史に関する記述として正しいものを，次のア～エから選べ。

　　ア 理藩院を創設し，藩部を統轄した。

　　イ 土木の変において，エセンに敗れた。

　　ウ 長江中流域が穀倉地帯となり，「蘇湖（そこ）（江浙）（こうせつ）熟すれば天下足る」といわれた。

　　エ ブーヴェが，『皇輿全覧図』（こうよぜんらんず）を作製した。

(1)	(2)	(3)	(4)③	④	(5)

解答・解説

第1章 諸地域の歴史的特質の形成

1 古代文明の成立とその特質

STEP ① 基本問題 p.2～3

1 ① エジプト　② メソポタミア
　③ インダス　④ 楔形文字
　⑤ アッカド
　⑥ バビロン第1
　⑦ ハンムラビ

2 (1) ピラミッド
　(2) ヒクソス
　(3) ロゼッタ=ストーン
　(4) b─テーベ
　　　c─テル=エル=アマルナ

3 ① 仰韶（ヤンシャオ）　② 竜山（ロンシャン）
　③ 甲骨　④ 封建
　⑤ 洛邑　⑥ 諸子百家

4 ① オ　② ア
　③ ウ　④ イ　⑤ ク　⑥ エ

☑ サクッとCHECK

❶ ○　❷ ×　❸ ×　❹ ○　❺ ×
❻ クフ王　❼ ハンムラビ王
❽ リグ=ヴェーダ　❾ 覇者　❿ 法家

解説▶

1 ⑦ 復讐法の原則にたった**ハンムラビ法典**を発布。

3 周王の力が衰えた洛邑への遷都（前770年）から，秦の始皇帝による統一（前221年）までの分裂時代を，前期の春秋時代と後期の戦国時代に分け，晋が韓・魏・趙に分裂したとき（前403年）をその分け目とする。

ここに注意 諸子百家
・**儒家**…言行が『論語』に残る**孔子**，性善説を唱えた**孟子**，性悪説を唱えた荀子。
・**墨家**…人類愛を説いた墨子が祖。
・**道家**…**老子**を祖とし，荘子により発展。
・**法家**…**商鞅・韓非子**ら。法による支配を主張。

図解チェック ロゼッタ=ストーン

同じ内容の文が，古代エジプトで使用されていた3種の文字で刻まれている。
⇦上段：神聖文字（ヒエログリフ）
⇦中段：民用文字（デモティック）
⇦下段：ギリシア文字

4 カースト制度は，「4つのヴァルナ」という古い観念と，同じ職業の者どうしが助け合い，通婚の範囲となる集団のジャーティが結びついたものを由来とするが，現存のカーストはイギリスがインドを植民地として支配するために，複雑であいまいで地域差も大きかった状態を，整理し強化して成立している。

☑ サクッとCHECK

❷ シュメール人がつくったのは楔形文字。彼らの都市国家ウルには，煉瓦づくりの塔であるジッグラト（聖塔）が建てられた。
❸ **仰韶文化**は彩陶（彩文土器），**竜山文化**は黒陶土器を特徴とする。
❺ マチュ=ピチュはインカ帝国の遺跡。
❽ ヴェーダのうち，最古のものが神々への賛歌を集めた『リグ=ヴェーダ』で，ほかには呪文を集めた『アタルヴァ=ヴェーダ』などがある。

STEP ② 標準問題① p.4～5

1 (1)① シュメール　② アッシリア　(2) ウ
　(3)① 甲骨文字　② 孔子　(4) エ　(5) イ

2 ① サ　② ア　③ カ　④ ス　⑤ ク
　⑥ ケ　⑦ シ　⑧ コ　⑨ セ

3 ① クレタ　② クノッソス
　③ ギリシア　④ ミケーネ
　(1) エヴァンズ　(2) シュリーマン
　(3)（例）戦闘的で，軍事に関心が高かった。

解説▶

1 (1)② 前7世紀，アッシリア王国が最初にオリエントを統一したが，諸民族が反乱をおこして王国は短期間で崩壊した。その後，エジプト・新バビロニ

1

ア・メディア・リディアの4国が分立するが，前6
世紀末アケメネス朝によって再統一される。

✔図解チェック アッシリア・4王国・アケメネス朝

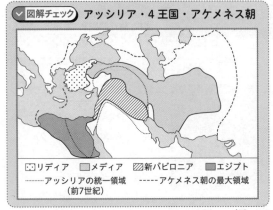

▦リディア	▧メディア	▨新バビロニア	■エジプト

‥‥‥‥アッシリアの統一領域 ------アケメネス朝の最大領域
　　　（前7世紀）

(5)圧迫されたヘブライ人のエジプト脱出（「出エジ
プト」）の指導者がモーセで，その際に唯一の神ヤハ
ウェから『十戒』を授かったとされる。

📖史料を読む モーセの十戒

1. あなたは，わたしのほかに何者をも神として
はならない。
2. あなたは自分のために，刻んだ像をつくって
はならない。
4. 安息日を覚えて，これを聖とせよ。
6. あなたは殺してはならない。
7. あなたは姦淫してはならない。
8. あなたは盗んではならない。

2 ④ファラオは，「大きな家」の意味。多神教の中
心である太陽神ラーの子とされ，神権的専制君主の
称号。

3 (3)クレタ文明を築いた人々は，外部勢力への警
戒心が薄く，宮殿には城壁などはなかった。一方，
ミケーネ文明を築いた人々は，巨大な城塞とその城
壁から戦闘的で軍事に関心が高かったことが考えら
れる。

STEP **2** 標準問題② p.6～7

1 ①神権　②青銅器　③渭水
④鎬京　⑤諸侯
(1)ア　(2)イ　(3)イ　(4)ウ　(5)ウ
(6)エ　(7)ウ

2 ①テオティワカン　②クスコ
(1)エ　(2)エ　(3)エ

3 ①太陽　②エジプト　③ラー
④六十進法　⑤メソポタミア
⑥楔形　⑦神聖文字
⑧フェニキア　⑨アラム

解説▶
1 (6)ウの布銭は黄河中流域で使用された貨幣。
3 ⑨アラム人は，シリアに多くの都市国家を建設
し前1200年ころからダマスクスを中心に内陸都市
を結ぶ中継貿易で活躍した。

2　中央ユーラシアと東アジア世界の形成

STEP **1** 基本問題 p.8～9

1 ①キ　②ウ　③ア　④オ　⑤カ
⑥イ　⑦ク　⑧ケ　⑨エ
2 ①始皇帝　②郡県制
(1)半両銭　(2)焚書・坑儒
(3)陳勝・呉広の乱
3 ①劉邦　②郡国　③武帝　④王莽
⑤劉秀(光武帝)　⑥黄巾
4 ①蜀　②晋(西晋)　③北魏　④北周
⑤宋　⑥梁
(1)九品中正　(2)司馬炎(武帝)
5 (1)科挙　(2)均田制　(3)両税法

✔サクッとCHECK
❶✕　❷○　❸✕　❹✕　❺○
❻冒頓単于　❼党錮の禁　❽赤眉の乱
❾節度使　❿朱全忠

解説▶
3 ④1世紀初め，王莽が帝位を奪って新を建てると
政治が混乱して，赤眉の乱がおこった。
4 (1)九品中正の実態については，当時から「上品
に寒門なく，下品に勢族なし」と，家柄に応じた評
価になっていることが批判されていた。
5 (3)780年から実施された両税法は，宋・元・明と
受け継がれ，明後期(16世紀)に一条鞭法が実施さ
れるまで続いた。

✔サクッとCHECK
❶可汗は遊牧国家の君主たちに用いられた称号。
鮮卑，柔然，突厥，ウイグルなどでも使用された。
❸東晋を建国したのは司馬睿。
❹唐の李淵も，隋の楊堅と同じく，鮮卑系の出身だった。

❾ 皇帝玄宗に優遇された節度使であった**安禄山**が755年に反乱をおこし，安禄山の死後は武将の**史思明**が首領となった。（**安史の乱**）

図解チェック 隋唐代のアジアと隋の大運河

- 都護府
- □ 隋の最大領域（610年ころ）
- □ 唐の最大領域（670年ころ）
- — 隋代の運河

---

❶ (1)① 柔然　② ウイグル

(2)イ　(3)エ

❷ ① 郡県制　② 郡国制　③ 王莽

(1)イ　(2)董仲舒

(3)張騫

(4)（例）政権が物資が豊富な時は貯蔵し，物価が上がると売り出すこと。

(5)イ

❸ (1)① 黄巾　② 魏　③ 蜀　④ 呉
　⑤ 八王　⑥ 鮮卑　⑦ 五胡十六国
　⑧ 北魏　⑨ 宋

(2)ウ　(3)エ

❹ (1)① オアシス　② 草原　③ ローマ帝国
　④ 武帝　⑤ 班超　⑥ 海

(2)ベトナム　(3)玄奘

(4)義浄

解説▶

❷ (3)武帝により匈奴を挟み撃ちするために大月氏に派遣された張騫は，同盟を結ぶことはできなかったが，彼が命がけでもち帰った情報がその後の匈奴との戦いに役だったとされる。

❸ ⑦ 五胡とは匈奴・羯・鮮卑・氐・羌。

❹ ⑤ 班超は，部下を大秦（ローマ帝国を指す）に派遣した。班超の兄の班固は『漢書』を著した。

⑥ 東西交通には，北から草原の道，オアシスの道（いわゆるシルクロード），海の道がある。

(2)大秦（ローマ帝国を指す）の使節が到着したのは，日南郡（今のベトナム）である。

---

❶ ① 大興城（長安）　② 科挙　③ 煬帝
　④ 都護府　⑤ 吐蕃　⑥ 南詔

(1)エ　(2)イ　(3)エ

❷ (1)① カ　② ウ　③ イ　④ エ

(2)エ

(3)唐三彩

❸ ① 四六駢儷　② 陶淵明　③ 昭明　④ 梁
　⑤ 王羲之　⑥ 顧愷之　⑦ 鳩摩羅什
　⑧ 法顕　⑨ 五斗米道　⑩ 寇謙之

(1)清談

(2)雲崗

❹ ① 広開土王（好太王）　② 高句麗
　③ 金城（慶州）　④ 新羅　⑤ 百済
　⑥ 骨品　⑦ 大祚栄　⑧ 渤海
　⑨ キタイ（契丹）　⑩ 王建　⑪ 高麗
　⑫ 開城

解説▶

❶ ② 三国時代から唐に至る貴族の時代には，貴族たるもの儒教を中心とした教養を身につけていることは当然であった。そうした貴族の理念にもとづいて隋代に教養を筆記試験で確かめる科挙が始まっており，隋・唐時代の科挙自体は貴族制を否定するものではなかった。

(1)戸籍に登録された人民に対し，耕作できる一定の土地を保障し（**均田制**），一定の税（**租・調・庸**），兵役（**府兵制**）を負担させていくしくみは，日本の律令にもとづく国家の目標となった。

❷ (2)エ．景教は，キリスト教ネストリウス派を指す。431年のエフェソス公会議で異端とされ，ローマ帝国領内から追放されると，ササン朝などに伝わり，唐にもたらされた。

❸ ① 四六駢儷体は，対句を多用する装飾的な文体で，唐の**韓愈**はそれを批判し，古文の復興を唱えた。

⑨ 2世紀に張陵が蜀で新興宗教の**五斗米道**を開いた。入信するとき，5斗（約9L）の米を納めることからこう呼ばれ，天師道とも呼ぶ。孫の張魯が地方政権をつくるが，曹操の勢力に吸収される。

⑩ **寇謙之**が組織した道教教団を新天師道と呼ぶ。

(2)魏晋南北朝時代の石窟寺院として，**敦煌・雲崗・竜門**が有名。敦煌は甘粛省の西部，雲崗は平城周辺。竜門は洛陽周辺に位置する。北魏は仏教を保護したが，第3代皇帝太武帝は**寇謙之**を保護して道教教団を組織させた。

4 朝鮮半島の王朝は日本と交流があり，日本からは遣新羅使や遣渤海使が派遣され，朝鮮半島からは，新羅使や渤海使が平城京や平安京を訪れた。

> **ここに注意 中国の都市名**
>
> 中国の都市名は，時代(王朝)によって名称が変わることがある。現在の西安付近は古代中国の中心地で，周の鎬京，秦の咸陽，漢の長安，隋の大興城などの都がおかれ，唐の長安が現在の西安のもとになっている。東周の都，洛邑付近には，後漢・晋が都，洛陽を営み，隋代の洛陽が現在の洛陽の前身である。

3 南アジア世界と東南アジア世界の展開

STEP ① 基本問題　　　　　　p.14～15

1 (1)① イ　② ウ　③ カ　④ キ　⑤ ク
　(2) a―ア　　b―エ
　(3) ウ
2 (1) ジャイナ教　(2) ガンダーラ
　(3) 法顕
　(4) マヌ法典
　(5) サンスクリット語
　(6) ナーランダー僧院
3 ① 扶南　② チャンパー　③ クメール
　④ カンボジア　⑤ アンコール=ワット

☑ サクッとCHECK

❶ ×　❷ ○　❸ ×　❹ ○　❺ ○
❻ アショーカ王　❼ サータヴァーハナ朝
❽ チャンドラグプタ2世
❾ 大越(ダイベト)　❿ マタラム朝

解説▶

1 (1)④ 5～6世紀に中央アジアで活躍した騎馬遊牧民。6世紀に中央アジアを支配し，さらに西北インドに侵入して，グプタ朝衰退の原因となった。
⑤ 法顕は，『仏国記』を著した。
(3) ア・エはクシャーナ朝，イはマウリヤ朝の時代の文化。
2 (1) ジャイナ教は，不殺生を厳しく求め，禁欲と苦行を重視する。
(2) 仏教の歴史において，仏像は初めのうちはつくられなかった。しかし，インドに伝わったヘレニズム文化によって，ガンダーラ地方で仏像制作が行われるようになった。

> **ここに注意 中国からインドを訪れた僧**
>
> ・法顕(5世紀)…東晋→グプタ朝，旅行記『仏国記』，往路は陸路で復路は海路。
> ・玄奘(7世紀前半)…唐→ヴァルダナ朝。旅行記『大唐西域記』，往復とも陸路。
> ・義浄(7世紀後半)…唐→分裂状態のインド，旅行記『南海寄帰内法伝』，往復とも海路。

3 扶南やチャンパーが初期の港市国家で，スマトラ島のシュリーヴィジャヤは，港市国家の連合体という性格をもつ。8世紀から9世紀ごろボロブドゥールを残したジャワ島のシャイレンドラ朝や，のちにアンコール=ワットなどを残すカンボジアのアンコール朝は，多くの農民を長期的に動員できた，農村を基盤とした国家の例である。

☑ サクッとCHECK

❶ アジャンターの石窟の壁画はグプタ朝の時代に描かれた。
❸ ヒンドゥー教はシヴァ神をはじめとする多神教。

STEP ② 標準問題　　　　　　p.16～17

1 (1)① サータヴァーハナ　② ヒンドゥー
　(2) エ　(3) ウ
　(4)① アジャンター　② ア
　(5) マハーバーラタ　(6) イ
2 (1) ドンソン文化
　(2)① オ　② ウ　③ イ　④ エ　⑤ ア
　(3) 名称―ボロブドゥール　場所―エ
　(4) ア　(5) イ

解説▶

1 (2) アショーカ王はマウリヤ朝の最盛期の王。
(3) バクティ運動は，6世紀半ばから盛んになった，仏教やジャイナ教を攻撃した運動。
(6) パルティアは遊牧イラン人アルサケスがカスピ海東南部に建てた国。
2 (1) ドンソン文化は日本の弥生文化と同時代。
(2)① 港市国家扶南の港オケオから，漢の鏡や仏像，ローマの金貨などが出土し，1世紀以降いわゆる「海の道」がつながりはじめたことを示す。
(4) チャンパーは2世紀以降，海上交易で活躍し17世紀まで栄えた。
(5) アは李朝のこと。ウ．チュノム(字喃)は漢字を利用してつくられた。エ．義浄は7世紀から8世紀に活躍した人物。

7〜8世紀ごろの東南アジア

（地図：主要海上交易路）

ガンジス川／エーヤワディー川／サルウィン川／チャオプラヤ川／南詔 紅河／唐／交州／トンキン湾／チャンパー／ビュー／ドヴァーラヴァティー王国／インドシナ半島／アンコール／カンボジア／ルソン島／太平洋／15°N／アンダマン諸島／オケオ／メコン川／ミンダナオ島／マラッカ海峡／マレー半島／南シナ海／セレベス海／羅越／カリマンタン（ボルネオ）島／インド洋／スマトラ島／シュリーヴィジャヤ／パレンバン／スラウェシ（セレベス）島／マルク（モルッカ）諸島／0°／ボロブドゥール／ジャワ島／バンダ海／シャイレンドラ朝 マタラム朝／105°E 120°E ティモール島 135°E

STEP ③ チャレンジ問題 １　p.18〜19

１　① ヒクソス　② ミタンニ
　③ フェニキア　④ アムル
　⑤ ダマスクス

２　① 董仲舒（とうちゅうじょ）
　② 訓詁学（くんこがく）
　③ 鮮卑（せんぴ）
　④ 寇謙之（こうけんし）
　⑤ 孔穎達（こうえいたつ）
　(1) **イ・エ**（順不同）
　(2) **イ**
　(3)（例）現実に所有している資産の額に
　　応じて，夏，冬２回の税を課す。
　(4) X—ウ　Y—ア　Z—イ

３　(1) **イ**　(2) **ア**　(3) **エ**

解説▶

１　③ フェニキア文字はアルファベットの起源になった。

２　(1) **ア**．農業生産力が高まったことで，小家族でも自立できるようになったため，氏族統制は緩んでいった。**ウ**．円形方孔（えんけいほうこう）の銅銭に統一したのは秦の始皇帝（こうてい）。
　(2) **ア**．前漢は郡国制（ぐんこくせい）をとっていたが，武帝（ぶてい）の時代に郡県制（ぐんけんせい）をとるようになった。**ウ**．編年体（へんねんたい）ではなく紀伝体（きでんたい）。**エ**．九品中正（きゅうひんちゅうせい）ではなく，郷挙里選（きょうきょりせん）。

３　(2) シャイレンドラ朝とほぼ同時期のマタラム朝はヒンドゥー教国。
　(3) パガン朝はビルマ最初の統一王国。ワヤンは，インドネシアのジャワ島などに伝わる影絵芝居。

---

４ ギリシア・ローマと西アジアの国家形成

STEP ① 基本問題　p.20〜21

１　① ケ　② キ　③ オ　④ イ　⑤ エ
　⑥ ク　⑦ ア　⑧ カ　⑨ ウ

２　(1) ローマ　(2) ポエニ
　(3) ラティフンディア
　(4) カエサル，三頭政治（さんとう）
　(5) アウグストゥス
　(6) ローマの平和（パクス＝ロマーナ）
　(7) 五賢帝（ごけんてい）　(8) ササン朝

３　① ダレイオス１世　② サトラップ
　③ アレクサンドロス大王
　④ セレウコス

４　(1) ① キ　② カ　③ エ　④ ア　⑤ オ
　　⑥ イ　⑦ ウ
　(2) **ア**

☑ サクッとCHECK

❶ ×　❷ ×　❸ ○　❹ ×　❺ ×
❻ ペルシア戦争　❼ 無産市民
❽ ペイシストラトス
❾ コンスタンティヌス帝
❿ テオドシウス帝

解説▶

１　⑨ スパルタが独特の国制を発達させた背景には，多数の奴隷身分の農民（ヘイロータイ）を支配し続けたことがあった。

２　(7)(8) **五賢帝**の時代以降，財政などの行き詰まりでローマ帝国は衰退し始める。各属州からつぎつぎに皇帝が擁立された。軍人出身者の皇帝が多かったことから，**軍人皇帝の時代**（235年〜284年）と呼ばれる。

☑ サクッとCHECK

❶ 女性，奴隷，在留外国人には参政権がなかった。
❷ デロス同盟を率いたのはアテネ。スパルタはペロポネソス同盟の盟主。
❹ ホルテンシウス法ではなく，リキニウス・セクスティウス法。
❼ 財産がないために重装歩兵になれない無産市民は，ペルシア戦争において軍船の漕ぎ手として活躍したことで，民会での発言力を高めた。財産政治が続いていたアテネで，市民全員による民主政が完成するきっかけとなった。

・**デロス同盟**…ペルシアの再攻にそなえ，アテネを中心に結成された軍事同盟。
・**ペロポネソス同盟**…スパルタ中心の軍事同盟。デロス同盟と対立が深まり，ペロポネソス戦争がおこった。

STEP ② 標準問題 ① p.22～23

1 ① メディア ② マケドニア
③ パルティア ④ ホスロー1世
⑤ ニハーヴァンド
(1) ア (2) ウ (3) アヴェスター

2 (1) パルテノン神殿 (2) イ
(3) ペリクレス (4) フェイディアス
(5) デロス同盟 (6) ペロポネソス戦争
(7) ペロポネソス同盟 (8) テーベ

3 (1) キ (2) セ (3) ス (4) サ (5) ク
(6) エ (7) タ (8) コ (9) オ (10) ア

4 ① ア ② ク ③ キ ④ カ ⑤ ケ

解説 ▶

1 (1) 都護府は中国の唐などで設置された。
(3) ゾロアスター教（拝火教）は，世界を善（光明）の神アフラ゠マズダと悪（暗黒）の神アンラ゠マンユ（アーリマン）との対立であると説いた。ササン朝では国教とされ，中国には北魏の頃に伝わり祆教と呼ばれた。

2 (1) 本来のパルテノン神殿は，浮き彫りや彫刻などはカラフルな姿であったが，洗浄されてしまったため，現在の姿になっている。

図解チェック **ギリシア建築の柱の3様式**

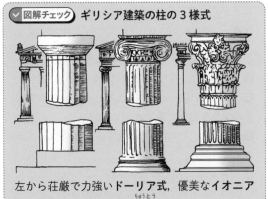

左から荘厳で力強い**ドーリア式**，優美な**イオニア式**，華麗な**コリント式**の柱頭。

3 (5) 前4世紀アレクサンドロス大王の武将の1人のプトレマイオスは，エジプトを支配して王朝を建

てた。前1世紀オクタウィアヌス率いるローマ軍が滅ぼしたプトレマイオス朝の女王がクレオパトラ。
(9) ユークリッドは英語にもとづいた表記で，ギリシア語にもとづくとエウクレイデス。

4 『イリアス』はトロイア戦争で活躍した英雄たちを描いたもの。『オデュッセイア』はトロイア戦争の英雄オデュッセウスの戦中から帰国するまでの旅を描いたもの。

流れを確認 **ギリシアの思想**

タレスらのイオニア自然哲学（前6世紀）→プロタゴラスらのソフィスト（前5世紀）→ソクラテス（哲学の創始）→プラトン（イデア）→アリストテレス（アレクサンドロス大王の教育係）

STEP ② 標準問題 ② p.24～25

1 (1) ① ケ ② イ ③ コ ④ エ ⑤ サ
⑥ ク ⑦ カ
(2) イ (3) イ

2 ① カルタゴ ② ラティフンディア
③ クラッスス ④ アウグストゥス（尊厳者）
⑤ コンスタンティヌス
(1) ウ
(2) （例）ローマ軍の主力である中小の自営農民が，土地を失って流民になると軍が弱体化するから。
(3) ウ

3 ① ア ② エ ③ コ ④ オ ⑤ ク
⑥ ウ ⑦ カ ⑧ キ ⑨ ケ

解説 ▶

2 (1) 都市国家ローマの共和政では，パトリキと呼ばれる貴族とプレブスと呼ばれる平民との対立が続いたが，前287年のホルテンシウス法で平民会で決定された事項は，元老院の賛否なしに法律になり得ることが決められた。しかし，政治の実権は貴族と平民の富裕層が握り続けた。
(2) 都市国家であったローマが地中海全体を征服するまで長期間の戦争が度重なり，重装歩兵として活躍した農民層から没落する者が多く，ローマなどの都市に流入しプロレタリアと呼ばれる無産市民が増加した。彼ら都市下層民の不満をそらし，人気を集めるため，有力政治家や後の皇帝は「パンと見世物」（穀物やコロッセウムでの剣闘士（剣奴）どうしの殺し合いなど）を無料で提供した。

流れを確認　内乱の１世紀

グラックス兄弟の改革→スラ対マリウス→同盟市の反乱→スパルタクス率いる剣闘士の反乱→第１回三頭政治→カエサルの独裁と暗殺→第２回三頭政治→アクティウムの海戦→帝政の開始

(3) ローマの宗教は多神教で，とくにユピテル（英語でジュピター，ギリシア神話のゼウスにあたる）などが国家の守護神とされ，皇帝も崇拝の対象となった。キリスト教は一神教で，信者はユピテルや皇帝への崇拝を拒否した。コンスタンティヌス帝はミラノ勅令を発してキリスト教を公認し，教会に教義の統一を求めた。392年テオドシウス帝はアタナシウス派のキリスト教を国教とし，一神教の立場からユピテルなどの従来の神々の祭祀を禁止した。

3 ギリシアの文化がローマ人に与えた影響は大きく，ストア派はアテネでゼノンが説き始めた思想である。ストラボン・プトレマイオス・プルタルコスなどはギリシア人であった。

5　イスラーム教の成立とヨーロッパ世界の形成

STEP ①　基本問題　p.26〜27

1 ①アッラー　②カリフ　③エジプト
④ササン

2 ①ムアーウィヤ　②西ゴート
③ハラージュ　④ジズヤ

3 a―エ　b―ウ　c―ア　d―イ

4 A―東ゴート　B―西ゴート
D―ヴァンダル　F―フランク

5 ①ケ　②ウ　③オ　④エ　⑤ク
⑥キ

☑サクッとCHECK

❶○　❷○　❸×　❹×　❺×
❻シーア派　❼アラベスク　❽ギリシア語
❾不輸不入権（インムニテート）
❿ランゴバルド王国

解説▶

1 初代アブー゠バクルからアリーまでの４代を正統カリフという。ムハンマド時代にアラビア半島を統一し，正統カリフの時代にササン朝を滅ぼし，ビザンツ帝国からシリア・エジプトを奪取した。

2 ムアーウィヤが建てたウマイヤ朝は，711年には西ゴート王国を滅ぼした。ウマイヤ朝では被征服地

の人々だけに土地税（ハラージュ）と人頭税（ジズヤ）を課した。アッバース朝では，民族的差別は廃止された。アッバース朝は，ハールーン゠アッラシードの時代に全盛期を迎えた。

3 アはアッバース朝でc，イはブワイフ朝でd，ウはファーティマ朝でb，エは後ウマイヤ朝でaとなる。10世紀前半に，イラン・イラクでブワイフ朝，チュニジア・エジプトではファーティマ朝などの王朝が各地で独立し，この時代，イスラーム世界はアッバース朝・後ウマイヤ朝・ファーティマ朝で３人のカリフが並び立つ分裂状態となっていた。

4 ゲルマン人はケルト人を圧迫しながら勢力を拡大していた。当時，すでに貴族・平民・奴隷の身分差が発生していて，重要事項は民会で決定された。４世紀後半のフン人の西進で，西ゴート人の南下に始まるゲルマン人の大移動が開始され，６世紀の北イタリアのランゴバルド王国の建国で一応終息した。フン人は５世紀にアッティラ王が大帝国を建設するが，カタラウヌムの戦いで，西ローマ帝国・ゲルマンの連合軍に敗れ，その後崩壊した。

5 メロヴィング家のクローヴィスがフランク王国を樹立。宮宰カール゠マルテルがイスラーム軍を撃退した。子のピピンが教皇領の起源となるラヴェンナ地方を寄進。ピピンの子カール大帝が教皇レオ３世からローマ皇帝の戴冠を受ける。その後，ヴェルダン条約・メルセン条約により，東フランク・西フランク・イタリアに分裂した。

☑サクッとCHECK

❹ ゲルマン人の多くは異端であるアリウス派を信仰していた。
❺ 寄進したのは，ランゴバルド王国から奪ったラヴェンナ地方である。

STEP ②　標準問題①　p.28〜29

1 ①イ　②エ　③ウ

2 (1)ティグリス
(2)知恵の館（バイト゠アルヒクマ）
(3)ア

3 (1)①ア，ノルマンディー公国
②ウ，ノヴゴロド国
(2)①アルフレッド
②デーン
③クヌート（カヌート）
④ノルマン

7

4 ① 476　② ローマ法大全
③ 聖像禁止令　④ ピピン
(1) ウ　(2) エ　(3) ウ　(4) ギリシア正教会
(5) ウ　(6) 教皇領

解説▶

2 (3) シーア派のファーティマ朝は，チュニジアで建国し，エジプトなどを征服した。

【ここに注意】イスラーム王朝の都

メディナ（第3代までの正統カリフの時代）→ダマスクス（ウマイヤ朝）→バグダード（アッバース朝），コルドバ（後ウマイヤ朝）。

3 ノルマン人のロロは，北フランスにノルマンディー公国，リューリクは，スラブ人地域にノヴゴロド国を建国した。クヌートはアングロ=サクソン王国を征服した。地図中のイは両シチリア王国である。

4 ビザンツ帝国は，首都の旧名ビザンティウムに由来する東ローマ帝国の別称。ギリシア正教会を支配した。
(1) ア．フン人が最初に征服したのは東ゴート人である。イ．ヴァンダル人は地中海を渡って北アフリカに建国した。エ．東ゴート人を率いたのはテオドリック大王。アラリックは西ゴート人の王。

STEP **2** 標準問題 ②　p.30〜31

1 ① メッカ　② ウンマ　③ カーバ
④ ムアーウィア
(1) ヒジュラ　(2) イ　(3) ウ　(4) ウ

2 ① クローヴィス　② アタナシウス
③ ウマイヤ　④ オットー1世
⑤ 神聖ローマ
(1)(例) 西ヨーロッパ世界が政治的・文化的・宗教的に独立し，西ヨーロッパ中世世界が誕生した。
(2) マジャール人

3 (1) イ　(2) イ　(3) エ

解説▶

1 (2) イスラーム法（シャリーア）は，『コーラン（クルアーン）』とともに，ムハンマドの言行に関する伝承であるハディースをもとにしている。
(4) フワーリズミーは数学分野で活躍した。ハディースを収集したのはタバリーである。

3 (1) 封建制の由来は恩貸地制と従士制である。
(2) 荘園の耕作は，三圃制で行われた。

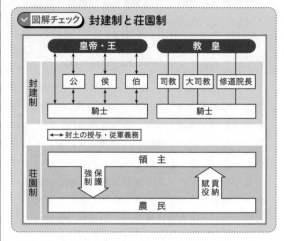

【図解チェック】封建制と荘園制

STEP **3** チャレンジ問題 ②　p.32〜33

1 (1) エ　(2) 651年　(3) イ→ア→ウ→エ
(4) ア

2 ① イタリア　② オットー1世
(1) イ　(2) エ

3 ① ササン
② 四帝分治制（テトラルキア）
③ ビザンティウム　④ オドアケル
(1) マルクス=アウレリウス=アントニヌス
(2)(例) 内乱と異民族の侵入に対して軍事力を強化し，そのための重税が都市に課されことで経済的に弱体化したから。
(3) ラティフンディア
(4) コロナトゥス
(5)① アリウス派　② ネストリウス派
(6) 民族—フン人
　　人物—アッティラ（王）

解説▶

1 (1)『エリュトゥラー海案内記』は現在のインド洋全体と周辺地域を広く扱った航海案内書で，ギリシア人によって著されたとされる。
(3) ユダヤ教：前5世紀→キリスト教：1世紀→マニ教：3世紀→イスラーム教：7世紀

3 (5) ニケーア公会議では，アタナシウス派が正統教義とされ，アリウス派は異端とされた。エフェソ公会議ではネストリウス派が異端とされた。

第2章　諸地域の交流と再編

6　イスラーム教の拡大と西アジアの動向

STEP ① 基本問題　　　　　　　p.34～35

1
① ウイグル
② キルギス
③ サーマーン朝
(1) カラハン朝
(2) トルキスタン

2 ウ
① 奴隷王朝　② デリー＝スルタン朝

3
① ファーティマ朝
② イクター制
③ カーリミー
(1) エ
(2) イ
(3) バイバルス

☑ サクッとCHECK

❶ ○　❷ ○　❸ ×　❹ ×　❺ ○
❻ ハルジー朝　❼ ソンガイ王国
❽ トゥグリル＝ベク　❾ アイユーブ朝
❿ イブン＝バットゥータ

解説▶

1 オアシス地帯では，突厥にかわってトルコ系の**ウ
イグル**人が9世紀に**キルギス**に滅ぼされ，ウイグル
人の四散，西進が進むとその土地のトルコ化が促進
され，**トルキスタン**の呼称が生まれた。また，カラ
ハン朝は10世紀にイスラーム教を受容。10世紀末
には**サーマーン朝**を滅ぼし，トルキスタンはイスラ
ーム化していった。

2 ア．aはガズナ朝，bはゴール朝の領域である。
イ．8世紀初め，ウマイヤ朝がインド地方を征服し
たが，その支配は長続きしなかった。
エ．ガズナ朝やゴール朝は，当初ヒンドゥー教の寺
院や神像を破壊した。

⌂ 流れを確認） デリー＝スルタン朝

奴隷王朝(1206～)→ハルジー朝(1290～)→トゥ
グルク朝(1320～)→サイイド朝(1414～)→ロデ
ィー朝(1451～1526)

3 (3)マムルーク朝の第5代スルタンとなったバイ
バルスは，モンゴル軍を撃退し，アッバース朝のカ
リフをカイロに復活させた。

ここに注意） イクター制

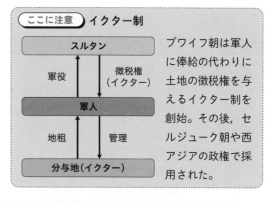

ブワイフ朝は軍人に俸給の代わりに土地の徴税権を与えるイクター制を創始。その後，セルジューク朝や西アジアの政権で採用された。

☑ サクッとCHECK

❸ パガン朝ではなくマジャパヒト王国である。
❹ マムルーク朝の首都はカイロである。

STEP ② 標準問題　　　　　　　p.36～37

1 (1)① ウ　② ア　③ カ　④ ク
(2) ア
(3) ウラマー

2 (1)① カラハン朝
② ガズナ朝
③ ブワイフ朝
(2) ウ
(3)(例)イスラーム信仰は，ヒンドゥー
教のバクティやヨーガなどと共通性
があったため。
(4)① エ　② ア

3 (1) ウ　(2) ウ　(3) ウ

解説▶

1 (3)法学・神学などのイスラーム諸学をおさめた
知識人たちをウラマーという。

2 (3)バクティ信仰は，ヒンドゥー教の神に献身し，
イスラーム教は唯一神アッラーに絶対的に帰依する
という点で共通していた。

3 (1)イスラームの神秘主義をスーフィズムという。

◀ 図解チェック） 11世紀後半のイスラーム世界

9

STEP ① 基本問題　　p.38〜39

1
① セルジューク
② ウルバヌス2世
③ クレルモン
④ アイユーブ
(1) ラテン帝国
(2) ボニファティウス8世

2
① ア　② イ　③ カ　④ オ　⑤ エ
⑥ ウ
(1) ロンバルディア同盟
(2) ハンザ同盟
(3) フッガー家

3
① 大憲章(マグナ=カルタ)
② シモン=ド=モンフォール
③ 全国三部会
④ 百年　⑤ 金印
⑥ ジャックリー
⑦ 教会大分裂(大シスマ)
⑧ ワット=タイラー
⑨ フス
⑩ バラ
⑪ 国土回復
(1) フィリップ2世
(2) 大空位時代
(3) スペイン王国

☑ サクッとCHECK

❶○　❷×　❸○　❹×　❺○
❻ ヴェネツィア　❼ コムーネ
❽ ロンバルディア同盟　❾ ヨーマン
❿ イタリア

解説▶

1 **十字軍**は7回行われたが，聖地奪回は失敗に終わった。十字軍の失敗は，教皇の権威失墜と王権の強化を促した。教皇ボニファティウス8世がフランス国王フィリップ4世に捕えられた**アナーニ事件**，その後の「**教皇のバビロン捕囚**」は教皇の権威失墜を示すでき事であった。

2 封建社会の安定と十字軍の影響で，遠隔地貿易で発達する都市が現れた。都市の中には，領主からの自立を求め，多くの自治都市ができた。**ギルド**と呼ばれる同業組合が自治運営の中心であった。

図解チェック 商業圏と中世都市

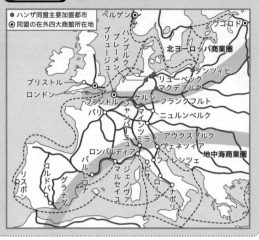

● ハンザ同盟主要加盟都市
◉ 同盟の在外四大商館所在地

3 イギリスでは**プランタジネット朝**，フランスでは**カペー朝**のもとで集権化が進んだ。1339年より始まった**百年戦争**後に，両国の諸侯や騎士が没落し，さらに王権が強化された。イギリスは，**バラ戦争**後に，**テューダー朝**を開いたヘンリ7世が絶対王政の道を開いた。

☑ サクッとCHECK

❷ ハンザ同盟の盟主はリューベックである。
❿ イタリアでは，**教皇党(ゲルフ)** と**皇帝党(ギベリン)** が対立し，国内統一を困難にしていた。

STEP ② 標準問題 ①　　p.40〜41

1
① シャンパーニュ　② ロンバルディア
③ ハンザ　④ フッガー　⑤ メディチ
(1) ウ　(2) ア　(3) イ
(4) i ─オ　ii ─カ　iii ─ア　iv ─イ

2 ① カ　② イ　③ キ　④ ア　⑤ エ

3
① ボニファティウス8世
② ウィクリフ　③ フス
④ コンスタンツ
(1) アナーニ事件
(2) 教皇のバビロン捕囚
(3) 教会大分裂(大シスマ)

解説▶

1 (1) イェルサレム王国ではなく，ラテン帝国である。
(2) **コムーネ**は，北イタリア諸都市が司教権力を倒してつくった自治都市のことである。
(3) 商人ギルドに対抗して，同職ギルド(ツンフト)がつくられた。

3 (3)コンスタンツ公会議では，フスを異端として処刑，ローマ教皇の正統が認められ**教会大分裂(大シスマ)**が終結した。

STEP ② 標準問題②　p.42〜43

1 ① ア　② ウ　③ カ　④ ケ　⑤ コ
　⑥ サ
(1)ウィリアム
(2)**大憲章(マグナ=カルタ)**
(3)農民一揆—ジャックリーの乱，フランス王—シャルル７世
(4)ジャンヌ=ダルク　(5)星室庁裁判所
(6)王朝—ナスル朝，都市—グラナダ

2 ① ルネサンス　② ロジャー=ベーコン
　③ イタリア　④ ロマネスク　⑤ ラテン
　⑥ カール大帝(シャルルマーニュ)
　⑦ ニーベルンゲンの歌
　⑧ 吟遊詩人
(1)**神学大全**　(2)ウ

解説▶

1 ⑤ランカスター家とヨーク家の王位継承の内乱。
⑥イベリア半島では，12世紀にポルトガルがカスティリャから独立し，15世紀にジョアン２世が王権を強化した。
(2)新たに課税をするには，高位聖職者と大貴族が会議において課税を認めることが条件とされた。

2 カール大帝によるラテン語による文芸復興を**カロリング=ルネサンス**という。十字軍をきっかけに，学問や文芸が発展したのが**12世紀ルネサンス**である。

8 東アジア世界の展開とモンゴル帝国

STEP ① 基本問題　p.44〜45

1 ① ウ　② イ　③ ク　④ エ　⑤ オ
　⑥ キ　⑦ ア

2 (1)趙匡胤　(2)文治主義　(3)澶淵の盟
(4)王安石　(5)靖康の変　(6)形勢戸
(7)行

3 ① テムジン　② クビライ(フビライ)
　③ 南宋
(1)マルコ=ポーロ　(2)① ウ　② ア　③ イ

4 ① イル=ハン　② アンカラ
　③ ウズベク

☑ サクッとCHECK

❶ ○　❷ ×　❸ ×　❹ ×　❺ ○
❻ 殿試　❼ 司馬光　❽ フレグ
❾ 牌子(牌符)　❿ 交鈔

解説▶

1 唐滅亡後の東アジアの歴史に大きく関与したのが北方民族の動向である。**キタイ(契丹)**の耶律阿保機は，遼を建国し，燕雲十六州を後晋から割譲させ，部族制と州県制の二重統治体制を敷いた。**女真(ジュシェン)**の完顔阿骨打が金を建国し，**猛安・謀克**という在来の軍事・行政制度を維持し，宋から華北を奪った。また，タングートは**西夏**を建て，遼の皇族耶律大石はカラキタイ(西遼)を建国した。

▽ 図解チェック　12世紀ごろのアジア

●首都
●おもな都市

2 趙匡胤が建国した宋(北宋)は，文治主義を徹底し，**科挙**が整備され中央集権体制を強化した。一方，財政再建と富国強兵を目ざして，神宗の時代，**王安石の新法**による改革も行われた。その後，**靖康の変**により金に華北を奪われ，宋の王朝の一族は江南に南宋を建てた。宋代には，**交子・会子**が紙幣として使われた。中国固有の文化が栄え，儒学が**朱熹**により大成された。世界に先駆けて火薬・羅針盤が実用化された。

3 チンギス=カンは，**千戸制**により強力な軍事力を形成した。続くオゴデイは金を滅ぼし，バトゥがワールシュタットの戦いでドイツ・ポーランド連合軍を破った。また，フレグはアッバース朝を滅ぼした。クビライは国名を**元(大元)**と称し，南宋を滅ぼして中国を支配下におさめた。**大都**を都とした元では，**駅伝制**が整備され，東西交渉が活発化して商業が発展した。イタリア商人の**マルコ=ポーロ**や，モンテ=コルヴィノなどの宣教師，イブン=バットゥータなどの旅行家が往来したとされている。

左段

☑ サクッとCHECK

❷ 藩鎮とは唐代後半に自立した節度使のこと。宋代の新興地主は形勢戸。

❸ 欧陽脩ではなく蘇軾である。

❿ 宋代の紙幣は交子・会子,元代の紙幣は交鈔。

STEP ② 標準問題 p.46〜47

１ ① 科挙 ② 金 ③ 朱熹(朱子)
④ 司馬光 ⑤ 羅針盤
(1) ウ
(2)① 王安石
② (例)農民や中小商工業者の生活安定と,生産増加による国家財政の安定と軍事力の強化。
(3) 佃戸 (4)① 完顔阿骨打 ② イ
(5) 靖康の変 (6) 臨安

２ ① 契丹 ② クビライ(フビライ) ③ 吐蕃
(1) 耶律阿保機 (2) 完顔阿骨打
(3)① ウ ② エ ③ ア (4) ジャムチ
(5) 李元昊

解説▶

１ (1)交子・会子は宋の時代に紙幣として使用された。
(2)② **王安石**の新法は,国家財政の確立と軍事力強化を目的とした富国強兵策。王安石の引退後,新法党と旧法党の対立が続いた。

２ (3)① 元において,政治の中心にいたのはモンゴル人だった。
② 元で物語の挿絵として流行した細密画(ミニアチュール)がイル＝ハン国を通して西方に影響を与えた。

ここに注意 モンゴルの地方政権
・チャガタイ＝ハン国(チャガタイ＝ウルス)(中央アジア)…チャガタイ建国
・キプチャク＝ハン国(ジョチ＝ウルス)(中央ユーラシア西部)…バトゥ建国
・イル＝ハン国(フレグ＝ウルス)(西アジア)…フレグ建国

流れを確認 モンゴル帝国の形成
チンギス＝カンが大モンゴル国形成→西夏を滅ぼす→ホラズム＝シャー朝を滅ぼし西北インドに侵入→**オゴデイ**が金を滅ぼす→**バトゥ**がワールシュタットの戦いでドイツ・ポーランド連合軍を破る→**フレグ**がアッバース朝を滅ぼす

右段

9 アジア交易世界の興隆と大航海時代

STEP ① 基本問題 p.48〜49

１ ① 紅巾 ② 朱元璋 ③ 南京(金陵)
④ 倭寇 ⑤ 李成桂

２ ① ウ ② エ ③ イ ④ ア
(1) カリカット
(2) アステカ王国
(3) G

３ ① 朱元璋 ② 中書 ③ 里甲制 ④ 六諭
⑤ 衛所制 ⑥ 永楽帝 ⑦ 鄭和 ⑧ 海禁
⑨ 特権商人 ⑩ 一条鞭法
(1) 靖難の役 (2) エ

☑ サクッとCHECK

❶ × ❷ ○ ❸ ○ ❹ × ❺ ○
❻ 北虜南倭 ❼ 一条鞭法 ❽ 張居正
❾ ピサロ ❿ 商業革命

解説▶

１ 朝鮮は,明の重要な朝貢国の１つであり,科挙の整備や朱子学の導入など,明の制度をとり入れた改革を行った。15世紀前半の**世宗**の時代には,金属活字による出版や独自の文字である**訓民正音**の制定など,特色ある文化事業が盛んであった。日本では,室町幕府の将軍であった足利義満が明に使節を派遣して,国交を樹立した。明より冊封を受け,朝貢の形式の勘合貿易を開始した。

２ 大航海時代の背景として,**羅針盤**の実用化,造船技術の進歩,中央集権を目ざす国王の財源確保,キリスト教布教の意欲などがあった。ポルトガルが先駆けとなり,スペインが続いた。1494年の**トルデシリャス条約**で両国は互いの勢力圏を確認した。

３ 明は**中書省**を廃止し,六部を皇帝直属にした。農村では,**里甲制**を実施し,租税や戸籍,土地の台帳を整備。軍制は衛所制。税制は明代後期から**一条鞭法**を実施。永楽帝については,首都を南京(金陵)から北京に移し,鄭和にインド洋からアフリカ沿岸諸国の遠征を命じた。

☑ サクッとCHECK

❸ 黄巾の乱ではなく,紅巾の乱。

❹ 西ヨーロッパで需要が高まったのはコショウなどの香辛料である。

❾ コルテスはアステカ王国,ピサロはインカ帝国を滅ぼした。

12

1 ① 鄭和（ていわ）　② 勘合（かんごう）　③ 中山（ちゅうざん）　④ マラッカ
⑤ 黎（れい）　⑥ ヌルハチ　⑦ 八旗（はっき）
(1) 海禁　(2) イ　(3) 訓民正音（くんみんせいおん）
(4)① 北虜南倭（ほくりょなんわ）　② イ

2 ① ウ　② キ　③ イ　④ コ

3 ① ヴァスコ＝ダ＝ガマ
② アメリゴ＝ヴェスプッチ
③ トルデシリャス　④ マゼラン
(1) トスカネリ　(2) イ　(3) バルボア
(4) 商業革命

解説▶

1 (2) 現在の紫禁城は明朝の永楽帝がモンゴル風から漢民族風に細かくつくり直した建物で，南京から北京への遷都以降，清朝の滅亡まで中国皇室専用の宮殿として使われていた。
(4)② ア．ティムールは14世紀半ばに西アジアや中央アジアにティムール朝を建てた人物。ウ．北京を包囲したのはオイラトのアルタン＝ハーン。エ．明への朝貢国は主に東アジア，東南アジアの国であった。

> **ここに注意** 明代の科学技術書・地図
> ・『本草綱目（ほんぞうこうもく）』…李時珍（りじちん）
> ・『農政全書（のうせいぜんしょ）』…徐光啓編（じょこうけい）
> ・『天工開物（てんこうかいぶつ）』…宋応星（そうおうせい）
> ・『坤輿万国全図（こんよばんこくぜんず）』…マテオ＝リッチ

3 (3) バルボアの後，1520年10月にマゼランが太平洋に到達した。

1 (1) オ・カ・ク（順不同）　(2) エ　(3) イ
2 (1) ウ　(2) イ
3 (1) ア　(2) イ　(3) エ　(4) ウ　(5) ウ　(6) イ
4 ① 両税法（りょうぜいほう）　② 一条鞭法（いちじょうべんぽう）　③ 李自成（りじせい）
(1) ア　(2) イ

解説▶

1 (1) ムワッヒド朝・ムラービト朝の首都はマラケシュ，アッバース朝はバグダード，サーマーン朝はブハラ，セルジューク朝はコンヤなど。
(3) イ．アンコール＝ワットは当初ヒンドゥー教寺院として造営され，のちに仏教寺院となった。
2 (1) Xはマカオでポルトガル，Yはバタヴィアでオランダの拠点である。

→ 16〜18世紀の銀の流れ

4 ①② 両税法は唐代半ばから明代後半，一条鞭法は明代後半から清初頭に採用された税制。
(1) ア．明代には，湖広地方の農業生産が増大し，「湖広熟すれば天下足る」のことばが生まれた。

10　アジア諸地域の繁栄

1 ① 李成桂（りせいけい）　② アンカラ　③ 鄭和（ていわ）
④ サファヴィー朝　⑤ バーブル
⑥ ヌルハチ

2 ① エディルネ（アドリアノープル）
② コンスタンティノープル
③ スレイマン1世　④ プレヴェザ

3 ① シャー　シーア（十二イマーム）
③ アッバース1世　④ イスファハーン

4 ① エ　② オ　③ ウ　④ カ　⑤ キ

5 ① ヌルハチ　② 康熙帝（こうきてい）　③ 三藩の乱（さんぱんのらん）
④ ネルチンスク　⑤ 軍機処（ぐんきしょ）

> ☑ サクッとCHECK
> ❶ ○　❷ ○　❸ ×　❹ ×　❺ ○
> ❻ イスタンブル　❼ ウルドゥー語（ごていぎんせい）
> ❽ タージ＝マハル　❾ 地丁銀制（ちていぎんせい）　❿ 顧炎武（こえんぶ）

解説▶

1 14世紀後半，中国では，元末の紅巾の乱（げんまつのこうきんのらん）のなかから朱元璋（しゅげんしょう）が明朝を建国，朝鮮では，李成桂（りせいけい）が朝鮮王朝を建国した。中央アジアでは，ティムールがティムール朝を建国し，1402年の**アンカラの戦い**でオスマン帝国を破った。16世紀には，イランでイスマーイールがサファヴィー朝を，インドでバーブルがムガル帝国を築いた。17世紀半ばに，明は李自成の乱で滅亡し，女真（じょしん）の**ヌルハチ**の建国したアイシンが，**ホンタイジ**のときに国号を清と改め，順治（じゅんち）帝のときに華北に入った。
2 オスマン帝国は，13世紀末トルコ人が小アジア

に建国した。バヤジット1世はニコポリスの戦いで
ヨーロッパ軍を破るがティムール朝には大敗した。
メフメト2世はビザンツ帝国を滅ぼし、**セリム1
世**がマムルーク朝を滅ぼす。**スレイマン1世**のと
きに最盛期を迎え、ウィーンを包囲し、**プレヴェザ
の海戦**でスペイン・ヴェネツィアの連合軍を破った。

流れを確認 オスマン帝国の成立と発展

トルコ人がオスマン帝国建設→**バヤジット1世**：
ニコポリスの戦いで勝利→**メフメト2世**：ビザ
ンツ帝国を滅ぼす→**セリム1世**：サファヴィー
朝を破る。マムルーク朝を滅ぼす→**スレイマン1
世**：プレヴェザの海戦で勝利

4 ムガル帝国は、1526年、バーブルがロディー朝
に勝利して築かれた。第3代**アクバル**はヒンドゥー
教徒に対し宥和(ゆうわ)政策をとり、人頭税を廃止した。第
6代**アウラングゼーブ**は、人頭税を復活し、ヒン
ドゥー教徒を圧迫した。

**図解チェック オスマン帝国とサファヴィー朝の最
大領域**

■ 14世紀中ごろまでのオスマン帝国領
— オスマン帝国の最大領域
— サファヴィー朝の最大領域

5 清の首都は北京(ペキン)。統治制度は明の制度を継承。藩
部を管理する**理藩院**(りはんいん)を設置。**文字の獄**(もんじのごく)による言論思
想統制、辮髪(べんぱつ)の強制を実施。軍制は**八旗**(はっき)・緑営。**軍
機処**(こうてい)を設立。税制は**地丁銀制**。康熙帝・雍正帝(ようせいてい)・乾
隆帝(りゅうてい)時代が全盛期。

☑サクッとCHECK

❸ シャー＝ジャハーンではなく、アッバース1世。
❹ 軍機処ではなく、理藩院。
❼ 現在のパキスタンの国語となっている。

STEP 2 標準問題 ①　　　p.56〜57

1 (1)ウ (2)イ (3)①イ ②エ (4)イ
2 ①**康熙**(こう)②**ネルチンスク** ③**雍正**(ようせい)
　④**乾隆**(けんりゅう)
　(1)ウ (2)ウ (3)エ (4)イ (5)エ

解説▶

1 (3)① イェニチェリは、オスマン帝国の常備軍団。

ここに注意 オスマン帝国の軍制
　スルタンから与えられた土地からの徴税権
（ティマール）を保持する騎士軍団と**イェニチェ
リ軍団**からなっていた。

2 (1)乾隆帝は、ヨーロッパ船の来航を**広州**(こうしゅう)1港に
制限した。
(3)イの『坤輿万国全図』(こんよばんこくぜんず)は**マテオ＝リッチ**が作成した。

STEP 2 標準問題 ②　　　p.58〜59

1 (1)① ク ② キ ③ カ ④ ウ ⑤ イ
　(2)エ (3)イ
2 a—ケ b—シ c—ア d—◯
　e—コ f—オ g—◯ h—ク
3 (1)ア (2)ウ (3)雍正帝(ようせいてい)

解説▶

1 (3) aは1519年、bは1526年、cは1524年。
2 g、h．ナーナクを開祖とするシク教は、インド
西北部のパンジャーブ地方で強大になった。
3 (2)『康熙字典』(こうきじてん)『古今図書集成』(こきんとしょしゅうせい)は康熙帝の時代、
『五経大全』(ごきょうたいぜん)は明代の永楽帝の命で編纂(へんさん)された「五
経」の注釈書。

11 ルネサンスと宗教改革

STEP 1 基本問題　　　p.60〜61

1 ①**ダンテ** ②**デカメロン**
　③**モア** ④**エラスムス** ⑤**ラブレー**
　⑥**ボッティチェリ** ⑦**ブリューゲル**
　⑧**コペルニクス** ⑨**グーテンベルク**
　(1)イ (2)**メディチ家** (3)ウ
2 ①**ルター** ②**ザクセン** ③**カルヴァン**
　④**予定説** ⑤**トリエント** ⑥**首長**
　⑦**メアリ1世** ⑧**エリザベス1世**
　⑨**統一**
　(1)**レオ10世** (2)**ピューリタン**

☑サクッとCHECK

❶ × ❷ ◯ ❸ ◯ ❹ ◯ ❺ ×
❻ **マキャヴェリ** ❼ **愚神礼賛**(ぐしんらいさん)
❽ **トリエント公会議** ❾ **イエズス会**
❿ **プロテスタント**

1 ギリシア・ローマ古典の探究により，人間らしい生きかたを追求しようとする**人文主義(ヒューマニズム)**に基づいた文化運動を**ルネサンス**といい，14世紀からイタリアで始まった。多くの学者や芸術家が富豪(**メディチ家**など)や国王の保護下で活躍した。
(3)**ア**はレンブラント，**イ**はブリューゲルの作品。

2 贖宥状に対するルターの**九十五か条の論題**の発表から**宗教改革**が始まった。スイスでも**ツヴィングリ**や**カルヴァン**によって宗教改革が行われた。教会側も**カトリック改革(対抗宗教改革)**を行い，**トリエント公会議**で教会の腐敗防止などを図り，**イエズス会**は海外布教に力を入れた。
③ スイスではカルヴァンの前にツヴィングリがチューリヒで宗教改革を始めた。
⑥ イギリス国教会のカトリックからの分離独立が確定した。
⑦ スペインのフェリペ2世と結婚した。
⑨ 最初は1549年に制定されたが，エリザベス1世が1559年に3回目を制定した。

☑ サクッとCHECK

❶ フッガー家ではなくメディチ家。
❺ イギリス国教会を確立したのはエリザベス1世。

ここに注意 ルター派とカルヴァン派の違い
・ルター…福音信仰・万人司祭主義。
・カルヴァン…予定説・長老主義。

STEP **2** 標準問題　　　　p.62～63

1 ① ボッカチオ　② ブラマンテ
③ レオナルド=ダ=ヴィンチ
④ ミケランジェロ　⑤ シェークスピア
⑥ コペルニクス
⑦ ジョルダーノ=ブルーノ　⑧ ケプラー
(1) エ　(2) エ
2 ① イ　② ウ　③ ア
(1)(例)教皇レオ10世が，サン=ピエトロ大聖堂の改築資金を調達するために贖宥状を売り出した。
(2) エ　(3) エ　(4) ア　(5) イ

解説▶

1 (2)ドラクロワは，19世紀のフランスのロマン主義を代表する画家である。

---

2 (3)イエズス会は，イグナティウス=ロヨラがフランシスコ=ザビエルら同志とともに結成し，海外布教に力を入れ，ザビエルは日本へも訪れた。
(5)**アウクスブルクの和議**では，諸侯はカトリック派とルター派のいずれも採用することができたが，領民個人には信仰の自由はなく，諸侯の宗派に従うという原則が確立した。

流れを確認 ドイツの宗教改革
ルターの九十五か条の論題→ヴォルムスの帝国議会→ミュンツァーのドイツ農民戦争→アウクスブルクの和議

12 近世ヨーロッパの形成

STEP **1** 基本問題　　　　p.64～65

1 ① テューダー　② ハプスブルク
③ レパント　④ エリザベス1世
2 ① ジェームズ1世　② チャールズ1世
③ 権利の請願　④ クロムウェル
⑤ 航海　⑥ チャールズ2世　⑦ 審査
⑧ 人身保護　⑨ ジェームズ2世
⑩ 権利の宣言(権利宣言)
⑪ 権利の章典
3 ① ルイ14世　② フリードリヒ2世
③ ピョートル1世(大帝)
④ エカチェリーナ2世
4 (1)① エ　② ウ　(2)ユトレヒト条約

☑ サクッとCHECK

❶ ×　❷ ×　❸ ×　❹ ○　❺ ○
❻ イタリア戦争　❼ 権利の請願
❽ フロンドの乱　❾ グロティウス
❿ アダム=スミス

解説▶

1 イタリア戦争がきっかけで，主権国家体制の形成が進んだ。その過程で強力な国王統治体制である絶対王政が生まれ，スペインでは**カルロス1世・フェリペ2世**，イギリスではテューダー朝の**エリザベス1世**，フランスではアンリ4世に始まるブルボン朝のもとで全盛期を迎えた。

2 ピューリタン革命について，ジェームズ1世と**チャールズ1世**の専制政治に対し，議会はチャールズ1世に**権利の請願**を認めさせるが，王は議会を解散した。スコットランドの反乱鎮圧の戦費を課税

で補うため，1640年議会を招集したが，王党(宮廷)派対議会(地方)派の内乱に発展した。**クロムウェル**が王党派を破り共和政を樹立した。クロムウェルの実権の下で議会は，**航海法**を成立させ，クロムウェルは終身の護国卿となり軍事独裁政治を行った。

名誉革命について，**チャールズ２世**がカトリック復活を図ったため，議会は審査法・人身保護法を制定。**オランダ総督ウィレム３世夫妻**を招き，ジェームズ２世は亡命した。1689年，**ウィリアム３世とメアリ２世**として**権利の宣言(権利宣言)**を承認し，これを**権利の章典**として制定した。

> **史料を読む) 権利の章典**
>
> 議会の上下両院は……古来の権利と自由をまもり明らかにするために，次のように宣言する。
> 1　王の権限によって，議会の同意なく，法を停止できると主張する権利は，違法である。
> (以下略)

3 **フランス：ルイ14世**…スペイン継承戦争→ユトレヒト条約で海外領土の多くを失う。ナントの王令廃止→ユグノーの国外逃避で，フランス産業に打撃。

プロイセン：フリードリヒ２世…オーストリア継承戦争でシュレジエン獲得。七年戦争後，強国の地位へ。

オーストリア：マリア=テレジア…オーストリア継承戦争でシュレジエンを失う。七年戦争では敵対していたフランスと同盟を結ぶ。

ロシア：ピョートル１世…清とネルチンスク条約締結。北方戦争→バルト海の覇権を握る。**エカチェリーナ２世**…プガチョフの農民反乱後，農奴制を強化。

☑サクッとCHECK

❷ 統一法を制定したのはエリザベス１世。
❸ アンボイナ事件で，オランダがインドネシアからイギリスを駆逐した。

STEP (2) 標準問題 ①　p.66〜67

1 (1)ア　(2)ウ　(3)イ　(4)イ　(5)エ
2 (1)ウ　(2)イ　(3)ア　(4)ウ　(5)イ
　　(6)バロック様式

解説▶

1 (1)フィルマーが仕えたのはイギリスのチャールズ１世。
(2)ウェストファリア条約ではなくカトー=カンブレジ条約である。

2 (1)**ウ**を発見したケプラーはドイツの科学者である。
(2)デカルトは，数学的な論証法を用いる演繹法による合理論を確立した。

STEP (2) 標準問題 ②　p.68〜69

1 ① チャールズ２世　② ジェームズ２世
　③ トーリ　④ ホイッグ
　(1)審査法—(例)**公職就任者を国教徒に限定。**人身保護法—(例)**法によらない逮捕・裁判の禁止。**
　(2)**ウ**
2 ① ホーエンツォレルン
　② ナントの王令　③ ユトレヒト
　(1)**ウ**　(2)**オランダ・スイス(順不同)**
　(3)**ユンカー**　(4)**シュレジエン**　(5)**ウ**
　(6)**アン女王戦争**　(7)**ア**
3 ① イヴァン４世　② ロマノフ
　③ ピョートル１世(大帝)　④ 北方
　⑤ エカチェリーナ２世
　(1)**イェルマーク**
　(2)**ネルチンスク条約**　(3)**プガチョフ**

解説▶

2 (1)フランスは神聖ローマ帝国打倒のために，カトリック国でありながら，プロテスタント(反皇帝)側についた。また，七年戦争と並行しておきたフレンチ=インディアン戦争後のパリ条約で，フランスは北米の領土すべてを失った。
(5)スペインはオーストリア側についた。
(7)ジブラルタルとミノルカ島を割譲した。

> **ここに注意) ユンカーとユグノー**
>
> ・**ユンカー**…ドイツのエルベ川以東の地主貴族。
> ・**ユグノー**…フランスのカルヴァン派の呼称。

3 (1)イヴァン４世は，コサックの首領イェルマークの協力を得て，領土をシベリアに拡大した。
(3)1670年に反乱をおこしたのが，コサックの首領ステンカ=ラージンである。

> **流れを確認) ロシアの専制政治の流れ**
>
> **イヴァン４世**が専制政治の基礎を築く→ミハイルがロマノフ朝を創始。農奴制の強化→ステンカ=ラージンの反乱→ピョートル１世即位。北方戦争→エカチェリーナ２世即位

1 ① マムルーク
② ティマール
③ プレヴェザ
④ シャリーア
(1) バヤジット1世
(2) エ　(3) ア
(4) ミッレト制

2 (1) エ　(2) エ　(3) 軍機処（ぐんきしょ）　(4) イ

3 (1) エ
(2)（例）のちに国王アンリ4世となるナバラ王の結婚式のためにパリに集まったユグノーを，カトリック教徒が襲撃し，大量虐殺した事件。
(3) エ

解説▶

1 (2) デヴシルメは，オスマン帝国の官僚・軍団兵士の要員を強制的に徴用する制度。キリスト教徒の子弟をイスラーム教に改宗させ，教育・訓練を施してイェニチェリの軍団に入れた。

2

ここに注意	最盛期の皇帝とその業績
康熙帝（こうきてい）（第4代）	① 呉三桂（ごさんけい）らの三藩の乱(1673〜81)を鎮圧 ② 鄭氏（ていし）台湾討伐(1683) ③ ネルチンスク条約(1689) ④ 典礼問題(1704) ⑤『康熙字典』（こうきじてん）完成
雍正帝（ようせいてい）（第5代）	① キリスト教布教の禁止(1724) ② キャフタ条約(1727) ③ 軍機処の設置(1729) ④ 地丁銀の普及 ⑤『古今図書集成』（こきんとしょしゅうせい）完成
乾隆帝（けんりゅうてい）（第6代）	① 外国(ヨーロッパ)貿易を広州1港に制限(1757) ② ジュンガル征服(1758) ③ マカートニーが謁見(1793) ④『四庫全書』を完成

3 (1) ルターは司教制度を維持したのに対し，カルヴァンは**長老主義**を取り入れた。
(3) 西ポンメルンを獲得したのはスウェーデン。

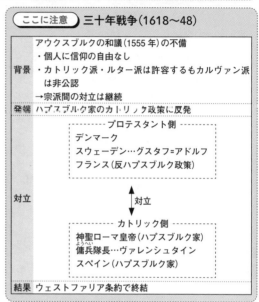

✓ 図解チェック　ユグノー戦争(1562〜98)

── フランス ──
ヴァロワ家（カトリック）　王：シャルル9世／母后：カトリーヌ=ド=メディシス

① 政治的対立
③ 宗派対立＋権力闘争
② 寛容策

大貴族（カトリック）　⟷　新教徒貴族（カルヴァン派：ユグノー）

④ ユグノー戦争の勃発(1562)

支援　スペイン
支援　イギリス　オランダ

ここに注意　三十年戦争(1618〜48)

背景	アウクスブルクの和議(1555年)の不備 ・個人に信仰の自由なし ・カトリック派・ルター派は許容するもカルヴァン派は非公認 →宗派間の対立は継続
発端	ハプスブルク家のカトリック政策に反発
対立	── プロテスタント側 ── デンマーク スウェーデン…グスタフ=アドルフ フランス(反ハプスブルク政策) ↕ 対立 ── カトリック側 ── 神聖ローマ皇帝(ハプスブルク家) 傭兵隊長（ようへい）…ヴァレンシュタイン スペイン(ハプスブルク家)
結果	ウェストファリア条約で終結

13 産業革命と環大西洋革命

STEP ① 基本問題 p.72〜73

1 ①綿 ②毛 ③資本
(1)④ワット ⑤カートライト
⑥ジョン=ケイ
(2)マンチェスター

2 (1)ア→イ→ウ (2)ラ=ファイエット
(3)ロック (4)パリ条約

3 ①国民議会 ②人権宣言
③山岳(ジャコバン) ④ロベスピエール
(1)ピット (2)公安委員会

4 ①トラファルガー ②解放(諸国民)
③ワーテルロー

☑ サクッとCHECK

❶× ❷× ❸× ❹× ❺○
❻ ベルギー ❼ 印紙法
❽ ジェファソン ❾ 十分の一税
❿ イギリス

解説▶

1 イギリスの産業革命は、マンチェスターを中心とするランカシャー地方の綿工業の技術改新から始まった。動力として蒸気機関が使用され、さらに蒸気機関車、蒸気船による交通革命をもたらした。その結果、資本主義社会が確立され、大都市が発達した。その一方、都市の社会問題や労働問題が生じてきた。

2 北アメリカの13植民地では、イギリス本国の**印紙法・茶法**などの政策に対抗し、1775年、独立戦争が始まった。1776年、独立宣言を発表し、1783年の**パリ条約**で独立を勝ちとった。1787年には合衆国憲法がつくられた。
(2)独立戦争には、ラ=ファイエットやコシューシコらが義勇兵として参加した。
(3)独立宣言は、ロックの思想的影響を受けたジェファソンらが起草した。

3 1789年の**全国三部会**で**国民議会**が成立し、民衆のバスティーユ牢獄襲撃後、封建的特権の廃止を決定し、**人権宣言**を採択した。**立法議会**でジロンド派が政権を握り、オーストリアに宣戦した。戦争中、王権は停止され、**国民公会**が成立し、第一共和政が始まった。ルイ16世の処刑後、**対仏大同盟**が結成され、山岳派(ジャコバン派)の**ロベスピエール**は、

急進的な改革を実施する一方で恐怖政治を行い、**テルミドールの反動**で処刑された。その後、**総裁政府**が樹立されたが、再度対仏大同盟が結成されると、**ナポレオン**が総裁政府を倒し、**統領体制**を建てて独裁権を握った。

4 ナポレオンは、教皇と和解、イギリスとも**アミアンの和約**で講和し、1804年、皇帝に即位し第一帝政が始まった。

☑ サクッとCHECK

❹ 地代(小作料)の無償廃止はジャコバン派政権のとき。

❺ ロシアが**大陸封鎖令**を無視したことが、ロシア遠征の原因となった。

👉流れを確認 ナポレオン第一帝政時代
トラファルガーの海戦勝利→アウステルリッツの戦い→ライン同盟結成(神聖ローマ帝国消滅)→大陸封鎖令→ティルジット条約締結→ロシア遠征失敗→解放戦争(諸国民戦争)敗北(エルバ島流刑)→ワーテルローの戦い敗北(セントヘレナ島流刑)

STEP ② 標準問題 ① p.74〜75

1 (1)ア (2)①ウ ②イ ③エ ④ア
(3)イ

2 (1)① スペイン ② アルゼンチン
③ メキシコ ④ ポルトガル
(2)a—イ b—オ

3 (1)ウ (2)イ (3)イ (4)ウ

解説▶

1 (1)産業革命の背景として、18世紀の囲い込みによる農業革命があった。
(3)アはリヴァプール、ウはバーミンガム、エはロンドンである。

3 (1)全国三部会を離れた者には特権身分の者もいた。
(2)ア. この時点(1789年)では、地代は有償での廃止。ウ. 農民に特権民分の財産は配られていない。エ. ルイ16世や王妃が処刑されたのは国民公会の時代。
(4)ウの大陸封鎖令は、ナポレオンがイギリスに経済的打撃を与えるために、大陸諸国とイギリス間の通商・交通を全面禁止するという内容の勅令。イギ

リスよりも大陸諸国の経済活動に大きな打撃を与え，ナポレオンに対する反抗を招いた。**ア**について国民議会が全国一律の度量衡の導入を決定し，メートル法は1799年に正式採用された。

ここに注意 **封建的特権の廃止（1789年）**

　封建的特権の廃止を宣言した結果，農奴制・領主裁判権・十分の一税など封建的身分支配は無償（条件なし）廃止されたが，地代（小作料）は20〜25年分の一括前納で有償（条件付き）廃止だった。この結果，富農のみが解放された。

STEP ② **標準問題②**　p.76〜77

1 ① 課税　② ボストン茶会
　③ 大陸会議
　(1) ウ　(2) エ

2 (1) ア　(2) クリオーリョ
　(3)①（例）国の財政が，第三身分の平民が特権身分の聖職者と貴族の分まで税を払うことで支えられているようす。
　②イ
　(4) ア　(5) A→C→B　(6) ア

解説▶

1 (2)1783年のパリ条約でイギリスは，アメリカの独立を承認し，ミシシッピ川以東の広大な領地をゆずった。

2 (1)イ．農業革命で職を失った独立自営農民は，大農場での農業労働者や都市の工業労働者となった。
ウ．力織機はカートライトの発明。
(3)革命前は，人口の約9割を占める平民が納める税によって国家財政が支えられていた。

史料を読む **アメリカ独立宣言**

　われわれはつぎのことが自明の真理であると信ずる。すべての人は平等につくられ，神によって，一定のゆずることのできない権利を与えられていること。そのなかには生命，自由，そして幸福の追求が含まれていること。これらの権利を確保するために，人類のあいだに政府がつくられ，その正当な権力は被支配者の同意に基づかねばならないこと。もしどんな形の政府であってもこれらの目的を破壊するものになった場合には，その政府を改革しあるいは廃止して人民の安全と幸福をもたらすにもっとも適当と思われる原理に基づき，そのような形で権力を形づくる新しい政府を設けることが人民の権利であること。以上である。……

史料を読む **フランス人権宣言**

第1条　人間は自由かつ権利において平等なものとしてうまれ，また，存在する。社会的な差別は，共同の利益に基づいてのみ，設けることができる。

第2条　あらゆる政治的結合（国家）の目的は，人間の自然で時効により消滅することのない権利の保全である。それらの権利とは，自由・所有権・安全および圧政への抵抗である。

14　近代欧米世界の形成と動向

STEP ① **基本問題**　p.78〜79

1 (1) メッテルニヒ　(2) 正統主義
　(3) 神聖同盟　(4) オスマン帝国
　(5) ア　(6) イ

2 ① ニコライ1世　② クリミア
　③ サン＝ステファノ　④ ブルガリア

3 ① カヴール　② ビスマルク
　③ ヴィルヘルム1世
　(1) ア　(2) ウ

4 (1) イ　(2) エ

☑ **サクッとCHECK**

❶ ✕　❷ ◯　❸ ◯　❹ ✕　❺ ◯
❻ ケープ植民地
❼ デカブリスト（十二月党員）の反乱
❽ チャーティスト運動
❾ パリ＝コミューン　❿ 金

解説▶

1 **ウィーン体制**は，ヨーロッパの国際的反動体制であったが，ギリシアの独立，1830年のフランス**七月革命**後のベルギーの独立など，自由主義・国民主義運動の高まりにより動揺し，**二月革命・三月革命**などの**1848年革命**で崩壊した。

2 南下政策をとるロシアは，ギリシア独立戦争や，**エジプト＝トルコ戦争**に介入し，1853年にはオスマン帝国とクリミア戦争をおこしたが敗れ，南下政策は失敗した。また，ロシア＝トルコ戦争後のサン＝ステファノ条約でブルガリアの自治などを認めたが，同年の**ベルリン会議**でブルガリアがオスマン帝国の支配下に置かれ，南下政策は再度挫折した。

3 **イタリアの統一**…サルデーニャ王国の首相カヴールが国内改革を図り，1859年にオーストリアを破りロンバルディアを獲得，翌年中部イタリアを併合。

ガリバルディが両シチリア王国を占領してサルデーニャ王に献上した結果，イタリア王国が成立。1866年にヴェネツィアを併合，1870年にローマ教皇領を併合して統一が完成した。

　ドイツの統一…プロイセンがドイツ関税同盟結成。ヴィルヘルム１世のもとでビスマルクが軍備拡張（鉄血政策）。1866年，プロイセン＝オーストリア戦争に勝利し北ドイツ連邦結成。1870年にドイツ＝フランス戦争（プロイセン＝フランス戦争）でナポレオン３世を破り，連邦制のドイツ帝国が成立。

4 アメリカは，アメリカ＝イギリス（米英）戦争によって独立国としての意識を高めた。西部への発展とともに，南部と北部の対立が激化し，1861年，**南北戦争**が始まった。戦争中の**リンカン**の**奴隷解放宣言**，**ゲティスバーグの戦い**の勝利を経て，北軍が勝利した。

南北対立：北部→保護貿易・奴隷制反対を主張。共和党の地盤で，連邦主義をとる。南部→自由貿易・奴隷制存続を主張。民主党の地盤で州権主義をとる。

☑サクッとCHECK

❹ 1870年は，ローマ教皇領を占領した年。
❾ 世界初の自治政府であったが，共和派の**ティエール**を首班とする政府に鎮圧された。

STEP	② 標準問題 ①	p.80〜81

1 (1)**イ**　(2)**ウ→エ→ア→イ**
　(3)① **アレクサンドル１世**　② **ギリシア**
　(4)① **ドラクロワ**　② **エ**
　(5)① **カトリック教徒**　② **選挙法**
　　③ **チャーティスト**　④ **穀物法**
　　⑤ **グラッドストン**
　(6)**ア**
2 ① **二月革命**　② **ドイツ**　③ **クリミア**
　④ **イギリス**　⑤ **アレクサンドル２世**
　(1)**イ**　(2)**エ**　(3)**ア**

解説▶

1 (1)**イ**．北ドイツ連邦ではなくドイツ連邦である。
(4)② **エ**．中部イタリアの反乱は，オーストリア軍により鎮圧された。
(6)**ア**．1867年で，19世紀後半である。
2 (1)**イ**．臨時政府に加わった社会主義者は**ルイ＝ブラン**である。
(3)**ア**．ロシアがオスマン帝国内のギリシア正教徒の保護を口実に開戦した。

STEP	② 標準問題 ②	p.82〜83

1 ① **マッツィーニ**　② **ガリバルディ**
　③ **ビスマルク**
　(1)**ア**　(2)**未回収のイタリア**
　(3)**エ**　(4)**ベルリン会議**
　(5)(例)**反プロイセン的な南ドイツの有力なカトリック勢力を抑圧した。**
　(6)**シュレスヴィヒ・ホルシュタイン**(順不同)
　(7)**北ドイツ連邦**
2 ① **モンロー**　② **リンカン**
　③ **ゲティスバーグ**
　(1)**ボリバル**　(2)**イ**
　(3)① **ウ**　② **オ**　③ **カ**　④ **ク**
　(4)**ア**

解説▶

1 (1)**ア**．プロンビエール密約は，ナポレオン３世とカヴールの間で結ばれた密約。サルデーニャが，サヴォイア・ニースをフランスに割譲する代わりに，フランスはサルデーニャの対オーストリア戦争を支援することを約束した。
(2)「**未回収のイタリア**」といわれたトリエステ・南チロルなどは，1919年の**サン＝ジェルマン条約**でイタリア領になった。
2 (3)③ アメリカ＝メキシコ戦争の原因は，テキサス併合。アメリカが戦争勝利後に獲得したのはカリフォルニアなどである。

▼図解チェック **アメリカ合衆国の領土拡張**

15　アジア諸地域の動揺

STEP	① 基本問題	p.84〜85

1 ① **コ**　② **エ**　③ **ク**　④ **ケ**　⑤ **イ**
　⑥ **オ**　⑦ **ウ**　⑧ **カ**
2 **エ**

3 ① 林則徐　② 南京　③ 北京　④ 洪秀全
　　⑤ 滅満　⑥ 曽(曾)国藩　⑦ 西用
　　⑧ 黒竜　⑨ 沿海　　(問い) ウ

☑ サクッとCHECK
❶ ×　❷ ×　❸ ○　❹ ×　❺ ○
❻ マカートニー　❼ 北京条約　❽ 郷勇
❾ 総理各国事務衙門(総理衙門)
❿ 東学の乱(甲午農民戦争)

解説▶

1 オスマン帝国は，ウィーン包囲戦(第2次)の失敗を機に領土の縮小に転じた。ギリシアが独立し，領内諸民族の独立運動が活発化した。アラビア半島では，ワッハーブ派がワッハーブ王国を建設した。エジプトでは，ムハンマド=アリーがエジプト総督となり近代化を推進し，エジプト=トルコ戦争で勝利した。オスマン帝国も西欧化改革(タンジマート)を開始し，1876年にはオスマン帝国憲法(ミドハト憲法)が制定された。しかし，ロシア=トルコ戦争の勃発で，憲法は停止され，敗戦によりヨーロッパ側の領土を大きく失った。
④ タンジマートは，アブデュルメジト1世が実施。
⑧ オスマン帝国憲法(ミドハト憲法)は，アブデュルハミト2世が停止。

2 東南アジアでは，列強の目的が商業権益の拡大から領土獲得へと移行していった。オランダはジャワ島中心にオランダ領東インドを形成，イギリスはマレー半島に進出し海峡植民地を形成，1895年にはマレー連合州を結成させた。また，ビルマ(ミャンマー)をインド帝国に併合した。フランスは，フランス領インドシナ連邦を形成した。

3 アヘン戦争後の南京条約や，その後追加された不平等条約，第2次アヘン戦争(アロー戦争)後の北京条約で，港の開港，領土割譲などを認めた。そのころ民衆の困窮が進み，太平天国による戦闘がおきたが，郷勇と呼ばれる義勇軍等に鎮圧された。この乱後，富国強兵を図る洋務運動が始められた。

☑ サクッとCHECK
❶ 領事裁判権を認めたのは，南京条約の翌年の虎門寨追加条約などの不平等条約である。
❻ イギリスは，マカートニーを派遣して自由貿易を要求したが，乾隆帝は拒否した。
❾ 外交を扱う役所として，総理各国事務衙門(総理衙門)が設置された。

✓ 図解チェック　東南アジアの植民地化

凡例:
■ イギリス領
■ フランス領
■ オランダ領
■ ポルトガル領
■ スペイン領
■ 日本領
● イギリス海峡植民地(1826〜1946年)
数字は獲得年

STEP ② 標準問題 ①　　p.86〜87

1 ① ギリシア　② クリミア
　　③ タンジマート
　　(1) イ　(2) エ
　　(3) (例) ロシアの黒海から地中海への南下政策を阻止するため。
　　(4) オスマン帝国憲法(ミドハト憲法)
　　(5) ロシア=トルコ戦争

2 (1) プラッシーの戦い　(2) エ
　　(3) シク教　(4) エ
　　(5) シパーヒー(の大反乱)
　　(6) ムガル帝国　(7) ア
　　(8) ① イギリス，ア　② オランダ，エ
　　　　③ フランス，イ　④ スペイン，ウ

解説▶

1 (1) イブン=アヴドゥル=ワッハーブがおこした運動で，「ムハンマドの教えに帰れ」と説いた。この主張はアラブ民衆に受け入れられ，イスラーム改革運動のはじまりとなった。ワッハーブ王国の首都はリヤドに定められた。
(2) エジプトの軍人ウラービーは，19世紀後半にイギリスのエジプトへの介入に対して反乱をおこすが，イギリスはエジプトを事実上の保護下に置いた。

2 (1) プラッシーの戦いは，ヨーロッパの七年戦争と並行して行われた。
(2) 3度にわたる戦争で，イギリスはデカン高原中西部の支配権を確立した。
(4) ザミンダーリー制は主に北インドで，ライヤットワーリー制は主に南インドで実施された。

図解チェック インドの植民地化

(パンジャーブ地方)

シク王国

イギリスの保護国
ブータン

デリー

ネパール

ムガル帝国

(デカン高原)

ベンガル

マラーター同盟

ミャンマー
(ビルマ)

ボンベイ

(南インド)

カルカッタ

マイソール王国

プラッシー

マドラス

ベンガル湾

アラビア海

■ 18世紀までの支配領域
■ 19世紀までの支配領域
― 英国が征服・従属させた国
● シパーヒーの反乱の発生地

STEP **2** 標準問題② p.88〜89

1 ①イ ②エ ③イ ④イ ⑤ア ⑥オ
A―滅満興漢 B―中体西用
(1)ウ (2)イ (3)イ (4)ウ (5)エ

2 (1)A―オ B―エ C―イ D―ウ
E―ア
(2)D→B→A→C

解説

1 ⑤金玉均は甲申事変で,閔氏政権を打倒して新
政権を建てたが,清の介入で失敗した。
(2)太平天国は南京を占領して首都とした。
(4)洋務運動は,中体西用の立場から,西洋技術の
表面的な模倣に終わった。
(5)下関条約では,済州島ではなく,澎湖諸島が割
譲された。

2 清と欧米諸国とで締結された条約は多いので,対
象国・内容とともに理解しておくことが重要。

STEP **3** チャレンジ問題 **5** p.90〜91

1 ①ルイ=フィリップ ②メッテルニヒ
③イギリス ④マジャール
⑤コシュート ⑥チェック
(1)(例)フランスでは七月王政が倒れて
第二共和政が成立し,穏健共和派の
政府が成立した。ドイツでは,フラ
ンクフルト国民議会で統一国家樹立
と憲法制定を目ざしたが,プロイセ
ン王の拒否で失敗した。

---

(2)①エ ②Ⅰ―ア Ⅱ―エ
(3)大ドイツ主義
(4)ティルジット条約

2 (1)イ (2)ウ (3)イ (4)①ア ②ア
③エ

解説

1 (3)フランクフルト国民議会では,大ドイツ主義
とオーストリアを除いたプロイセン中心の小ドイツ
主義が対立したが,小ドイツ主義による自由主義的
憲法がまとめられた。
(4)ティルジット条約は,ナポレオン1世が,プロ
イセン・ロシアの連合軍を破って結ばせた条約。

2 (1)スエズ運河の株をイギリスへ売却したことか
ら,イギリスのエジプト介入が強まった。
(2)フランスのチュニジア保護国化は1881年。
(4)①南京条約は1842年に締結され,広州など5港
の開港,行商を通じた貿易と徴税の廃止,香港島の
割譲などを認めた。翌年の虎門寨追加条約では,片
務的最恵国待遇などを認めた。

---

16 帝国主義とアジアの民族運動

STEP **1** 基本問題 p.92〜93

1 ①帝国主義 ②ディズレーリ
③スエズ運河 ④フェビアン
⑤フランス社会
(1)石油・電気(順不同)
(2)ジョゼフ=チェンバレン
(3)ブーランジェ事件 (4)イ
(5)第2インターナショナル
(6)セオドア=ローズヴェルト

2 ①エジプト ②スーダン
③ファショダ ④英仏協商
(1)ビスマルク
(2)トランスヴァール(共和国)・オレン
ジ(自由国)
(3)エ
(4)国名―エチオピア(帝国),位置―ク
国名―リベリア(共和国),位置―オ

☑ サクッとCHECK

❶× ❷× ❸○ ❹○ ❺×
❻ローズ ❼ボリシェヴィキ
❽マッキンリー ❾イタリア ❿3B政策

22

解説▶

1 資本主義が発達した1880年代以降，諸列強は新たな投資先を求めてアジア・アフリカに殺到した。一方で，これに反対する社会主義運動もおきた。

イギリス：ディズレーリ首相がスエズ運河の株の買収。ジョゼフ゠チェンバレン植民相が南アフリカ戦争をおこす。労働党が結成される。

フランス：ブーランジェ事件・ドレフュス事件，フランス社会党成立。

ドイツ：ヴィルヘルム2世→世界政策，ドイツ社会民主党が議会第一党になる。

アメリカ：マッキンリー→アメリカ゠スペイン(米西)戦争，セオドア゠ローズヴェルト→カリブ海政策

2 ベルリン゠コンゴ会議以降，アフリカの植民地化が進み，20世紀初頭には，エチオピア帝国・リベリア共和国を除いて列強の支配下に置かれた。

「ここに注意」ファショダ事件とモロッコ事件

・**ファショダ事件**→縦断政策をとるイギリスと横断政策をとるフランスが，スーダンのファショダで衝突した事件。
・**モロッコ事件**→モロッコをめぐる，ドイツとフランスの衝突事件。

「図解チェック」英・仏のアフリカ進出

STEP ② 標準問題① p.94~95

1 ① **遼東半島** ② **西太后** ③ **義和団**
④ **義兵闘争** ⑤ 1910
(1) 三国干渉 (2) フランス―エ，
ドイツ―イ，イギリス―ウ (3) **康有為**

2 (1) X―ウ，Y―エ (2) A―オ，B―イ
(3) ① **興中会** ② **孫文** ③ **宣統帝**
(4) オ (5) イ (6) イ

3 (1) エ (2) イ (3) カ (4) f
(5) d (6) a (7) A―オ，B―ウ

解説▶

1 日清戦争後，列強は日本への三国干渉や各地を租借するなど中国の利権獲得に乗りだした。清の国内では，**康有為**らによる**戊戌の変法**が行われたが失敗した。さらに，**義和団戦争**後の**北京議定書**で，外国軍隊の駐留を認めることになった。

(1) ロシア・フランス・ドイツが，遼東半島を日本から清に返還させた。

(2) 列強の租借地：ロシア→遼東半島南部，ドイツ→膠州湾，イギリス→威海衛・九竜半島，フランス→広州湾

(3) 西太后と結んだ保守派の戊戌の政変により失敗。

2 (4) 義和団は山東省を根拠地とした武術を修練した宗教結社で，貧農・下層労働者に広まり「**扶清滅洋**」を唱えて，教会や鉄道を破壊した。

(5) 清が実施した光緒新政による改革は，科挙の廃止・憲法大綱の発表・国会開設の公約などである。

(6) 袁世凱が正式に大総統になったのは，**孫文**らの武装蜂起(第二革命)後である。

3 (3) コンゴをめぐる諸国の対立が，ベルリン゠コンゴ会議の開催理由となった。

(5) イギリスは南アフリカ戦争で，トランスヴァール共和国・オレンジ自由国両国を併合した。

(6) モロッコのアガディールである。1回目は，ヴィルヘルム2世がタンジールに上陸した(1905年)。

STEP ② 標準問題② p.96~97

1 (1) ウ (2) ウ (3) ア (4) イ
(5) イ (6) ウ (7) ア (8) イ

2 A―ベンガル分割令，B―青年トルコ人
① イ ② イ ③ イ ④ ア

解説▶

1 (1) ア．カリカットではなくカルカッタ。

(3) イスタンブルの旧名はビザンティウム。

(6) 中米諸国にたびたび武力干渉を行った。

(8) トランスヴァール共和国・オレンジ自由国で金とダイヤモンドが発見された。

2 A．インド総督のカーゾンが**ベンガル分割令**を立案した。カーゾン法とも呼ばれる。

① ティラクはイギリスの植民地支配に対抗し，急進的な反英闘争を主張し，国民会議を指導した。

23

④ イラン出身の思想家で，パン＝イスラーム主義を提唱した。

> 🖝 流れを確認 **インドの民族運動**
>
> インド国民会議を組織(1885)→ベンガル分割令公布(1905)→国民会議のカルカッタ大会で4綱領〔**英貨排斥・スワデーシ**(国産品愛用)・**スワラージ**(自治獲得)・**民族教育**〕を決議(1906)→全インド＝ムスリム連盟結成(1906)→ベンガル分割令の撤回(1911)

17　第一次世界大戦と世界の動向

STEP ①	基本問題	p.98〜99

１ ① ボスニア　② **第1次バルカン**
(1)① **フランス**　② **ロシア**
(2)(例)ドイツの無制限潜水艦作戦の宣言。

２ ① ニコライ2世　② レーニン
③ **戦時共産主義**　④ **新経済政策(ネップ)**
⑤ **コミンテルン(第3インターナショナル)**

３ ① ロカルノ　② 不戦
(1) エ　(2) セーヴル条約
(3) A—イ　B—ウ　C—ア
(4) ルール(地方)

☑ サクッとCHECK

❶ ×　❷ ○　❸ ×　❹ ○　❺ ○
❻ サン＝ジェルマン条約　❼ ジョン＝ヘイ
❽ サイクス・ピコ協定　❾ エジプト
❿ パレスチナ

解説▶

１ バルカン戦争による緊張の中，**サライェヴォ事件**をきっかけに，第一次世界大戦が勃発した。ドイツ・オーストリアなどの同盟国側対イギリス・フランス・ロシアなどの協商国(連合国)側の総力戦になったが，アメリカの参戦により同盟国側の敗北で終結した。

２ 第一次世界大戦中，ロシアでは二月(三月)革命がおき，帝政が崩壊。さらに，ボリシェヴィキの**トロツキー**，レーニンらによる十月(十一月)革命で社会主義政権が成立し，**ブレスト＝リトフスク条約**を締結して，同盟国と講和した。

３ アメリカ大統領ウィルソンが提唱した「**十四か条**」の平和原則を基礎とした**パリ講和会議**では，フ

ランスやイギリスが自国の利益を優先したために，この原則は部分的にしか実現しなかった。軍備縮小の面では，1921年に開かれた**ワシントン会議**で**海軍軍備制限条約**，**九か国条約**，**四か国条約**が結ばれ，多少の進展が見られた。

(1)**ヴェルサイユ条約**で，ドイツはすべての植民地を失った。また，**アルザス・ロレーヌ**のフランスへの割譲，軍備制限，徴兵制の廃止，**ラインラントの非武装化**，巨額の賠償金支払いなどが定められた。

(2)**サン＝ジェルマン条約**は対オーストリアとの条約。オーストリア＝ハンガリー帝国が解体され，ハンガリー，チェコスロヴァキア，ユーゴスラヴィアが独立。**ヌイイ条約**は対ブルガリア，**トリアノン条約**は対ハンガリー。

(4)フランスはベルギーと共にドイツの賠償支払いの遅延を理由に，ルール地方を占領した。

☑ サクッとCHECK

❶ タンネンベルクの戦いではなくマルヌの戦い。
❸ ウィルソンは，社会主義に対抗しようとした。

> ☑ 図解チェック **第一次世界大戦の諸条約**
>
> | パリ講和会議
(1919年調印) | ヴェルサイユ条約 | 第一次世界大戦の対ドイツ条約 |
> | --- | --- | --- |
> | ワシントン会議
(1921・22年) | 四か国条約 | 米英仏日間で太平洋域の現状維持 |
> | | 九か国条約 | 中国の主権尊重・領土保全・門戸開放・機会均等 |
> | | 海軍軍備制限条約 | 主力艦保有比率を定める |
> | ロカルノ条約
(1925年調印) | ドイツ西部国境の現状維持など | |
> | 不戦条約
(1928年調印) | フランス外相ブリアンとアメリカ国務長官ケロッグが提唱 | |
> | ロンドン会議
(1930年) | 補助艦保有比率を定める | |

STEP ②	標準問題 ①	p.100〜101

１ ① オ　② カ　③ キ　④ ウ　⑤ コ
⑥ ク　⑦ イ　⑧ ケ　⑨ エ　⑩ ア

２ (1)ローラット法　(2)パンジャーブ(地方)
(3)プールナ＝スワラージ
(4)サティヤーグラハ　(5)塩の行進

３ (1)A—①イブン＝サウード　地域—カ
B—②レザー＝ハーン　地域—オ
C—③ムスタファ＝ケマル　地域—ア
D—④ワフド　地域—ウ
(2)① フセイン・マクマホン
② バルフォア

(3) ① エ　② a—ベトナム
　　 b—フィリピン　c—イラン
　　 d—インドネシア

解説▶

1　中国では，1915年ころから文学革命といわれる啓蒙運動が広まった。**陳独秀**が創刊した『**新青年**』によって，**胡適**や**李大釗**，**魯迅**らが活躍した。パリ講和会議で中国の二十一か条のとり消しが退けられると，**五・四運動**が広まった。1921年，**中国共産党**が結成されると，**孫文**は共産党と提携した(**第1次国共合作**)。五・三〇運動後，国民党は国民政府を樹立し，**蔣介石**が**北伐**を開始したが，**上海クーデタ**をおこして共産党を弾圧し国共は分裂した。共産党は，**毛沢東**を主席とする中華ソヴィエト共和国臨時政府を**瑞金**に樹立した。
④ 陳独秀は『新青年』を創刊した人物である。
⑥ 蔣介石は上海クーデタで南京に新たに国民政府をたてて主席となった。

2　(2) 多数の死傷者を出したこの虐殺は，パンジャーブ地方のアムリットサールでおきた。
(3) パンジャーブ地方のラホールで決議された。
(4) サティヤ(真理)とアーグラハ(堅持)を合成したガンディーの造語。この運動は，その後，世界各地の抵抗運動に大きな影響を与えた。

3　(3)② ほとんどが植民地支配下にあった東南アジア地域で，抵抗運動がおこった。a．ベトナムはファン＝ボイ＝チャウらのドンズー(東遊)運動，b．フィリピンはアギナルドらによる解放運動，c．イランはタバコ＝ボイコット運動，d．インドネシアはイスラーム同盟結成。

> **ここに注意**　**イギリスの二重外交**
> ・フセイン・マクマホン協定→アラブ人にオスマン帝国からの独立を約束。
> ・バルフォア宣言→ユダヤ人のパレスチナ復帰運動を援助する姿勢を示す。

STEP ②　標準問題 ②　p.102〜103

1　① ウィルソン　② レーニン
(1) ア　(2) イ　(3) エ　(4) エ
(5) (例)九か国条約で中国の主権尊重・領土保全，四か国条約で太平洋地域の現状維持を約束した。

2　(1)① **南京**　② **中華ソヴィエト共和国**
(2) **孫文**　(3) **陳独秀**　(4) ウ　(5) ア
(6) エ

解説▶

1　(1)ア．1924年の移民法では，移民制限が強められ，さらにアジア系の移民は事実上禁止された。
イ．女性参政権は1920年に成立した。
ウ．1920年代には，現代大衆文化として，ラジオ・映画・スポーツ観戦が娯楽として発達した。
(2)イ．シリアではなく，トランスヨルダン。

2　(4)**八・一宣言**は，**中国共産党**が1935年に発表した。
(6) 浙江財閥は，上海クーデタの後ろだてとなり，その後も蔣介石と結んで成長した。

18　第二次世界大戦と新しい国際秩序の形成

STEP ①　基本問題　p.104〜105

1　① フーヴァー　② マクドナルド
(1) イ　(2) **善隣外交(政策)**
2　① カ　② イ　③ エ　④ オ
(1) **西安事件**　(2) **汪兆銘**
3　(1) ウ　(2) ウ
(3) **三国防共協定(日独伊防共協定)**
(4) **ミッドウェー海戦**

☑ **サクッとCHECK**
❶ ×　❷ ○　❸ ○　❹ ×　❺ ×
❻ ワグナー法　❼ ズデーテン地方
❽ 日ソ中立条約　❾ ド＝ゴール
❿ ヤルタ協定

解説▶

1　ニューヨーク株式市場の株価大暴落によるアメリカ資本のヨーロッパからの引きあげで，恐慌は世界中に波及した。アメリカは，フーヴァー＝モラトリアムの失敗後，フランクリン＝ローズヴェルト大統領がニューディール(政策)を実施した。イギリスは，マクドナルド内閣がオタワ連邦会議でスターリング＝ブロック(ポンド＝ブロック)を形成した。日本・ドイツ・イタリアでは，ファシズムが台頭した。

2　日本は，世界恐慌による経済危機を大陸での支配権拡大によって解決しようとした。関東軍による**満洲事変**で国際連盟を脱退し，さらに**盧溝橋事件**をきっかけに日中戦争が勃発した。

柳条湖事件→満洲事変→国際連盟脱退→八・一宣言→西安事件→盧溝橋事件→第2次国共合作→日中戦争

③ (1)宥和政策で，**ズデーテン地方**が割譲された。

(2)**ウ**．チェンバレンではなく，**チャーチル**である。

(3)三国防共協定は，**日独伊三国同盟**へと発展した。

(4)ミッドウェー海戦の敗戦により，日本は戦争の主導権を失った。

☑ サクッとCHECK

❷ 資本主義国との交流が少なかったため。

❹ 再軍備宣言はすでに行われており，ロカルノ条約を破棄して行われたのは，**ラインラントへの進駐**である。

❾ **ド=ゴール**は，フランス大統領となった。

❿ ローズヴェルト・チャーチル・スターリンの米・英・ソ3首脳が会談し，協定を結んだ。

| STEP | ② | 標準問題 ① | p.106〜107 |

❶ ① 柳条湖　② 満洲事変　③ 満洲国
④ リットン　⑤ 八・一宣言
⑥ 民族統一戦線　⑦ 西安
(1)(例)国際連盟を脱退した。
(2)① 長征　② 毛沢東
(3)(第2次)国共合作
(4)地名―盧溝橋，位置―イ　(5)ウ
(6)日ソ中立条約　(7)エ

❷ ① 大西洋憲章　② サンフランシスコ
③ ブレトン=ウッズ
④ 国際通貨基金(IMF)　⑤ 固定相場

❸ ① 封じ込め　② マーシャル=プラン
③ コメコン(経済相互援助会議)
④ ワルシャワ条約
(1)ア　(2)(例)ティトーがソ連からの自立政策を強めたため。　(3)エ

解説▶

❶ (4)盧溝橋は北京(ペキン)近郊に位置する。
(5)中国政府は，南京(ナンキン)，武漢(ブカン)，重慶(じゅうけい)へと移った。
(6)ソ連は，ヤルタ協定にもとづいて日ソ中立条約を破り，1945年8月8日に宣戦布告し，日本へ侵攻した。
(7)チャーチルが首相になったのは1940年。

❷ 戦後の世界秩序の大枠が示された大西洋憲章の具体化が，一連の国際会議で進められた。サンフランシスコ会議で国際連合憲章が採択され，国際連合が発足した。また，**ブレトン=ウッズ会議**で，**国際通貨基金(IMF)** と国際復興開発銀行の設立が合意され，金融・経済面の協力体制が築かれた。

❸ (1)フランス・イタリアの共産党は，コミンフォルムに参加した。
(2)除名後，ユーゴスラヴィアは独自の社会主義建設と中立外交をとった。

📊 図解チェック 東西冷戦の構造

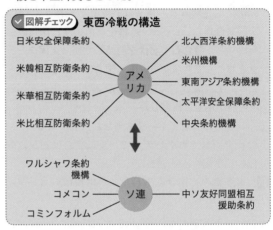

日米安全保障条約
米韓相互防衛条約
米華相互防衛条約
米比相互防衛条約
アメリカ
北大西洋条約機構
米州機構
東南アジア条約機構
太平洋安全保障条約
中央条約機構

ワルシャワ条約機構
コメコン
コミンフォルム
ソ連
中ソ友好同盟相互援助条約

| STEP | ② | 標準問題 ② | p.108〜109 |

❶ ① 1939　② 独ソ不可侵　③ ポーランド
④ リトアニア　⑤ フィンランド
⑥ 1941　⑦ スターリングラード
⑧ チャーチル　⑨ テヘラン　⑩ ヤルタ
(1)画家―ピカソ　国名―スペイン
(2)ウ　(3)日ソ中立条約

❷ (1)① ニュルンベルク　② 第四
③ マーシャル=プラン
④ コメコン(経済相互援助会議)
(2)(例)アメリカのドルを基軸通貨とする固定為替(かわせ)体制
(3)(例)労働党のアトリーが保守党のチャーチルに代わって
(4)エ　(5)イ

解説▶

❶ 大戦中の連合国首脳会談のうち，スターリンが加わっていたのは**テヘラン会談**以降の会談。テヘラン・ヤルタ・ポツダム会談はアメリカ・イギリス・ソ連の3首脳会談。イギリスはポツダム会談の途中までチャーチル首相が参加した。

2 (2)国際通貨基金と国際復興開発銀行の設立，関税などの貿易障壁の撤廃を促す「関税と貿易に関する一般協定」（GATT），さらに，ドルを基軸通貨とする金・ドル本位制の導入などの新たな国際経済のしくみをブレトン゠ウッズ体制と呼ぶ。

STEP	**3** チャレンジ問題 **6**	p.110〜111

1 (1)ジョゼフ゠チェンバレン　(2)ウ
(3)(例)動力源が，第1次の石炭と蒸気力から第2次では石油と電力にかわった。
(4)エ　(5)エ　(6)イ　(7)ウ　(8)エ

2 (1)コミンフォルム　(2)ウ
(3)ア→エ→ウ→イ→オ　(4)ウ
(5)封じ込め政策（トルーマン゠ドクトリン）

解説▶

1 (1)ジョゼフ゠チェンバレンは，ローズがとった拡張政策を引き継いだ。
(2)**ウ**．アラスカは，1867年にロシアから買収した。
(4)チェンバレンは，植民地との連携強化を図り，オーストラリア連邦，ニュージーランド，南アフリカ連邦が自治領になった。
(5)**ア・イ・ウ**は民族運動で，**エ**．モロッコ事件は，ドイツがフランスのモロッコ支配に対しておこした事件である。
(6)**Y**のカシミールが誤りで，正しくはカルカッタ。
(7)**ア**．万国平和会議はハーグで開催された。
イ．『戦争と平和』は貴族を描いた歴史小説。
エ．セーヴル条約ではなく，ブレスト゠リトフスク条約。
(8)第1次バルカン戦争の説明。オスマン帝国に宣戦したのはオーストリアではなくバルカン同盟。
2 (2)**ウ**．スペインは中立国である。共通の敵とは，ドイツ・イタリア・日本などの枢軸国である。
(4)新民主主義諸国とは，東側の国のことであり，**ウ**のベルギーは西側になる。

第4章　地球世界の課題

19　米ソ冷戦と第三世界の台頭

STEP	**1** 基本問題	p.112〜113

1 ① タフト・ハートレー　② 赤狩り
③ キューバ　④ ヨーロッパ共同体（EC）
⑤ ド゠ゴール　⑥ アデナウアー
⑦ ブラント
(1)キューバ危機　(2)東方外交

2 ① スターリン　② フルシチョフ
③ 中国　④ チェコスロヴァキア
⑤ プラハの春

3 (1)平和五原則
(2)アジア゠アフリカ会議（バンドン会議）
(3)ナセル
(4)ド゠ゴール
(5)エンクルマ（ンクルマ）
(6)アフリカの年
(7)ウ→イ→ア

☑ サクッとCHECK

❶ ○　❷ ×　❸ ○　❹ ○　❺ ×
❻ ケネディ　❼ 開発独裁
❽ ドプチェク　❾ 李承晩（イ スンマン）
❿ プロレタリア文化大革命

解説▶

1 ① たびたびおこるストライキに対し，ストライキ権の制限，労働問題に関することなど，労働組合の活動を規制する政府の干渉権の強化を目ざして1947年に成立した。
④ ヨーロッパ共同体（EC）は，ヨーロッパ石炭鉄鋼共同体（ECSC）・ヨーロッパ経済共同体（EEC）・ヨーロッパ原子力共同体（EURATOM）の3つが統合してできた。
3 (3)ナセルを中心とする青年将校たちは王政を倒し，共和国を樹立した。（エジプト革命）
(4)ド゠ゴールは，第二次世界大戦中にはロンドンで自由フランス政府を組織した。
(7)**ア**の東南アジア諸国連合は，1967年にスカルノ失脚後のインドネシアを含む5か国で結成された。
イのアフリカ統一機構は，1963年にエチオピアのアジスアベバでのアフリカ諸国首脳会議で結成。1961年に開催された**ウ**の第1回非同盟諸国首脳会議は，ユーゴスラヴィアのティトーがリードした。

27

左段

☑ サクッとCHECK

❷ 東南アジア条約機構(SEATO)ではなく，太平洋安全保障条約(ANZUS)である。

❺ ジョンソン大統領はベトナム介入を深め，北爆を開始した。

STEP ② 標準問題 ①　　p.114～115

1 ① 朴正熙(パクチョンヒ)　② マルコス
(1) ウ　(2) ア　(3) ウ　(4) ウ

2 (1) ア・オ(順不同，完答)　(2) イ
(3) ① イ　② ア
(4) イ・ウ・オ・カ(順不同，完答)

解説▶

1 (2)「大躍進(だいやくしん)」運動は1958年，劉少奇(りゅうしょうき)の国家主席就任は1959年，核実験成功は1964年，中ソ対立(国境での軍事衝突)は1969年のでき事である。
(3) ウ．スカルノ政権は軍部と共産党のバランスのうえで維持された。

2 (3)① イギリス・フランスも出兵した。
(4) イスラエルは第3次中東戦争で，シナイ半島，ゴラン高原，ヨルダン川西岸，ガザ地区などを占領した。

STEP ② 標準問題 ②　　p.116～117

1 (1) エ　(2) パグウォッシュ会議　(3) ウ
(4) 平和十原則　(5) エ

2 (1)① ホー=チ=ミン　② ディエンビエンフー
③ ベトナム共和
(2)(例)暫定(ざんてい)の軍事境界線を北緯17度線として南北に分離し，2年後に統一選挙を実施する予定を決めた。
(3)① 北爆　② ニクソン
③ ベトナム社会主義共和国

解説▶

1 (1) エ．東西ドイツが相互に主権国家として承認したのは，1972年に締結された東西ドイツ基本条約による。ブラント首相の東方外交の一環として実現した。
(3) ウ．チャウシェスクは，民主化運動の指導者ではなく，長期間独裁政治を行った人物である。

2 (3)② ニクソン大統領は，1972年に訪中を実現して米中関係改善を行い，1973年にはベトナム(パリ)和平協定を締結してベトナムから撤退した。しかし，ウォーターゲート事件のため，1974年辞任に追い込まれた。

右段

20 冷戦の終結とグローバル化の進展

STEP ① 基本問題　　p.118～119

1 ① ワレサ　② 連帯　③ ゴルバチョフ
(1)① チョルノービリ(チェルノブイリ)原子力発電所
② グラスノスチ
③ アフガニスタン
(2)(例)ベルリンの壁の開放
(3) ルーマニア
(4) エリツィン
(5) イ
(6) 独立国家共同体(CIS)

2 (1) ク　(2) ウ　(3) オ　(4) イ　(5) エ
(6) ア

☑ サクッとCHECK

❶ ○　❷ ○　❸ ○　❹ ×　❺ ×
❻ ルーマニア　❼ バルト3国
❽ 鄧小平(とうしょうへい)　❾ 独立国家共同体(CIS)
❿ ニーチェ

解説▶

1 冷戦の終結後，ソ連ではゴルバチョフによるペレストロイカが推進され，さまざまな改革がなされた。しかし，その影響で，ポーランド，ハンガリー，チェコスロヴァキアなどで共産党単独政権が崩壊した。この動きはほかの東欧諸国にも広まり，1990年のドイツの統一，91年のコメコン，ワルシャワ条約機構の解消により，東欧社会主義圏は消滅した。一方，ソ連国内でも独立運動が始まり，ほとんどの共和国が離脱し，独立国家共同体(CIS)の結成によりソ連邦は解体した。
(3) ルーマニアでは，独裁的に君臨していたチャウシェスクが処刑された。

2 ソ連の解体により，アメリカの軍事的覇権が維持されたまま，貿易や金融・情報の自由化を目ざすグローバリゼーションの動きが強まった。また，地域統合も進み，ヨーロッパ共同体(EC)はヨーロッパ連合(EU)へと拡大した。一方で，地域内紛争や国際的テロ活動が増加している。
(1) 内戦の末，インドネシアから東ティモールが独立した。
(2) パレスチナ地域の紛争である。
(4) ユーゴスラヴィア内戦である。
(5) アフリカのソマリア内戦である。

❹ 中国政府は，学生らの民主化要求運動を，天安
門で武力鎮圧した。

❺ スハルトが退陣させられたのはインドネシア。

❼ エストニア・ラトヴィア・リトアニアのバルト3
国。

❽ 鄧小平は社会主義市場経済を実行した。

STEP ② 標準問題　p.120〜121

1 (1)エ　(2)ウ　(3)ア　(4)イ　(5)イ
(6)ア

2 (1)① ウ　② ア　③ ケ　④ キ　⑤ イ
⑥ カ　⑦ エ
(2)A—ク　B—ケ　C—エ　D—オ
E—カ　F—ウ　G—ア　H—イ
I—キ

解説▶

1 (1)エ．インドは，イギリス連邦内自治領として
独立した。パキスタンもイギリス連邦内自治領とし
てインドと分離して独立し，東西の2地域に分かれ
て成立した。

(2)ウ．ナイジェリアのイボ族が，ビアフラ共和国
として分離独立宣言を出したため内戦になった。ソ
連とイギリスが政府側を援助して終結した。

(3)ア．平和五原則を発表したのは，中国の周恩来
とインドのネルーである。平和五原則は，領土保全
と主権の尊重，不侵略，内政不干渉，平等と互恵，
平和共存の5つ。中国は東側陣営に属する一方，第
三勢力の形成の動きにおいて，インドとならんで中
心的な役割を果たした。

2 ヨーロッパ連合(EU)は，1993年にマーストリヒ
ト条約が発効し正式に発足した。

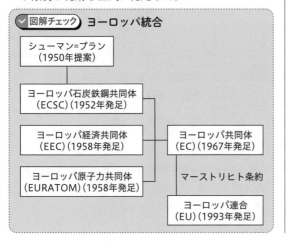

図解チェック ヨーロッパ統合

シューマン=プラン
(1950年提案)
↓
ヨーロッパ石炭鉄鋼共同体
(ECSC)(1952年発足)
↓
ヨーロッパ経済共同体　　ヨーロッパ共同体
(EEC)(1958年発足)　　(EC)(1967年発足)
↓
ヨーロッパ原子力共同体　　マーストリヒト条約
(EURATOM)(1958年発足)
↓
ヨーロッパ連合
(EU)(1993年発足)

STEP ③ チャレンジ問題 7　p.122〜123

1 (1)エ　(2)イ　(3)ウ
(4)エ　(5)イ　(6)イ

2 (1)a—オ　b—ア　c—イ　d—ウ
e—エ
(2)① オ　② イ　③ ウ　④ エ　⑤ ア
(3)① エ　② 南南問題

解説▶

1 (2)「巻き返し政策」ではなく，「封じ込め政策」。
「巻き返し」は，朝鮮戦争の際，アイゼンハワー政
権が1953年に提唱した。

(3)西ヨーロッパ連合条約(ブリュッセル条約)は，
1948年に締結され，デンマークは加盟していない。
NATOのひな型。

(6)マルタ島での会談は1989年12月，ベルリンの
壁の開放は1989年11月。

2 (1)a．イラクがクウェートに侵攻した。
b．新ユーゴスラヴィア政権が，コソヴォ地方のア
ルバニア系住民の自治権を縮小した。

1 (1)① デロス
　② コンスタンティノープル
　③ メフメト2世　④ リシュリュー
　⑤ ウェストファリア
　⑥ メッテルニヒ
　⑦ 平和　⑧ ウィルソン　⑨ 大西洋
　⑩ サンフランシスコ
(2)ブリタニア　(3)アントニヌス勅令
(4)ブルガール人
(5)アレクサンドル1世
(6)チャーチル　(7)安全保障理事会

2 (1)① 張騫（ちょうけん）　② 中国同盟会　③ 瑞金
(2)ウ　(3)エ　(4)ウ　(5)ウ

3 A—サーマーン朝　B—ガズナ朝
　C—ゴール朝　　　D—奴隷王朝
　E—オスマン帝国　F—サファヴィー朝
　G—ムガル帝国
(1)イ　(2)エ　(3)イ　(4)ウ　(5)ウ

4 (1)① 価格　② 交通　③ 国民議会
　④ 国民公会　⑤ ジロンド
　⑥ 山岳（ジャコバン）　⑦ 七月
　⑧ 三月　⑨ サパタ　⑩ ディアス
(2)エ　(3)ウ→エ→イ→ア
(4)（例）強権的支配のもとで近代化や工業化を強行していく独裁政治体制。

5 (1)イ　(2)イ　(3)ウ　(4)③ ウ　④ エ
(5)イ

解説

1 (1)① アテネはデロス同盟，スパルタはペロポネソス同盟を結成した。
③ メフメト2世は，オスマン帝国第7代スルタンで，ビザンツ帝国を滅ぼし，コンスタンティノープル（のちのイスタンブル）を首都とした。
⑤ ウェストファリア条約で，ヨーロッパの主権国家体制が確立したといえる。
⑥ ウィーン体制の中心となった，オーストリアの政治家である。
⑦ レーニンらの十月革命（十一月革命）で発表された。
(2)属州とは，イタリア半島以外のローマの征服地を指し，ブリタニアは五賢帝のトラヤヌス帝時代に

属州となった。
(3)カラカラ帝が発布し，ローマ帝国内の全自由人にローマ市民権が付与された。
(4)ブルガリア王国を建設し，ギリシア正教を受け入れた。
(7)安全保障理事会の常任理事国は，米・英・ロ・仏・中の5か国で，拒否権をもつ。

2 (2)ア．両税法は唐代半ばから明代後半にかけて用いられた税法。イ．青苗法（せいびょうほう）は，宋代に王安石が行った新法の1つ。エ．三長制は，北魏の孝文帝（こうぶんてい）が制定した村落制度である。
(3)クビライの治める元は中国的な官僚制度で統治したが，科挙は一時廃止され，儒学の役割も後退した。色目人は財務官僚として重用された。
(5)周恩来首相に関する記述である。アは林彪（りんぴょう），イは劉少奇（りゅうしょうき），エは鄧小平（とうしょうへい）に関する記述である。

3 10世紀後半にインドに侵入したということからBはガズナ朝。ガズナ朝を建国したアルプテギンはサーマーン朝のマムルークであったので，Aはサーマーン朝。CはB．ガズナ朝を滅ぼしたゴール朝。アイバクはD．奴隷王朝を建国し，その後の4王朝と合わせてデリー＝スルタン朝という。17世紀にバルカン半島を支配していたのはE．オスマン帝国，イランにはF．サファヴィー朝，インドにはG．ムガル帝国が並立していた。

▼図解チェック　オスマン帝国・サファヴィー朝・ムガル帝国

(1)ビザンツ帝国を滅ぼしたのはオスマン帝国。アッバース家のアル＝アッバースはムハンマドの伯父であった。その子孫アブー＝アルアッバースがアッバース朝を建国した。
(2)エ．西ゴート王国は5世紀初め，南フランスとイベリア半島に建国され，その後イベリア半島に重心を移し，ウマイヤ朝に滅ぼされた。
(3)ア．サーマーン朝はイラン系。イ．ブワイフ朝

はイラン系シーア派の軍事政権。**ウ**．セルジューク朝はトルコ系スンナ派の王朝。**エ**．ムワッヒド朝はモロッコでおこったベルベル人の王朝。

(4) **イブン=アブドゥル=ワッハーブ**は，ムハンマド時代のイスラーム教への回帰運動を始めた。中部アラビアのサウード家と結んでワッハーブ王国を建国した。王国は一時，エジプト総督の**ムハンマド=アリー**に滅ぼされた。**ウ**の「エジプトに進出して」という箇所が誤り。

(5) **ア**．イエメンはイギリスとオスマン帝国，**イ**．ヨルダンはイギリス，**エ**．リビアはイタリアの支配下だった。

4 (2) **ア**．ゲーテはドイツの作家で著書は『ファウスト』，『若きウェルテルの悩み』など。**イ**．トルストイはロシアの作家で著書は『戦争と平和』など。**ウ**．ヘミングウェイはアメリカの作家で著書は『武器よさらば』など。

(3) **ア**．イラン革命は，国王パフレヴィー2世の親米・独裁政治に対する革命。1979年2月にシーア派の最高指導者ホメイニが実権を握り，イスラーム的規律の復活など宗教色の濃い政策を強行した。**イ**．キューバ革命は，1959年1月**カストロ**らが指導した武装解放闘争で，バティスタ政権を倒した革命。**ウ**．青年トルコ革命は，1908年7月オスマン帝国で，「青年トルコ」と称されるグループが，専制政治の打倒，憲法の復活を目ざしておこした革命。**エ**．メキシコ革命は，1910年にマデロら自由主義者が武装蜂起をおこし，**ディアス独裁政権**を打倒した革命。

5 (1) **ア**．六十進法はメソポタミア文明。**イ**．太陽のピラミッドを建てたのは，メキシコ中央高原のテオティワカン文明。**ウ**．甲骨文字は殷墟の発掘で確認された。**エ**．「死者の書」は，エジプト文明で遺体と一緒に埋葬された。

(2) ジャガイモのほか，トマトやカカオ，トウガラシもアメリカ大陸原産である。

(3) ②はアイルランド。「ジャガイモ飢饉(きん)」は1840年代半ばに発生した。**ア**．カトリック教徒解放法は，1829年にアイルランド人の**オコンネル**らの努力によりイギリス議会で制定された。**イ**．ワット=タイラーの乱は，百年戦争中の1381年にイングランドでおこった。**エ**．ジロンド派の政権掌握は，フランス革命中のでき事である。

(4) **ア**．**ユトレヒト条約**は，スペイン継承戦争後に締結された条約。**イ**．プロノイア制は，ビザンツ帝国で導入された土地制度。**エ**．イベリア半島では1492年まで，レコンキスタ(国土回復運動)が続けられていた。

(5) ⑤の王朝は明。**ア**と**エ**は清，**ウ**は宋に関する記述。